AU-DELÀ DU POSSIBLE
14 SOMMETS
Ma vie dans la zone de la mort

Publié la première fois en Grande-Bretagne en 2020 par Hodder & Stoughton

—

285, chemin des Chavaux, 74310 Les Houches
ISBN : 978-236545-260
Dépôt légal : mars 2022

—

leseditionsdumontblanc.com

NIMSDAI PURJA

RÉCIT

AU-DELÀ DU POSSIBLE
14 SOMMETS
Ma vie dans la zone de la mort

Traduit de l'anglais
par Mathilde Cheix et Anne Boucault

ÉDITIONS DU MONT-BLANC
CATHERINE DESTIVELLE

Ce livre est dédié à ma mère, Purna Kumari Purja, qui a travaillé dur pour que mes rêves deviennent réalité, ainsi qu'à la communauté montagnarde du Népal, berceau de nombreux 8000.

Ce que vous appelez « conditions extrêmes »,
c'est mon pain quotidien

1
La gloire ou la mort

3 juillet 2019

Le monde se dérobe sous moi tandis que je plonge, tête la première, droit dans la pente du Nanga Parbat couverte d'une neige humide. Dans une sorte de brouillard mental, je vois défiler dix, vingt, trente mètres.

Était-ce la dernière ligne droite avant de quitter ce monde ?

Quelques secondes plus tôt, je me trouvais en tension sur la corde fixe, en toute sécurité, suspendu dans la face, fendant les assauts du vent pas à pas, méthodiquement. Puis ma main avait lâché prise, les pointes de mes crampons avaient perdu leur préhension et j'étais tombé ; d'abord doucement, puis de plus en plus vite. L'accélération était sidérante, et mon cerveau calculait le moment où mon corps décollerait de la paroi à jamais pour aller se déchiqueter en contrebas sur les rochers acérés, ou disparaître au fond d'une crevasse.

Mon gars, tu dois te sortir de cette merde, fissa !

Si tout cela finissait dans un bain de sang, je ne pourrais m'en prendre qu'à moi-même. *Moi seul* avais décidé de m'attaquer au neuvième sommet le plus haut du monde dans ce blizzard inhumain. *Moi seul* m'étais fixé comme objectif de liquider les quatorze 8000 – qui culminent dans ce qu'on appelle « la zone de la mort » – en seulement sept mois, un objectif d'autant plus audacieux, qu'à ces altitudes, l'air se fait rare, affaiblissant le corps et l'esprit avant de les refroidir à jamais. Et *moi seul* – dans un élan de pure courtoisie – avais pris la décision de m'écarter pour laisser passer un alpiniste qui paniquait à la descente. J'avais lâché les cordes fixes et fait trois pas. Dans un soubresaut, le manteau neigeux s'était mis en branle ; il s'était affaissé et m'avait emporté.

Je ne pouvais rien faire, et les deux certitudes qui m'accompagnaient en expédition étaient mises à rude épreuve. Numéro un : *l'espoir, c'est Dieu*. Numéro deux : *sur les hautes montagnes, chaque détail compte*. En m'écartant des cordes fixes, j'avais fait fi de la seconde ; l'erreur était mienne, c'était ma faute.

Je n'avais plus que la première à laquelle me raccrocher.

Pendant ces instants précaires, la peur de mourir ne m'a pas effleuré. *Pas une seconde*. Plutôt mourir qu'abandonner, c'était ma devise ; en particulier dans toutes les situations où j'essayais de surpasser la capacité humaine. Telle avait été mon intention en 2018, lorsque j'avais rendu publique mon intention de battre le record de temps de l'ascension des quatorze sommets de la zone de la mort, détenu par le Coréen Kim Chang-ho depuis

2013, soit sept ans, dix mois et six jours. Avant lui, l'alpiniste polonais Jerzy Kukuczka avait accompli cet exploit en sept ans, onze mois et quatorze jours.

C'était assez gonflé – voire surhumain – de vouloir aller encore plus vite. Mais j'avais assez de confiance en moi pour avoir osé quitter l'armée britannique, où j'avais servi dans le régiment des Gurkhas pendant des années, puis dans le *Special Boat Service* (SBS) – une unité d'élite des forces spéciales qui intervient dans les conflits les plus meurtriers de la planète. Tourner le dos à une carrière si prestigieuse avait été une gageure, mais j'étais prêt à miser gros pour assouvir mon ambition.

Ce qui m'a toujours permis d'avancer, c'est que je crois en moi. Ce défi de battre le record mondial, je l'abordais comme une mission militaire. Pendant la phase de planification, j'étais allé jusqu'à le baptiser « Project Possible », un nom qui, plus tard, sonna comme un bras d'honneur à tous ceux – nombreux et de tous bords – qui ne voulaient ou ne pouvaient pas concevoir que ce rêve puisse se concrétiser. Même les voix les plus encourageantes prenaient parfois un ton sceptique. En 2019, le site Internet de Red Bull prétendait que c'était comme si j'avais voulu « nager jusqu'à la Lune ». Je savais que c'était faux. M'avouer battu, ce n'était pas mon genre. Abandonner, même face à la mort, cela n'était pas dans mes gènes. Je n'étais pas un mouton qui attendait que le berger l'aiguillonne dans la bonne direction ; j'étais un lion, qui refuse de frayer avec le reste du troupeau.

Je ne faisais certainement pas le poids comparé à d'autres himalayistes, beaucoup plus expérimentés. Je ne me mesurais aux 8000 que depuis quelques années ; mais en un temps record, j'étais devenu une bête de la haute altitude grâce, je pense, à un métabolisme d'extraterrestre. En effet, dans la zone de la mort, j'avançais assez rapidement et sans trop d'effort ; je parvenais à faire soixante-dix pas avant de devoir reprendre mon souffle, là où les autres n'en faisaient que quatre ou cinq.

Mes capacités de récupération étaient aussi impressionnantes. Il n'était pas rare qu'après une ascension, je regagne le camp de base rapidement pour faire la fête toute la nuit, puis reparte le lendemain matin pour une autre expédition, même si j'avais la gueule de bois. L'alpinisme, en *style Nims*, c'était ça : la quête implacable de l'excellence dans les pires conditions. Rien ne pouvait m'arrêter, quelles que fussent les circonstances.

Rien, sauf la mort et les accidents graves.

Trente à quarante mètres supplémentaires avaient défilé à toute allure. Je devais me ressaisir, me concentrer sur la trajectoire de chute et son accélération, sur les silhouettes en amont qui s'estompaient dans les nuages tandis que ma glissade se poursuivait. Je devais absolument me concentrer sur les techniques capables d'enrayer une chute. *Le piolet. Est-ce que je pouvais le planter dans la pente pour me ralentir ?* Ramenant brusquement le piolet sous moi, j'en agrippai la tête de toutes mes forces et enfonçai la lame dans la neige. Malheureusement, les couches inférieures du manteau neigeux n'avaient pas de consistance, et je dus redoubler d'efforts. Peine perdue. *Ça ne mordait pas.*

L'assurance que j'avais de me sortir de là ne dura qu'un instant. Je descendais de plus en plus vite, sans aucune maîtrise de la situation, lorsque tout d'un coup… *Miracle!* Au travers de l'aérosol neigeux, je repérai la corde fixe que j'avais lâchée quelques instants auparavant. Si j'arrivais à la saisir au vol, j'aurais peut-être une chance de pouvoir m'y cramponner. C'était mon seul espoir. À force de contorsions, je parvins à tendre le bras et attraper la corde… *Contact!* Les mains en sang tellement je la serrais, je parvins à m'arrêter.

Le temps d'une profonde inspiration, l'Univers sembla se stabiliser. *Est-ce que j'étais sain et sauf?* Au premier abord, cela en avait tout l'air, même si j'avais les jambes en coton à cause de l'adrénaline. Mon cœur battait à tout rompre.

Trop fort, mon gars, me dis-je. *Tu peux souffler un peu*. Une ou deux secondes plus tard, j'avais repris mes esprits ; je me relevai et continuai prudemment, à un nouveau rythme. « Fais des enjambées béton, et avance doucement… »

Ceux qui étaient sur la corde fixe en amont ont dû me trouver stoïque : j'agissais comme si les choses avaient repris leur cours normal, comme si rien ne s'était passé. Mais la chute m'avait quand même sérieusement secoué et mon assurance en avait pris un sacré coup. Je serrais fort la corde et vérifiais chacun de mes pas avec une extrême prudence ; puis la confiance finit par revenir. Mon état d'esprit avait changé. Les pieds martelant la neige meuble, je me dis que la mort finirait bien par me cueillir un jour ou l'autre – sur une montagne au cours de *Project Possible*, ou quand je serai vieux, dans plusieurs dizaines d'années – mais pas au Nanga Parbat. Et mon prochain souffle ne serait pas le dernier.

Pas maintenant.

Pas maintenant.

Mais quand ?

Est-ce que j'arriverai à finir ce que j'ai commencé ?

2
L'espoir, c'est Dieu

Je m'étais mis en tête de gravir en un temps record les quatorze sommets les plus hauts de la Terre, à savoir : les gloires du Népal que sont l'Annapurna, le Dhaulagiri, le Kangchenjunga, l'Everest, le Lhotse, le Makalu et le Manaslu ; le Nanga Parbat, les Gasherbrums I et II, le K2 et le Broad Peak, situés au Pakistan ; et enfin, les géants du Tibet, le Shishapangma et le Cho Oyu (également accessible depuis le Népal). *Mais pourquoi ?* Ces endroits sont parmi les moins accueillants de la planète et pour beaucoup, vouloir relever un tel défi en seulement six mois n'était que pure folie. Mais pour moi, c'était l'occasion de prouver au monde que tout, *absolument tout*, était possible, lorsque l'on s'investit corps et âme dans la réalisation d'un projet.

Je me foutais du danger.

Tout avait commencé par le mont Everest, le sommet le plus haut du monde et le géant himalayen emblématique de ma mère patrie. Pour ceux qui résident hors de ce petit pays enclavé qu'est le Népal, l'Everest a quelque chose de mythique. Mais, enfant, je l'ai toujours perçu comme une entité lointaine. Ma famille était pauvre ; le trek aller-retour d'une douzaine de jours entre la maison et l'Everest était hors de prix, même pour les locaux, et il fallait y ajouter l'hébergement dans les *tea houses* – ces petits hôtels de village qui ponctuent la route. Je n'avais donc jamais tenté l'aventure.

En 2003, lorsque je suis parti en Angleterre pour servir dans les forces armées britanniques en tant que jeune Gurkha, les gens me posaient toujours la même question : « Alors, c'est comment l'Everest ? » Les potes, peu au fait de la géographie népalaise, s'imaginaient que la montagne se dressait majestueusement au fond de mon jardin. Ils étaient déçus d'apprendre que je n'avais jamais dépassé le camp de base, et plus encore que je n'y avais jamais mis les pieds. Ma réputation de combattant en prenait un sacré coup.

« Quoi ? C'est devant chez toi et tu n'as même pas essayé ? *Et nous qui pensions que les Gurkhas étaient des durs-à-cuire…* »

Au bout de dix ans, les plaisanteries et les critiques ont fini par m'atteindre.

OK. L'heure est venue de me mettre à l'alpinisme.

Ce n'est qu'à vingt-neuf ans, en décembre 2012, que je me suis approché de l'Everest, cette montagne qui force le respect. À l'époque, j'avais quitté les Gurkhas pour incorporer l'élite militaire ; un pote m'avait mis en contact avec Dorje Khatri, le célèbre alpiniste népalais, qui proposa de m'accompagner jusqu'au camp de base lors d'un trek de plusieurs jours. Dorje, qui avait gravi plusieurs fois l'Everest, était un porte-parole des guides sherpas[1] : il défendait leurs droits et se

1 Le mot « sherpa » a deux significations. Il désigne une population autochtone du Népal, mais c'est aussi un terme fourre-tout, utilisé par les explorateurs étrangers, pour désigner le guide de montagne himalayen.

battait pour qu'ils soient mieux payés. Militant préoccupé par le changement climatique, il essayait de sensibiliser l'opinion à la fragilité de l'écosystème des Himalayas.

C'était le partenaire idéal. Mais après avoir longuement observé le sommet qui se dressait devant nous du haut de ses 8 848 mètres, j'estimais qu'un trek, ça manquait de piment. Les risques, c'était le cadet de mes soucis. Le moment était venu d'aller plus haut.

Après avoir longuement parlementé avec Dorje, il accepta de m'enseigner les rudiments du métier d'himalayiste. Au début, je l'ai supplié de me laisser tenter l'Ama Dablam, un sommet voisin de 6 812 mètres, mais Dorje s'esclaffa :

« Nims, cette montagne n'est pas facile. Même ceux qui ont gravi l'Everest ont du mal à aller au sommet. »

Il me proposa d'aller au Lobuche oriental, un pic voisin. Après avoir loué du matériel dans un village, nous avons entamé, d'un pas lent mais régulier, la longue marche jusqu'au sommet. Sous la supervision de Dorje, je fis mes premiers pas en crampons lors d'une traversée herbeuse, pour bien sentir les pointes d'acier mordre dans la terre. La sensation était étrange, mais cela me donna un avant-goût de l'ascension de vraies montagnes. Tandis que nous approchions lentement de notre but, bravant un froid polaire sous les assauts du vent, j'éprouvai pour la toute première fois l'ivresse d'être en expédition.

Je m'arrêtais à chaque pas pour cogiter – j'étais régulièrement submergé par une vague de peur ; parfois, l'éventualité de faire une chute mortelle était très prégnante. Mais, après avoir dépensé tant d'énergie à stresser inutilement, j'ai fini par prendre confiance et avancer d'un pas serein et décidé.

Au sommet, le panorama était époustouflant: ici et là, un pic perçait le manteau de nuages gris qui dissimulait les crêtes dentelées de l'Himalaya. Lorsque Dorje pointa du doigt l'Everest, le Lhotse et le Makalu, je sentis une décharge d'adrénaline. Un sentiment de fierté m'envahit à la perspective de gravir ces trois sommets, même si j'avais commencé l'himalayisme à un âge avancé.

Je n'allais pas m'arrêter là. À cette époque, j'avais eu vent d'un projet exaltant: 2015 était l'année du bicentenaire de l'intégration de la Brigade des Gurkhas – le terme général utilisé pour désigner les Gurkhas du Népal – aux forces armées britanniques. Les festivités, dénommées G200, comprenaient plusieurs événements prestigieux, dont une cérémonie commémorative au pied de la statue du Gurkha à Londres, une réception au Parlement britannique et un Champ du Souvenir au Royal Albert Hall. Et, en plus de ce programme culturel bien rempli, il était aussi question d'une expédition à l'Everest.

Les Gurkhas s'étaient bâti une réputation de vaillants grimpeurs. Cependant, en raison du rythme soutenu des rotations et des récents déploiements du régiment en Afghanistan et en Irak, aucun soldat Gurkha en service n'avait jamais atteint l'Everest. De plus, malgré les réductions accordées aux habitants du pays, l'ascension demeurait hors de prix pour les Népalais. Dans le cadre du bicentenaire, il était prévu d'emmener une douzaine de Gurkhas sur le sommet de l'Everest par le col Sud, un projet ambitieux qui changerait totalement la donne.

L'expédition, baptisée « G200 Expedition » (G200E), se voulait à la fois un challenge et un événement historique. Et la bonne nouvelle, c'était qu'en tant que Gurkha en exercice dans les forces spéciales britanniques, j'étais éligible. J'étais fier d'appartenir à cette unité, et prêt à donner le meilleur de moi-même pour honorer sa réputation ; bref, c'était une noble cause.

J'ai progressé et redoublé d'ambition grâce aux formations internes extrêmement pointues proposées par l'armée britannique, dont une sur les interventions en situations de froid extrême. Je rejoignis ensuite l'unité d'élite des troupes de montagne, puis gravis le Denali, le point culminant des États-Unis et l'un des *Seven Summits* – à savoir le Denali en Amérique du Nord, l'Everest en Asie, l'Elbrouz en Europe, le Kilimanjaro en Afrique, le Vinson en Antarctique, l'Aconcagua en Amérique du Sud, et la pyramide Carstensz en Océanie.

Du haut de ses 6 190 mètres, le Denali n'avait rien d'une rigolade. Situé dans une région isolée, il y règne des températures extrêmement basses, atteignant parfois – 50 °C. Loin d'être une ascension facile pour le débutant que j'étais, c'était néanmoins le terrain d'entraînement idéal. J'y appris les manœuvres de corde et pus mettre à profit l'endurance acquise auprès des forces spéciales lorsqu'il nous fallut tracter nos traîneaux dans une neige profonde des heures durant, en prenant soin d'éviter les nombreuses crevasses.

En 2014, je gravis mon premier sommet de la zone de la mort. Surnommé « la montagne blanche » en raison de la poudreuse profonde qui recouvre ses pentes à la raideur intimidante, le Dhaulagiri est un monstre. Son ascension est considérée comme l'une des plus dangereuses au monde car le taux de mortalité y est terrifiant. Lorsque je m'y suis rendu, plus de quatre-vingts grimpeurs y avaient perdu la vie ; sa face sud était encore vierge même si nombre d'alpinistes de la trempe de Reinhold Messner – le premier himalayiste à avoir gravi l'Everest en solo – avaient déjà tenté d'ouvrir une voie dans cette paroi d'apparence imprenable.

Le plus gros danger, ce sont les avalanches qui se déclenchent sans cesse, emportant tout sur leur passage. En 1969, cinq Américains et deux sherpas furent balayés de la montagne. Six ans plus tard, six membres d'une expédition japonaise perdirent la vie, ensevelis vivants sous une masse de neige. Le Dhaulagiri n'était pas une aventure à entreprendre à la légère, d'autant plus pour un alpiniste n'ayant à son actif que dix-huit mois de pratique, non aguerri aux conditions extrêmes de la très haute altitude. Je ne fus pas découragé pour autant, et profitais de mes permissions pour me perfectionner ; dès qu'une mission militaire s'achevait en Afghanistan, je partais en montagne.

Un frère d'armes, que j'appellerai « James » pour des raisons de confidentialité, s'est joint à moi. Il était issu du *Special Air Service* (SAS), une unité d'élite de l'armée britannique. Nous sommes arrivés en retard au camp de base ; de plus, nous détonnions franchement avec nos tongs, nos shorts et nos Ray-Ban. Nous étions censés rejoindre une grosse expédition dont les membres s'acclimataient depuis un mois à l'oxygène rare. Une avalanche dans les cascades de glace du Khumbu avait mis un terme à leur projet d'ascension de l'Everest et l'équipe s'était rabattue sur le Dhaulagiri.

Nous avions du retard par rapport au reste de l'équipe car notre permission était de courte durée : impossible de suivre un programme d'acclimatation classique par paliers[2]. Quant à nos compagnons, ils étaient au top : arrivés avant nous dans la région, ils avaient déjà pris leurs marques, si bien que dès le début du trek, nous nous sommes retrouvés à la traîne. James avait du mal à s'habituer à l'altitude, et nous avons mis trois jours de plus qu'eux pour atteindre notre but.

« Qu'est-ce que vous foutez, les mecs ? » nous demanda un gars un peu plus tard. Depuis notre arrivée, il n'avait cessé de nous observer. Je devinais le fond de sa pensée. Pour lui, nous étions soit d'intrépides originaux, soit des boulets à éviter à tout prix – particulièrement au moment de l'assaut final.

Je fis mine de l'ignorer : pas question en effet d'en dire trop sur notre statut militaire, d'autant que nous étions tenus par le secret professionnel. Et puis, James et moi préférions être jugés en tant qu'alpinistes, plutôt que soldats d'élite.

---

2 En général, les alpinistes passent deux mois sur un 8000. Pour s'habituer aux effets délétères de la haute altitude, ils consacrent quelques semaines à circuler entre le camp de base et le camp 1. Ils se déplacent ensuite entre les camps 1, 2 et 3 : ils montent haut dans la journée, puis redescendent passer la nuit plus bas, et ce, jusqu'à la disparition des symptômes du mal aigu des montagnes (MAM), comme les nausées, l'essoufflement et les maux de tête violents. Ces ascensions préparatoires sont appelées « paliers d'acclimatation ». Une fois acclimatés, ils attendent patiemment, parfois pendant des semaines, qu'une fenêtre météorologique favorable se présente, pour se lancer à l'assaut du sommet.

Espérant mettre fin aux questions, je bredouillai : « Euh, on bosse dans l'armée. »

Il haussa les sourcils, étonné. Notre barda était de bric et de broc, mais notre matériel d'alpinisme était de qualité. Pourtant, aux yeux de nos compagnons, nous n'étions que de vulgaires touristes. Il faut reconnaître qu'ils n'avaient pas entièrement tort, mais je ne leur laisserais pas le temps d'approfondir le sujet. Au camp de base, nous nous préparâmes allègrement pour nos premières sorties d'acclimatation. Quatre camps balisent l'itinéraire jusqu'au sommet ; nous avions prévu, pendant la semaine qui suivait, de gagner chaque jour les camps 1 et 2, puis de dormir à des altitudes moins élevées. Et cela jusqu'à nous sentir d'attaque pour le sommet.

Au moment de nous équiper pour notre première marche d'acclimatation, il apparut clairement que nos corps réagissaient différemment au manque d'oxygène. Cela s'était déjà manifesté lors de la marche d'approche, mais ce fut flagrant dès la première section technique. James était derrière moi, incapable de tenir le rythme. Lors de notre halte au camp 1, je m'aperçus qu'il était épuisé à cause du mal des montagnes.

Le lendemain, je repartis de plus belle, me coltinant trente kilos sur le dos ; James, qu'un Sherpa avait pourtant soulagé d'une grande partie de son matériel, était toujours à la traîne. Mais je n'ai pas fait le coq bien longtemps. Dans un élan de folie, j'avais voulu accélérer pour lui en mettre plein la vue, et je m'étais grillé. Je me reposai deux heures au camp 1 en sirotant du thé chaud, attendant mon compagnon, lorsqu'une sinistre pensée me traversa l'esprit.

James était-il encore en vie ?

Connu pour ses nombreuses avalanches, le Dhaulagiri est également célèbre pour ses crevasses abyssales. Si James et son Sherpa étaient tombés dans l'une d'entre elles, il faudrait attendre au mieux quelques jours avant que quiconque ne les localise. Pris d'une légère panique, je remballai ma gamelle et ma tasse, puis filai vers le camp de base à leur rencontre. J'avais appris très tôt à ne pas laisser traîner mes affaires lorsque j'étais en montagne : il valait mieux tout avoir sur soi, tout le temps ; au cas où.

Très vite, en contrebas, j'aperçus deux personnes qui progressaient à pas comptés. C'était mes deux compagnons ; malheureusement, l'état de James avait empiré.

« C'est une sacrée montagne, hein !? lui lançai-je après les avoir salués. T'en baves un max pour t'acclimater ; passe-moi ton sac à dos. »

Je tendis le bras pour alléger sa charge mais James rechignait. Il ne voulait pas capituler devant la douleur ; j'insistai pourtant. S'il s'était agi d'une opération de combat avec les forces spéciales, une telle attitude aurait été louable ; sur une montagne aussi dangereuse que le Dhaulagiri, c'était du suicide.

« Écoute, oublie ton ego. Si tu veux faire le sommet, laisse-moi t'aider », lui dis-je.

James s'est finalement laissé faire. Lentement mais sûrement, nous sommes repartis au camp 1, mais pour moi aussi, la journée avait été éreintante. J'avais trop tiré sur la machine et la montagne nous donnait sa première grande leçon : *Ne grille pas tes cartouches inutilement*. Dès lors, je me suis promis d'économiser mon énergie vitale ; je ne me donnerais à fond que lorsque la situation l'exigerait. Quelques jours plus tard, au moment de quitter le camp de base pour lancer l'assaut sur mon tout premier 8000, je pris bien garde de rester en queue de peloton et ce, pour deux raisons : par respect pour nos guides sherpas, mais aussi parce que, n'ayant jamais gravi une montagne aussi haute, je voulais éviter de couler une bielle.

Je pris alors conscience de la versatilité du travail des guides au sein du groupe. De temps à autre, le sherpa qui faisait la trace dans une neige qui lui arrivait à la taille, cédait sa place à un de ses collègues. Il passait alors un moment en bout de colonne avant de revenir en tête. Nous, nous nous contentions de marcher dans les pas du leader, ce qui nous facilitait grandement la tâche. J'appris que dans leur jargon, ils appelaient cela « trailblazing ». Ce travail de groupe permettait à l'expédition tout entière de progresser à un rythme plus débonnaire. Nos guides forçaient le respect.

Pour faire la trace, il y a deux techniques à connaître[3]. La première, à utiliser lorsque la neige ne dépasse pas les genoux, consiste à plier la jambe au niveau de la poitrine, avant de frapper la neige d'un pas ferme. La seconde est réservée aux conditions extrêmes, lorsqu'une neige poudreuse vous arrive aux cuisses, voire à la taille : pour extirper sa jambe et faire un pas, le grimpeur de tête doit créer un espace devant lui dans un mouvement du bassin.

Soudain, le type qui me précédait sortit du rang pour remonter en début de file et aider les autres.

---

3 J'appris aussi différents styles d'ascensions. Au Dhaulagiri, il y avait une équipe qui posait relais et cordes fixes. Les alpinistes utilisaient le matériel en place pour se hisser sur des terrains pentus et des parois raides. L'escalade en style alpin, qui consiste à s'encorder pour s'assurer, permet d'avancer rapidement ; si l'un des membres vient à glisser ou à basculer dans le vide, les autres font de leur mieux pour enrayer la chute. Enfin, il y a le solo où, selon moi, l'alpiniste doit progresser seul vers le sommet, en faisant la trace lui-même et choisissant seul son itinéraire.

« Hé ! Qu'est-ce que tu fabriques ? Les sherpas vont mal le prendre, non ?! » criai-je.

Il me fit signe que non : « T'inquiète. Je fais ma part, j'aide nos amis sherpas… »

Je pensais que par respect pour nos guides, il était malvenu de prendre la tête du groupe, que c'était comme si on leur volait la vedette – un comportement qui me paraissait très périlleux sur une montagne aussi dangereuse. En fait, j'avais tort. Un sherpa s'empressa de me rassurer en ces termes :

« Nims, la neige est vraiment profonde. Si tu le sens, et que tu veux aller les aider à l'avant, ne te gêne pas, vas-y… »

Encouragé par cette confidence, je partis faire la trace. Dans la poudreuse, mes jambes se soulevaient et s'abaissaient tels des pistons. La besogne était ardue mais je progressais régulièrement, considérant chaque avancée comme une petite victoire participant d'un effort collectif. J'avais les cuisses et les mollets en feu, mais ma respiration était calme. L'épuisement qui, en altitude, n'épargne pas les individus les plus sportifs ne semblait pas m'affecter. Je me sentais fort. *Bam! Bam! Bam!* Je débordais d'énergie à chacun de mes pas. Lorsque je me retournai pour voir la distance parcourue, je fus surpris de voir que les autres n'étaient plus que de petits points noirs en contrebas.

Putain, je suis déjà si haut? pensai-je en admirant la trace bien marquée. Ça s'était fait presque tout seul, dans cet état de *flow* que les athlètes mentionnent lorsqu'ils battent des records du monde ou lorsqu'ils gagnent des championnats. *J'étais dans la zone.*

Pour éviter de m'épuiser une nouvelle fois, je ralentis le rythme pour rejoindre la ligne de crête, où j'attendis une bonne heure le reste du groupe. Lorsqu'ils se réunirent autour de moi, le chef des guides sherpas, tout excité, me donna une grande tape sur l'épaule. D'autres membres de l'expédition – des types qui me regardaient de haut quelques jours plus tôt, en ne croyant pas une seconde à mes chances de faire le sommet – me serraient à présent la main. Tous semblaient soulagés après m'avoir vu à l'ouvrage et ils changèrent d'attitude à mon égard. *Je n'étais plus un touriste.* Mon état d'esprit aussi avait changé. Je n'en revenais pas d'avoir fait 70 % de la trace, et au sommet, je redoublai d'ambition.

« Mec, pensai-je, t'es vraiment une bête de la haute altitude. »

◆

Je n'étais pas programmé génétiquement pour évoluer avec succès dans la zone de la mort, et l'escalade n'était certainement pas une activité qu'on pratiquait en famille. Lorsque j'étais petit, je voulais devenir soit Gurkha – comme mon père –, soit fonctionnaire. De par le monde, les Gurkhas avaient la réputation de soldats intrépides. Historiquement, ils avaient été incorporés dans les armées népalaise, britannique et indienne en tant qu'unité de combat, ainsi que dans la police de Singapour ; mais tous étaient originaires du Népal. Ils étaient considérés comme des combattants d'élite au cœur et à la loyauté sans égal, dotés d'une foi inébranlable en la reine et la patrie.

Pour ceux qui souhaiteraient en savoir plus, de nombreux livres ont été écrits sur le sujet. Mais en quelques mots, voici leur histoire. Lors de la guerre anglo-népalaise (1814-1816) entre le Népal – alors connu sous le nom de « royaume de Gorkha » – et la Compagnie britannique des Indes orientales (ou EIC) – qui possédait sa propre armée, deux fois plus nombreuse que l'armée britannique régulière –, les qualités des combattants népalais étaient telles qu'il existait un traité spécial garantissant un emploi au sein des « forces irrégulières » aux transfuges qui voulaient se faire embaucher dans la EIC.

Les Gurkhas sont ensuite devenus un corps de troupe à part entière et ils ont gagné leurs galons sur plusieurs fronts, pendant la Seconde Guerre mondiale et la « guerre contre le terrorisme » en Irak et en Afghanistan. Deux de mes frères aînés, Ganga et Kamal, avaient suivi le même chemin que mon père, et chaque fois qu'ils étaient en permission au Népal, les gens les regardaient avec admiration, comme des rock stars. Les Gurkhas étaient des figures de légende, et leur devise *Plutôt mourir que vivre en lâche* évoquait l'héroïsme. Le récit de leurs faits de guerre et de leurs aventures contre vents et marées ne faisait que renforcer cette image.

Mon second projet de carrière était de devenir fonctionnaire ; je voulais être un Robin des Bois népalais, prendre aux riches pour donner aux pauvres. Dans le petit pays où j'ai grandi, le citoyen ordinaire était privé de ses droits depuis trop longtemps. Dès mon plus jeune âge, je compris que les gens autour de moi subsistaient avec très peu de moyens et que le taux de pauvreté était incroyablement élevé. J'avais aussi remarqué que malgré leur dénuement, de nombreux citoyens népalais de confession hindouiste faisaient des dons au temple lors de leurs visites.

Pas moi. Lorsque j'avais un peu d'argent, je préférais le donner à une personne de la rue, aux sans-abri, aux aveugles et aux handicapés regroupés à l'extérieur du temple. Ou encore aux musiciens qui jouaient dans le bus car dans l'incapacité de travailler à cause d'une blessure ou d'une maladie.

Chaque don s'accompagnait d'une sorte de contrat: *Mon frère, c'est pour toi mais ne le dépense pas pour acheter de l'alcool. Veille à ce que ta famille mange à sa faim.* J'ai toujours été comme ça. L'argent ne m'a jamais intéressé, mais enfant, je rêvais d'être à un poste de commandement, et de porter un uniforme. Je ne recherchais pas le pouvoir, ni le prestige, mais la satisfaction de soutirer de l'argent aux plus nantis du Népal, ceux qui sont corrompus jusqu'à la moelle, et de redistribuer le butin aux indigents.

Cette attitude s'explique certainement par le fait que j'avais toujours été pauvre. Je suis né le 25 juillet 1983 dans le village de Dana, au cœur du district de Myagdi, dans la partie occidentale du Népal. Ce poste avancé est situé à environ 1 600 mètres d'altitude. Ce n'était pas comme si j'étais né avec des crampons aux pieds et que j'avais des prédispositions physiologiques pour la haute altitude. Le Dhaulagiri était certes la montagne la plus importante de la région, mais elle était loin de chez moi; et s'y rendre n'était pas une mince affaire.

Mes frères aînés, Ganga, Jit et Kamal, qui avaient dix-huit ans de plus que moi, Anita, ma jeune sœur, et moi-même avons grandi dans une famille aimante. Nous étions sans le sou et l'idée de conduire une voiture ne nous effleurait même pas, mais j'ai eu une enfance heureuse, je m'amusais d'un rien.

Aux dires de tous, mes parents n'ont jamais eu une vie facile ; même avant ma naissance. Tout a démarré à leur mariage car ils étaient de castes et de classes différentes. En ce temps-là, cela ne se faisait pas, et leurs familles étaient opposées à leur union. Chassés du bercail, séparés de leurs frères et sœurs, ils commencèrent leur vie commune avec quasiment rien.

À l'époque, mon père servait dans le régiment de Gurkhas en Inde, mais son salaire ne suffisait pas à subvenir aux besoins du foyer. Après la naissance de Ganga, Jit et Kamal, Maman se fit embaucher à la ferme du village pour gagner de l'argent. La plupart du temps, elle portait au moins un des enfants dans le dos dans une écharpe. S'occuper ainsi de jeunes enfants tout en travaillant dur pour ramener de l'argent à la maison, ce devait être épuisant. Et pourtant, elle n'a jamais baissé les bras. Ma conception du travail, je la dois essentiellement à ma mère – elle a eu une énorme influence sur moi, comme sur beaucoup de gens qui ont croisé son chemin.

Maman n'avait pas reçu d'éducation, ce qu'elle regrettait fort probablement. Cela ne l'a pas empêchée d'aider d'autres femmes de la région, ni de devenir une militante désireuse de faire évoluer les mentalités népalaises sur les sujets de l'éducation et de l'égalité des sexes. À l'époque, c'était loin d'être la norme au Népal, mais elle s'est battue pour défendre ses convictions. La plupart du temps, elle gagnait à peine de quoi nous nourrir. Pourtant notre famille s'en est sortie. Lorsqu'ils ont été plus grands, mes frères ont dû mettre la main à la pâte : levés à 5 heures du matin, ils partaient et marchaient pendant deux heures pour chercher et couper de l'herbage pour nos trois buffles. Ensuite, ils se rendaient à l'école pour une journée complète de cours.

La vie a été un peu plus facile pour moi. Nous avions des orangers dans le jardin, et à l'automne, lorsque les fruits étaient mûrs, je grimpais dans les arbres pour en secouer les branches. Le sol était jonché de fruits et j'en mangeais tant que je pouvais. Le lendemain, rebelote : cueillette et festin ! L'année de mes quatre ans, nous avons déménagé à Ramnagar, un village situé à trois cent soixante-cinq kilomètres de Dana, dans la jungle du district de Chitwan, la partie la plus chaude et la plus plane du pays. Mes parents s'inquiétaient des glissements de terrain qui menaçaient Dana ; plusieurs rivières impétueuses alentour provoquaient inondations et catastrophes à répétition.

Je m'en foutais un peu de déménager. La jungle était à notre porte ; et pendant que Maman allait dans les sous-bois ramasser de quoi faire du feu, je ne manquais pas d'occupations : dans les rues, dans les forêts, au bord de l'eau, le potentiel d'exploration était énorme.

Dès mon plus jeune âge, j'ai pris conscience qu'il m'en fallait très peu pour m'épanouir émotionnellement ; ce qui pourrait expliquer le fait que j'ai pu passer la plus grande partie de ma vie dans le chaos du combat, ou dans une tente accrochée au flanc d'une montagne. Ma mère était très stricte, mais le week-end, quand je n'étais pas à l'école, elle me laissait volontiers explorer seul Ramnagar. La plupart du temps, je traînais sur les berges de la rivière voisine de 10 à 17 heures pour attraper crabes et crevettes.

C'est dans la nature que j'étais le plus heureux ; l'aventure était partout, même si Maman jetait souvent un regard dédaigneux aux butins que je lui présentais fièrement à mon retour.

« Pourquoi m'as-tu rapporté des insectes ? » se plaignait-elle.

Bientôt, tout irait mieux. Lorsque mes frères partirent rejoindre le régiment des Gurkhas, ils m'expliquèrent qu'ils veilleraient à me bâtir une vie meilleure. Chaque mois, ils envoyaient une partie de leur salaire à la maison pour financer mon éducation à *Small Heaven Higher Secondary* – un pensionnat anglophone de Chitwan où je fus envoyé à l'âge d'environ cinq ans. C'était une sacrée aubaine, qui ne durerait pas toujours : Maman me rappelait souvent que la générosité de mes frères s'arrêterait un jour.

« Un jour, ils vont se marier, disait-elle. Ils devront alors s'occuper de leur propre famille et ils ne pourront plus financer tes études. »

J'étais très jeune, mais j'avais déjà un plan pour soutenir la famille. « Écoute, c'est bon, dis-je à ma mère en essayant de dissiper ses craintes. Quand je serai plus grand, je passerai les examens de maître d'école ou je travaillerai dans une crèche. Et c'est *moi* qui m'occuperai de toi. »

Mais en réalité, je voulais devenir Gurkha.

J'avais assez de couilles pour réussir dans l'armée. À cinq ans à peine, loin de chez moi, je m'accommodais bien à la vie d'internat. Nous dormions tous dans le même bâtiment ; les aînés exerçaient leur pouvoir sur les plus jeunes et les professeurs battaient les enfants désobéissants. Mon premier défi fut simple : dans un environnement aussi rude, je devais apprendre à survivre – et vite.

Plus tard, les bagarres quotidiennes en cour de récréation furent une expérience plus éprouvante. Bien qu'assez costaud pour mon âge, il me fallait affronter des enfants plus âgés. Quand Maman m'apportait de la nourriture ou des fournitures, une des brutes de l'école secondaire rappliquait après son départ. Parfois, on me volait même ma pitance ; j'étais impuissant.

Mon premier instinct de survie fut de déguerpir et de grimper aux arbres pour éviter d'être dévalisé. J'étais rapide, doté d'une bonne endurance ; j'adorais les cours d'athlétisme. Face aux caïds de l'école, ma deuxième réaction fut de riposter. En grandissant, je gagnai en force et en maturité ; je devins vraiment fort. À l'adolescence, je décidai de me mettre au kick-boxing. J'appris très vite à me défendre, puis à vaincre mes adversaires, et remportai les championnats régionaux.

Arrivé en quatrième, je n'avais essuyé qu'une seule défaite, contre le champion national du Népal, et il était bien plus âgé que moi. Chaque fois qu'un caïd de l'école venait me voler des provisions, je faisais front à ses menaces et lui flanquais une raclée. Après ça, très peu de gamins me cherchèrent des noises. Le kick-boxing a été mon premier pas dans le monde des hommes.

Le suivant fut de postuler chez les Gurkhas.

3
Plutôt mourir que vivre en lâche

Je suis l'homme-antibiotique.

Vers l'âge de dix ans, j'ai contracté la tuberculose – une maladie grave, malheureusement très répandue au Népal ; j'ai réussi à en guérir. Un peu plus tard, on m'a trouvé de l'asthme. Tandis que le médecin m'en décrivait les séquelles à long terme, je me disais : *OK, pas de problème.* Rien ne pourrait m'empêcher de vivre ma vie. Je m'en suis débarrassé, et pour m'amuser, je participais aux courses de fond en forêt organisées par l'école.

Depuis mon plus jeune âge, je crois au pouvoir de la pensée positive. Je ne me suis jamais laissé abattre par la maladie, ni par des affections chroniques qui minent certains individus pendant des années. Je m'étais conditionné à me considérer comme un homme-antibiotique, capable de guérir tout seul. *J'avais la foi.* Cette disposition mentale m'a permis de rallier les rangs de l'armée britannique, où les situations de stress décuplaient ma résilience, comme si j'étais entouré d'un champ de forces protectrices. J'ai compris très vite que rien ne résistait à un combattant doté d'une confiance inébranlable en lui-même. J'en aurais rudement besoin une fois chez les Gurkhas.

Mes frères m'avaient prévenu, et d'ailleurs tout le monde le savait : dès les premières épreuves, la sélection des recrues était impitoyable. Avant même d'être autorisé à suivre la formation Gurkha, chaque candidat, âgé de dix-sept à vingt et un ans, devait se plier à un examen approfondi de ses capacités physiques et mentales. Par exemple, tous ceux qui avaient plus de quatre plombages étaient dégagés ; idem ceux qui avaient des fausses dents ou les dents trop écartées. L'intelligence était aussi importante que la supériorité physique.

Après une scolarisation standard, j'avais obtenu le certificat népalais de fin d'études exigé de tout aspirant Gurkha, et dont le niveau se situe entre le brevet des collèges et le baccalauréat. En 2001, vint mon tour de postuler. Le Galla Wallah – c'est ainsi qu'on appelait un Gurkha à la retraite chargé de sélectionner les garçons du village – m'examina de la tête aux pieds : s'il détectait la moindre cicatrice, c'était l'élimination. Heureusement, j'avais toujours fait en sorte d'éviter les grosses blessures à la boxe. Mais cela ne m'empêcha pas d'être recalé. Je n'ai jamais trop su pourquoi, puisque j'avais réussi tous les tests d'aptitude physique et scolaire ; je crois que le recruteur m'avait pris en grippe.

Alors que je faisais partie des dix-huit candidats ayant réussi les épreuves physiques, le Galla Wallah m'avait relégué à la vingt-sixième place dans le classement final. J'étais furieux, car cette année-là, seuls vingt-cinq jeunes accédaient à la prochaine étape du circuit de sélection. Démoralisé, je fulminai contre une telle injustice et envisageai un temps d'abandonner mon rêve de devenir Gurkha.

Passé ma déception – même si je l'avais encore un peu mauvaise –, je retentai ma chance l'année suivante, avec succès, et pus concourir à la *Regional Selection*. Râlant sous l'effort, j'exécutai la série de pompes, d'abdos et de levées de poids, passai les examens d'anglais et de maths, avant d'attaquer la troisième et dernière phase, la *Central Selection*, la plus drastique.

La Doko Race est l'une des épreuves les plus connues de cette sélection. Les candidats doivent courir en portant un panier de bambou. À l'époque, il était lesté de trente kilos de sable, et tout aspirant Gurkha devait terminer le circuit, d'une longueur de cinq kilomètres en montée, en moins de quarante-huit minutes.

La partie course à pied ne m'inquiétait pas trop. À l'école, j'adorais l'athlétisme, et je prenais ça très au sérieux : en cinquième, mes professeurs m'ont demandé de les aider à organiser une série d'épreuves pour les élèves, tous de deux ou trois ans plus âgés que moi, qui voulaient représenter l'internat aux championnats régionaux. On m'a chargé de tracer la piste de 400 mètres au marqueur blanc. Mais au moment du départ, je me mis en lice, pour rigoler. Au premier virage, j'approchai du peloton de tête, et au deuxième, survolté, je me mis à foncer et dépassai tout le monde pour franchir la ligne d'arrivée.

Mon professeur m'attrapa par le bras. Il pensait que j'avais pris la course à mi-parcours pour faire une farce.

« Purja, tu sors d'où ? C'est une blague ou quoi ?

— Non, monsieur, répondis-je, inquiet. J'ai pris le départ avec les autres... Allez leur demander! »

Lorsqu'il eut confirmation que j'avais bien fait toute la course avec les autres, à la loyale, l'école n'eut plus trop le choix. Ils devaient se débrouiller pour imposer la présence d'un élève de cinquième dans la compétition régionale où la majorité des candidats étaient en seconde.

« On t'a inscrit malgré ton jeune âge », m'annonça mon professeur.

Je n'étais pas impressionné, mais je ne savais pas du tout ce qui m'attendait et comment m'y préparer. Et pourtant, quand vinrent les championnats inter-écoles, et que je dus courir le relais 4 x 400 mètres, le 800 mètres, le 2000 mètres et le 5000 mètres, j'étais prêt. J'avais décidé de courir pieds nus, de peur que les chaussures et les crampons ne m'alourdissent, et ma tactique se résumait à « rester à l'arrière pendant la première moitié de la course... puis foncer! » Je m'y suis tenu et je suis arrivé premier au 800 mètres et au 2000 mètres; et grâce à moi, l'école a gagné le relais 4 x 400 mètres. Ils avaient misé gros, et ça avait payé.

Comme j'étais un athlète accompli, le côté course de la Doko Race ne poserait pas de problème, par contre, porter le panier de sable était une tout autre histoire, même si mon entraînement de fond m'aiderait un peu. Je ne sais pas d'où cela me venait, mais ma préparation était déjà peu orthodoxe à l'école: à 4 heures du matin, je sortais du dortoir sur la pointe des pieds pour aller courir dans les rues avoisinantes, et pour augmenter l'effort physique, je fixais sur mes jambes, à l'aide d'un bandage élastique, des barres de fer que j'avais trouvées çà et là. Lorsque le soleil se levait, je retournais vite au lit, ni vu ni connu. J'espérais que cet entraînement de fou porterait ses fruits.

Ce qui m'a également aidé, c'est que mes deux frères avaient déjà passé cet examen exigeant et savaient de quoi il retournait. Kamal était rentré pour une permission quelque temps avant la sélection, qui se déroulait à Pokhara ; quant à Ganga, qui avait pris sa retraite de l'armée en 2002, il était également présent. Nous avons passé deux jours ensemble à échafauder notre plan.

« OK, Nirmal, il va falloir passer à la vitesse supérieure », annonça Kamal un après-midi, tout en me tendant un panier en bambou dans lequel il s'empressa de jeter une pierre tellement lourde que mes bras fléchirent sur le coup. « Bon, maintenant, habitue-toi au poids et vas-y, cours. »

Nous avons traversé Pokhara, empruntant des terrains accidentés et variés, le long de la rivière ou en descente ; le panier que je portais au front semblait peser dix tonnes. La douleur à la nuque, au dos et aux mollets était mordante. Une fois à l'arrêt, Kamal regarda sa montre et fronça les sourcils.

« Tu as mis une heure, Nirmal. Ça ne suffira pas pour être pris. On recommence demain. »

Le jour suivant, j'ai couru plus vite et amélioré mon temps : cinquante-cinq minutes. Et le surlendemain, en accélérant tout au long du parcours, je finis les cinq kilomètres en dessous des quarante-huit minutes éliminatoires. C'était bon. Une fois sur la ligne de départ d'une Doko Race, cependant, entouré d'un groupe de jeunes qui, eux aussi, visaient la *Central Selection*, j'eus un peu d'appréhension en regardant autour de moi. Il était évident que certains d'entre eux s'étaient payé un stage d'entraînement intensif auprès d'un club d'athlétisme local pour préparer leur corps à cette épreuve, et leur qualification semblait inévitable. Certains avaient même des baskets neuves et une coupe de cheveux ostensiblement militaire.

Je n'aurais pas dû m'en faire, car je terminai la course dans le peloton de tête. J'étais convaincu que j'avais le niveau pour faire partie du corps d'armée le plus intrépide du monde.

◆

Les séries de pompes de l'examen physique final ne réussirent pas à me briser. Je passai facilement les épreuves de tractions, d'abdominaux, de sprint, de cross-country, tout comme le test de Léger. J'arrivai même premier à une course d'environ deux kilomètres. Les examens de langue anglaise et de maths ne me causèrent aucune appréhension. Je fus enrôlé dans l'armée britannique et devins sapeur Gurkha au service de Sa Majesté. Deux semaines après avoir réussi la *Central Selection*, je m'envolais pour l'Angleterre, rejoindre l'école d'infanterie (*Infantry Training Centre*) de la compagnie d'entraînement Gurkha (*Gurkha Training Company*) à Catterick, dans le Yorkshire. C'était la première fois que je sortais de mon pays, mais m'intégrer à une culture si différente de la mienne était un défi à ma portée ; du moins, c'est ce que je croyais.

« Facile, me dis-je. J'ai vécu en internat. Je parle bien anglais. Ça va aller. »

En arrivant au Royaume-Uni en janvier 2003, ce fut le choc. À l'aéroport d'Heathrow, il faisait froid. Dans le car, je pensais que nous allions faire un petit tour dans Londres pour apercevoir les monuments les plus connus comme Big Ben, la cathédrale Saint-Paul et Buckingham Palace, mais nous avons pris directement l'autoroute. Lorsque nous sommes arrivés dans le nord de l'Angleterre, par une route pittoresque ponctuée de moutons, de collines et de stations-service, la conviction que j'avais de pouvoir m'intégrer à la culture locale s'évanouit rapidement.

Tout d'abord, la météo était exécrable : le vent était si fort que la pluie semblait tomber à l'horizontale. Ensuite, la barrière de la langue n'était pas facile à surmonter, et la teneur des conversations avec les gens du coin m'échappait totalement. Même si à l'école j'étais assez bon à l'écrit, j'étais complètement perdu à cause des différents accents : ceux du nord-est de l'Angleterre et de Londres, celui de Manchester, et tous les dialectes. Tout cela m'était totalement étranger. La première personne que je rencontrai était originaire de Liverpool ; lorsque je lui serrai la main pour lui dire bonjour et qu'il me répondit avec son accent très prononcé, je fus complètement déboussolé.

Je ne comprenais rien à ce qu'il me disait.

Le problème, c'était qu'au Népal, j'avais passé ma scolarité à lire, écouter et parler, mais personne ne m'avait jamais dit qu'il existait des dialectes locaux. Lorsque je me retrouvais dans des situations de la vie quotidienne avec de jeunes Britanniques, j'étais sérieusement désavantagé. Pendant les premières semaines, il m'arrivait souvent de décrocher au cours d'une conversation, et je me disais : *Bon Dieu, je capte rien !*

À Catterick, on apprenait aussi à soigner son apparence. On devait suivre certaines règles, dont celle d'être toujours bien habillé et bien chaussé. Lors de notre première visite sur la côte, mon peloton traversa la plage de sable pieds nus, jambes des pantalons retroussées et vestes sur l'épaule. Nous étions vraiment ridicules.

Quand vint le temps de l'épreuve du feu, j'étais opérationnel, mais cela m'avait pris quatre ans. Pendant une formation de trente-six semaines, j'avais appris les rudiments de la vie du régiment. Nous suivions des modules d'adaptation culturelle et d'entraînement au combat d'infanterie. Après le programme de formation des nouvelles recrues, je rejoignis les unités du génie et je dus choisir une activité professionnelle dans une liste où figuraient, entre autres, la menuiserie et la plomberie. J'optai pour le bâtiment, et plus particulièrement la finition des structures et des constructions. Pendant neuf mois, je vécus à Chatham dans le Kent, où je fus apprenti peintre-plâtrier et appris toutes les ficelles de l'aménagement intérieur. Ce n'était pas très excitant, mais ça valait le coup. Si je ne m'en sortais pas dans l'armée, je pourrais toujours exercer un métier manuel.

Par la suite, j'acquis le bouquet de compétences nécessaires pour être un soldat du génie de combat et participai à toute une série d'exercices de terrain. En 2007, après avoir suivi la formation commando interarmées de treize semaines au *Commando*

Training Center des *Royal Marines* à Lympstone dans le Devon, je fus envoyé en Afghanistan et participai à l'opération Herrick – une stratégie de douze ans visant à maintenir la présence militaire britannique dans le pays et prévenir d'éventuelles activités terroristes fomentées par les talibans. Nous avions aussi pour mission d'aider les Afghans à former un nouveau gouvernement, mais l'essentiel du boulot, c'était des opérations de combat.

Parfois, ma mission consistait à passer de vastes étendues de terre au peigne fin, à la recherche d'engins explosifs improvisés (EEI). Les commandos des *Royal Marine*s intervenaient en général les premiers ; lorsque mon équipe flairait la présence d'un dispositif de détonation, elle entrait en jeu pour nettoyer le terrain, localiser la bombe et la désamorcer, afin que notre formation puisse avancer ensemble en sécurité. La tension était toujours à son comble, car à la moindre erreur, il ne resterait de moi que des lambeaux de chair ; de plus, nous travaillions constamment dans l'urgence. À découvert, nous ne pouvions pas nous permettre de traînasser : l'ennemi pouvait frapper à tout moment.

La plupart du temps, j'étais affecté au *40 Commando*, une « formation » des *Royal Marines* de la taille d'un bataillon. Une de nos missions conjointes était de patrouiller et faire du porte-à-porte pour trouver des munitions, des armes et de la drogue dans les planques des talibans. J'étais un soldat très loyal et fier de la réputation des Gurkhas dans l'armée britannique – j'aurais fait n'importe quoi pour la défendre. J'avais aussi beaucoup de respect pour la reine et la Couronne – ils étaient tout pour moi. Mais cela ne m'empêchait pas de dire ce que je pensais.

Au cours d'une opération, j'inspectais un bâtiment ennemi probablement piégé, et comme à cette époque-là mon unité agissait dans l'ombre, je faisais particulièrement attention. Je tenais absolument à quadriller le moindre recoin. Derrière moi, le commandant m'observait, et visiblement, s'impatientait.

« Purja, dépêche-toi. Quel est le problème ?

— OK, je *pourrais* aller plus vite, lui répondis-je. Je pourrais simplement bâcler le travail et vous dire : “ça y est, c'est fait!” Mais si je m'applique, c'est pour qu'on n'accuse pas les Gurkhas d'être passés à côté d'un EEI. Ce n'est pas juste une question personnelle... »

Je n'appréciai pas non plus son allusion à un problème. *Insinuait-il que j'avais peur, et que c'était pour cela que j'étais si lent ?* La vérité, c'est qu'en faisant le tour de la pièce, conscient qu'une bombe pouvait exploser à tout moment, j'étais en effet un peu crispé – je n'étais pas fou. Mais la peur n'avait aucune place dans mon monde, même en Afghanistan.

« Vous pensez vraiment que je me pisse dessus ? » Alors j'ai posé le détecteur Vallon que nous utilisions pour localiser les bombes et les mines, et j'ai fait le tour de la pièce, imperturbable : « Ma vie ne vaut rien ici. Ma réputation, si. C'est pour ça que je fais mon boulot correctement. Point barre. »

« Je vois... » répondit le commandant, trop déstabilisé pour me passer un savon pour insubordination.

En Afghanistan, les commandos des *Royal Marines* m'ont très vite inspiré un profond respect. J'aimais leur philosophie, et ce que j'appréciais surtout, c'était que ces super combattants savaient rester humbles. J'avais beaucoup d'assurance et je croyais en moi, mais je détestais les gens dotés d'un ego surdimensionné, les « moi je ». Chaque fois que nous combattions ensemble, le respect entre nos deux formations était mutuel.

Dans ce type de collaboration, les Gurkhas constituaient souvent un groupe d'appui feu. On nous appelait pour fixer des mines-barres L9 aux portes de bâtiments ennemis. Ces explosifs sont, à l'origine, des mines antichars, mais ils sont très utiles pour faire sauter un obstacle. On parvenait ainsi, sans trop de difficulté, à faire exploser les murs épais, si répandus en Afghanistan. Je devais me faufiler jusqu'à une porte, fixer la mine, déguerpir, puis… *Boum!* L'unité s'engageait ensuite dans le trou encore fumant pour liquider les combattants ennemis qui nous tiraient dessus.

En d'autres occasions, j'intervenais armé d'une mitrailleuse légère (LMG). Levé à 4 heures, je patrouillais dans de larges vallées désertiques pour signaler notre présence à tout observateur qui se trouverait dans les environs; mon unité patrouillait ensuite dans les villes et villages sous une chaleur accablante, recueillant des informations auprès des locaux, mais essuyant parfois des tirs d'intimidation. Le travail était à la fois stressant et gratifiant. À chaque explosion, je ressentais une montée d'adrénaline.

Mon quotidien, c'était le combat; les risques étaient bien identifiés. Il y avait des morts, aussi regrettable que cela pût être. Un jour, ce serait peut-être mon tour, mais j'étais prêt. Je voulais toujours aller plus haut et plus loin. Parfois, j'entendais parler d'opérations qui dépassaient notre cadre d'intervention : libération d'otages, arrestations musclées d'éminents talibans, raids sur des bâtiments; toutes étaient menées par le *Special Air Service* (SAS) ou le *Special Boat Service* (SBS). Ces unités de l'ombre forment les forces spéciales britanniques, et je me disais que par rapport aux Gurkhas, c'était le niveau au-dessus. Lorsque j'appris leur existence à Catterick, je fus très impressionné.

Ouah! C'est ça que je veux être.

Être un combattant, cela me plaisait, mais plus encore, je voulais jouer en première division, et les forces spéciales, c'était vraiment la crème de la crème. Fin 2008, étudiant la question, j'appris que les SBS étaient des *Marines* tandis que les SAS étaient rattachés à l'armée de terre. Je manifestai officiellement mon intention d'intégrer les SAS, me renseignant sur le *modus operandi* de l'unité et les conditions de recrutement. J'étais vraiment admiratif. Ils étaient impliqués dans des opérations terrestres, aériennes ou maritimes. Puis un copain me donna plus d'informations sur les SBS ; dans la catégorie des durs-à-cuire, on ne faisait pas mieux.

« Ils font des sauts en parachute, et se battent en milieu aquatique ou terrestre, m'expliqua-t-il. C'est comme les SAS, mais en plus, il leur arrive de plonger et nager lors d'opérations de combat. »

Pour avoir travaillé avec les *Royal Marines* en Afghanistan, je savais que je m'intégrerais facilement – psychologiquement au moins – et donc, peu de temps après, j'assistai à un séminaire de présentation des SBS. Mon dossier d'inscription au parcours de recrutement des forces spéciales du Royaume-Uni – un processus de sélection de six mois qui permet de sélectionner les soldats qui ont assez de couilles pour rejoindre ces unités – fut accepté en 2008. Après six ans passés chez les Gurkhas, je poursuivais mon chemin. C'était le moment de devenir un soldat d'élite.

4
La quête implacable de l'excellence

Si personne ne m'a cru lorsque j'ai annoncé mon intention d'intégrer le *Special Boat Service* (SBS), c'est probablement parce que jusque-là, aucun Gurkha n'y était parvenu, même si plusieurs d'entre eux avaient rejoint le *Special Air Service* (SAS). Je savais que le SBS était un peu plus sélectif car chaque élément devait être capable de nager et de plonger pendant les opérations de combat. Le Népal étant un pays sans accès à la mer, mes chances étaient bien minces, et personne ne l'ignorait dans mon entourage.

Pour incorporer le SBS, je devais non seulement réussir les épreuves de sélection, mais également valider plusieurs formations spécialisées. Je n'étais pas habitué à évoluer dans l'eau, mais j'étais prêt à me lancer dans l'aventure. Paradoxalement, les seuls qui doutaient de mon projet étaient mes compagnons Gurkhas.

Eh, tu rigoles ou quoi !? C'est des paroles en l'air, tout ça.

J'ai choisi d'ignorer ces critiques, et je me suis donné à fond pour atteindre mon but.

J'avais compris que pour devenir opérateur des forces spéciales, il fallait savoir s'adapter aux conditions et aux hommes. Dans les zones de guerre dangereuses, derrière les lignes ennemies, l'intensité du combat est à son comble et les missions plus lourdes. Comme je savais que je serais le seul Népalais de l'escadron, j'avais décidé d'apprendre un florilège de blagues britanniques pour encaisser le choc culturel. Des blagues à papa. Des blagues salaces. Des blagues d'humoristes ou tirées de vieilles séries TV. Le sens de l'humour népalais n'a rien à voir avec celui du SBS ; j'ai donc mémorisé tout un tas d'histoires drôles, plus ou moins douteuses.

Pourquoi une blonde reste des heures devant une bouteille de jus d'orange ? Parce que l'étiquette indique : « concentré » !

J'étais prêt à tout pour m'intégrer.

L'autre raison importante de me familiariser avec la culture britannique était que les instructeurs militaires cherchaient à recruter la crème de la crème. Les recrues devaient pouvoir s'intégrer à un escadron de soldats ultra-focalisés sur leurs objectifs. Dans les conditions de combat les plus sommaires, le moral de l'équipe est un élément crucial. C'est pourquoi, si un candidat au SBS n'avait pas le sens de la plaisanterie ou s'il ne comprenait pas l'humour noir, il écopait d'un mauvais point.

Je devais absolument me fondre dans leur monde ; je ne pourrais pas m'en tirer avec une pirouette du genre : « Je suis un Gurkha, je capte pas », ou bien : « Je n'ai pas fait ma scolarité en Angleterre ; désolé, cette blague m'a échappé. » Je devais être au top – à tous les niveaux.

Pour me préparer physiquement, je m'astreignais à un rythme d'enfer. Basé à Maidstone dans le Kent, je m'acquittais de mes obligations militaires pendant la journée, et dès 17 heures, je rentrais manger chez moi vite fait, avant d'aller à la salle de gym faire mes cent kilomètres à vélo.

Sachant que la nage de combat jouerait un rôle majeur dans ma formation – et qu'à l'époque j'étais loin d'être bon –, je m'entraînais jusqu'à épuisement. À la piscine, j'enchaînais jusqu'à deux mille cinq cents mètres en nage libre avant de m'effondrer sur mon lit, cloué par la fatigue. Rarement couché avant minuit, je me relevais parfois à 2 heures du matin pour effectuer un portage de trente-cinq kilos entre la caserne de Maidstone et Chatham.

Le week-end était dédié à la course à pied ; je me bottais le cul et sillonnais la ville. C'est à cette époque que je pris l'habitude de faire du jogging tous les jours. Avec deux ou trois potes Gurkhas, on se levait à 8 heures pour faire une course de relais, mais j'étais le seul à courir tout le temps. Un gars m'accompagnait sur une dizaine de kilomètres, m'imposant un rythme soutenu. Puis un autre le remplaçait pour dix autres kilomètres. Cela durait des heures et l'exercice était des plus rudes, tant physiquement que mentalement.

Sortir du lit en plein milieu de la nuit et sous une pluie battante était démoralisant au possible, mais je tenais le coup. Lorsqu'il neigeait, je résistais à la tentation d'appuyer sur la touche *snooze* du réveil. Garder le contrôle de mes émotions, ce n'était qu'un des nombreux traits de caractère que je devais posséder pour appartenir à un corps d'élite.

J'enchaînais des sessions de six heures et parfois, pour augmenter la difficulté, je partais seul avec un sac à dos de trente-cinq kilos. Je savais que lorsqu'on combattait au sein des forces spéciales, les temps de repos étaient proscrits, et la seule solution pour tenir était de s'entraîner avec acharnement. Rien n'était gagné d'avance. J'étais assailli par le doute car même les officiers et les collègues Gurkhas pensaient que je n'étais pas fait pour devenir un soldat d'élite. De plus, je n'avais jamais soumis mon corps à un programme aussi draconien. Mais aucun d'entre eux n'a compris à quel point j'étais déterminé, ni comment mon mental m'aiderait au cours des années à venir à réaliser des exploits jugés impossibles. J'étais plein d'espoir. *Et l'espoir, c'est Dieu.*

Je n'étais pas croyant. Mes parents étaient de confession hindouiste, mais je ne vénérais aucun dieu particulier. Au contraire, j'appréciais de pouvoir tout célébrer. Je me rendais parfois à l'église, parfois au monastère bouddhique, toujours réceptif aux idées nouvelles. Tolérant et humain, je respectais tous les cultes, mais plus que tout, j'avais foi en moi. Enfant, je rêvais de devenir Gurkha. *C'était ma religion.* Six ans plus tard, j'aspirais à intégrer un corps d'élite. *C'était devenu mon nouveau credo.* J'avais besoin d'y croire. Sans cette croyance, je n'aurais jamais réussi cette sélection drastique : il me fallait un motif bien plus puissant que celui d'épater la galerie ou de satisfaire mon ambition. Devenir opérateur au sein du SBS, c'était servir une cause, et j'ai tout donné pour y arriver.

En 2009, à l'issue des examens probatoires, ma force physique et émotionnelle était quotidiennement mise à l'épreuve. La sélection finale durait six mois et débutait avec la *Hills Phase,* une série de courses chronométrées dans les montagnes de Brecon Beacons, au pays de Galles. Sans céder à la pression, je me concentrais sur le lendemain plutôt que de me poser des questions sur la ribambelle de tests qui m'attendaient les semaines suivantes.

Chaque matin, je me disais : « Aujourd'hui, je vais me donner à cent pour cent et je vais m'en sortir. Demain est un autre jour. »

Je devais tout donner ; je savais qu'en me ménageant, je courais à l'échec. Tous les jours, sur les collines, je souffrais le martyre ; le soir, je réussissais néanmoins à récupérer et à canaliser mon énergie pour être à même de fournir le même type d'effort le lendemain.

Dès le début, j'eus l'impression de ne pas opérer sur un pied d'égalité. Une des aptitudes majeures de tout membre des forces spéciales britanniques est de savoir se faire oublier. Lors d'un exercice militaire ou d'une mission de surveillance, il est indispensable de se fondre dans le paysage pour ne pas se faire prendre, ni attirer l'attention. Lors de la sélection, cette tactique était parfois utile. Les éléments qui se faisaient souvent remarquer subissaient une pression psychologique supplémentaire de la part de l'instructeur. Tout candidat qui ne tenait pas le coup physiquement était l'objet d'agressions verbales répétées, avant d'être expulsé et renvoyé dans son régiment.

Ma couleur de peau ne m'aidait pas à me fondre dans le groupe, ou à me dissimuler derrière les autres participants. Il nous arrivait à tous de nous planter, mais quand je faisais une erreur, l'instructeur, même posté très loin, me repérait tout de suite. S'ensuivaient des cris et des invectives, mais je parvenais à rester concentré. Enfin, le plus souvent. Un jour, lors d'une marche, je dépassais d'une petite minute l'horaire éliminatoire; la sanction ne se fit pas attendre. Les épreuves quotidiennes devenaient de plus en plus rudes. Au moindre échec, je savais que le jour suivant j'en baverais encore plus et que mes prétentions seraient remises en cause.

Des exercices tout aussi monstrueux m'attendaient le lendemain matin. L'avant-dernier jour de la *Hills Phase* consistait en une marche rapide d'une trentaine de kilomètres, à laquelle succédait l'ultime et tristement célèbre randonnée – un test d'endurance de plus de soixante kilomètres avec un sac à dos Bergen très lourd, un fusil, de l'eau et de la nourriture; le tout pesant environ trente-cinq kilos.

C'était donc la mort ou la gloire: soit je terminais le contre-la-montre et la dernière épreuve en moins de vingt heures, et j'avais une chance d'être sélectionné, soit j'échouais, et je devrais réintégrer la brigade des Gurkhas. Et ça, il en était hors de question. J'avais décidé que si je n'étais pas pris, il serait temps d'abandonner l'armée pour de bon.

« Nims, soit tu réussis, soit tu rentres chez toi », pensai-je en faisant mon sac le matin suivant.

Je m'étais préparé mentalement à cette journée impitoyable, mais les épreuves n'en furent pas moins stressantes. Pas à cause du degré extrême d'endurance exigé pour terminer la course, mais parce que je m'étais saboté moi-même dès le contrôle du PAM (Personnel Armement Matériel) sur la ligne de départ.

« Purja, c'est quoi ce truc? » me demanda l'instructeur en fourrageant dans le sac que j'avais toujours sur le dos.

Il agita ma gourde et je me sentis défaillir. *Il manquait le putain de capuchon.* Pire, elle s'était en partie vidée.

Un des critères de sélection est l'entretien du matériel personnel – pour qu'un opérateur puisse s'en tirer lors d'un conflit, il devait être en parfait état. La réussite de sa mission secrète peut tenir à un simple bouchon de bouteille : qu'il l'oublie quelque part, et il se fait repérer. Invoquer l'épuisement n'était pas une excuse valable ; or, j'étais bel et bien épuisé après la course de *Hills Phase* et ma vigilance en avait pâti. J'étais censé avoir assez d'eau dans la gourde pour survivre. J'allais bientôt payer le prix de cette négligence.

« On dirait qu'il y en a un qui va porter un peu plus aujourd'hui », dit l'instructeur d'un ton suffisant.

J'ai senti qu'on mettait une pierre dans mon Bergen ; les bretelles m'ont alors cisaillé les épaules. Étrangement, cet incident ne fit que renforcer ma motivation.

Au départ d'une de ces marches qui vous laissent sans jambes, je me suis dit : « Bon ! Nims. D'une manière ou d'une autre, il va falloir prouver que tu fais partie des meilleurs, que tu te trouves dans leur champ de vision ou pas. »

La reviviscence de la douleur et de la dureté des premiers entraînements pour la Doko Race me permit d'aller de l'avant. Maintenir un bon rythme sur ce terrain difficile n'était pas une partie de plaisir mais c'était faisable : je m'y suis vite habitué. Très tôt, je m'étais rendu compte que les examinateurs ne cherchaient pas des *Ironmen*, mais des hommes flexibles, capables de s'adapter à toutes les situations.

Mentalement et physiquement, je me sentais à la hauteur des épreuves les plus exigeantes de la *Hills Phase*. J'avalais les pentes raides sans aucune fatigue, les descentes et les replats au pas de course, kilomètre après kilomètre, heure après heure. Après tant d'efforts, je terminai premier.

C'était à l'époque mon plus grand défi, et je n'avais pas craqué. J'avais courbé l'échine et tenu bon. J'étais malléable.

◆

Jamais lors de ma formation d'opérateur d'élite, mes compétences militaires ne furent autant mises à l'épreuve que dans la jungle.

Les bases secrètes et isolées de la forêt tropicale où nous nous entraînions étaient considérées par l'institution elle-même comme un enfer. Dans cette touffeur poisseuse, tout était lugubre et humide. Tout le monde chlinguait. C'était le milieu idéal où tester notre savoir-faire : la végétation grouillait d'insectes et de serpents, et les conditions tropicales étaient un adversaire redoutable.

À chaque séjour – qui pouvait durer plusieurs semaines –, je gardais le sourire, faisant abstraction de la boue et de l'humidité. Comme un poisson dans l'eau, je restais efficace et joyeux alors que d'autres étaient franchement à la peine. Certains pensèrent même que quelque chose ne tournait pas rond dans ma tête. Un matin, lors d'un repérage, alors que je remontais le flanc d'une énorme colline, je remarquai que, derrière leur camouflage, mes copains me dévisageaient, incrédules.

« Putain de merde, Nims, murmura un des gars. À chaque patrouille je suis trempé jusqu'aux os et toi, tu… *t'éclates* ? »

J'éclatai de rire, et lui expliquai que je m'étais familiarisé avec cet environnement dès l'enfance. *La jungle avait été ma cour de récré.* Comme tout le monde, je faisais des erreurs, et ma carrière n'en était pas exempte, mais je partais du principe que la détermination et la flexibilité étaient les vertus cardinales des troupes d'élite. Sur le terrain, personne ne me ferait de cadeau, personne ne serait là pour m'encourager. Je devais être capable de me motiver en tout instant. Si je me retrouvais dans une situation critique, je ne pourrais compter que sur moi-même pour m'en sortir. Souvent, avec le stress, il était difficile de ne pas craquer. Tous les jours, il y avait de quoi péter un câble.

J'ai appris à ne pas desserrer les lèvres face à la critique. Un jour, lors d'un exercice de reconnaissance, un type de ma patrouille a merdé ; et comme le succès d'une mission dans la jungle repose sur le travail d'équipe, tout le monde en prit pour son grade. Nous avions passé des heures à ramper dans ce labyrinthe végétal sous le nez d'une poignée de soldats qui jouaient le rôle de l'ennemi. Aux abords de leur planque, un de mes camarades voulut s'approcher un peu plus. J'ai essayé de l'en dissuader mais il n'a rien voulu savoir. Si nous avons réussi à ne pas éveiller les soupçons des patrouilleurs, nous nous sommes fait repérer par un instructeur qui nous surveillait alors que nous regagnions notre camp.

« Alors, les gars, ça vous a plu la reco ? dit-il. Ce n'est pas une très bonne idée de se faire repérer ici. »

Toute notre patrouille fut convoquée, et l'avertissement fut salé. On m'apprit que j'avais dégotté la médaille du pire soldat au monde.

« Purja, qu'est-ce que tu fous encore ici, bordel ? » hurla l'un des instructeurs.

Je tentai de répondre, mais il me coupa rapidement la parole. « Parle anglais ! On comprend rien ! » dit-il, faisant allusion à mon accent prononcé. J'avais envie de lui casser la figure mais je me retins, sachant que cela faisait partie du test. Je ne devais surtout pas répondre aux provocations. J'ai fermé ma gueule et j'ai encaissé.

C'est clair. Je dois serrer les dents. Ces salauds vont essayer de me faire craquer avant la fin de la formation, mais je tiendrai bon, quoi qu'il arrive.

Ils étaient là pour me détruire ; moi pour me battre jusqu'au bout.

J'appris très vite à garder ma lucidité et à travailler efficacement dans des conditions hostiles. Côté paquetage, j'étais au top. Je réussissais toutes les épreuves auxquelles l'armée pouvait me soumettre, des exercices de tirs réels aux opérations d'évacuation sanitaire (EVASAN). Ma détermination demeurait intacte. « Viens me tester, mec. Essaie seulement de trouver la moindre putain d'erreur. »

À l'issue de l'entraînement au combat de jungle, je me sentais parfaitement affûté, et plus déterminé que jamais. Après chaque nouvelle mise en situation, je me rapprochais davantage de mon objectif. *Le SBS était ma nouvelle religion.*

◆

Après avoir réussi une série de formations spécialisées complémentaires, j'ai intégré le monde du *Special Boat Service*. Le jour de la cérémonie de remise de l'insigne, j'ai bu ma toute première goutte d'alcool en compagnie des types de ma promo : d'abord un verre de whisky, puis un litre et demi de mélanges d'alcools – lager, vin, spiritueux. La totale. J'ai dû tout avaler d'un trait, mais pour être franc, à ce moment-là, je m'en foutais un peu. *Je venais de rencontrer Dieu*. J'étais désormais un opérateur des forces spéciales, membre d'un cercle d'excellence. Je m'étais prouvé que j'étais capable de mener des combats au plus haut niveau. *J'étais l'un des leurs.* L'étape suivante consistait à me laisser pousser les cheveux – je me sentais l'âme d'une rock star.

Après cette première cuite, tout se précipita. Un jour, je m'entraînais sur un navire, le lendemain, je sautais en parachute d'un avion Hercules survolant la mer. Ma vie était trépidante et exigeante. Jamais ennuyeuse.

Le travail était sans répit. Chaque opérateur du SBS possède plusieurs casquettes mais il doit se spécialiser. Je devins auxiliaire sanitaire. Cela consistait à prendre en charge mes coéquipiers blessés ou estropiés lors de fusillades, traiter les traumatismes par balles ou par détonation d'engins explosifs improvisés (EEI).

En juillet 2010, ce fut le baptême du feu avec ma participation à des raids d'arrestation musclés dans plusieurs zones de guerre. Lors de la prise d'assaut de maisons et de complexes ennemis, nous étions confrontés à des EEI et des adversaires impitoyables.

Défoncer des portes était un exercice à la fois excitant et terrifiant qu'avec le temps je maîtrisais parfaitement. J'étais galvanisé par le combat. Ma formation et mon expérience me permettaient de rester calme, même soumis à des pressions extrêmes ; l'esprit des Gurkhas m'insufflait le courage dont j'avais besoin dans les moments difficiles. Nous avions la réputation de tenir bon, d'être parmi les forces de combat les plus aguerries au monde, et j'étais déterminé à préserver cette image.

Ma devise était simple : le courage avant toute chose. Et je n'envisageais absolument pas de vivre autrement.

5
Dans la zone de la mort

Dès lors que la guerre devint mon quotidien, la vie fut encore plus difficile. L'unité poussait au dépassement de soi, impossible de s'y soustraire ; les forces hostiles contre lesquelles nous nous battions étaient réactives, et résolues à ne pas capituler. Parfois, c'était très dur.

Mais jamais je ne craquai. Je n'étais pas du genre à étaler mes sentiments au grand jour, même à ma femme Suchi, et j'appris très vite à dissimuler la moindre souffrance liée à mon travail de soldat. En particulier les douleurs psychiques endurées pendant les combats.

Lors du recrutement, je faisais tout pour montrer à l'instructeur militaire que même poussé à bout, j'étais capable de gérer la pression ; et au contact, je ne voulais surtout pas laisser transparaître la moindre faiblesse, fatigue ou terreur – ce qui aurait pu remonter le moral de l'ennemi. Je pratiquais constamment l'art de masquer douleur et souffrance en me laissant totalement absorber par la tâche à accomplir ; cela m'aidait à faire abstraction du chaos environnant.

Un jour, lors d'une mission, je pris une balle ; mais je ne manifestai aucun signe de peur ou de vulnérabilité. C'était lors d'un échange de tirs près d'un poste-frontière où j'avais été déployé en soutien d'un raid. Nous étions encerclés et nous avions essuyé des pertes. Couché en position de tir sur un toit, je fus percuté par un projectile. Je ne savais pas ce que c'était, mais le choc fut assez puissant pour me faire tomber du bâtiment.

Je fis une chute d'au moins trois mètres avant de m'écraser au sol dans un bruit sourd, et mis quelques secondes avant de retrouver mes esprits. *Putain, qu'est-ce qui s'est passé ?* J'avais le goût métallique du sang chaud dans la bouche ; une flaque rouge se formait sur le sol autour de moi. Pendant une fraction de seconde, la frayeur d'avoir le visage déchiqueté par un tir me saisit ; mais je n'avais mal nulle part.

J'étais peut-être en état de choc.

Est-ce que ma mâchoire était toujours en un seul morceau ?

Je me tâtai nerveusement le menton. *Ouf, putain ! Il était toujours là.* Mais visiblement, une balle ennemie m'avait raté de peu ; elle avait failli me blesser méchamment, me balafrer le visage et transformer ma mâchoire et mes lèvres en charpie. C'est lorsque je regardai mon arme que je compris que j'avais frôlé la mort. Le sabot de crosse, cet accessoire qui permet de caler le fusil dans le creux de l'épaule quand on est en position, avait été touché.

Le tir venait d'un sniper ; il m'avait probablement visé au cou ou à la tête et avait manqué sa cible de quelques millimètres. La balle avait rebondi sur la partie métallique du sabot, et transpercé le boîtier abritant le dispositif de détente du fusil. Elle était ressortie à un angle la conduisant droit sur mon visage. C'était terrifiant :

la puissance de cette seule balle avait suffi à m'éjecter du toit alors que j'étais couché au sol. Je me débarrassai de mon arme, désormais inutilisable, et me mis à couvert. La fusillade se poursuivait ; j'empoignai donc mon pistolet pour riposter, tout en signalant à mon unité que j'avais été touché.

Quelques jours plus tard, l'opération terminée et ma plaie pansée, je regagnai la base, qui avait déjà eu vent de mes ennuis. Le bruit avait couru que j'avais été blessé lors d'un échange de tirs et l'assistant social de l'unité avait même prévenu Suchi, lui expliquant, sans plus de détails, qu'on m'avait tiré dessus. Évidemment, elle avait paniqué et rappelé pour avoir des nouvelles. Mais personne ne m'en avait rien dit. Le sergent-major frappa à ma porte tandis que je me reposais.

« Putain de Gurkhas ! lança-t-il pour plaisanter, ça ne vous viendrait pas à l'idée de prévenir vos familles que tout va bien ? »

— Pourquoi me dites-vous ça ?

— C'est ta femme, elle a téléphoné. Elle voulait savoir si tu étais toujours entier. »

Hors de moi, je rappelai Suchi.

« Mais bordel, qu'est-ce qui t'a pris d'appeler ? »

Elle m'expliqua qu'elle avait craint le pire. Toute la famille était inquiète. Je pris peu à peu conscience que ma réaction avait été disproportionnée – à l'époque, j'avais la fougue d'un jeune homme, et il ne m'était pas venu à l'idée de me mettre à sa place. Je me suis calmé, lui ai assuré que tout allait bien, et que j'avais préféré attendre d'être rentré sain et sauf de mission pour donner des nouvelles. Savoir que ma femme ou ma famille se faisait du mouron pour moi était encore plus stressant que de me trouver pris dans une fusillade.

J'expliquai à Suchi qu'elle aurait vraiment de bonnes raisons de s'inquiéter le jour où deux officiers des *Royal Marines* en uniforme avec une cravate noire viendraient frapper à sa porte : ce jour-là, il serait trop tard. Hormis ce cas de figure, elle devait faire comme si tout allait bien. Cette attitude peut sembler bizarre, mais c'est la parade que j'avais trouvée pour interpréter ma partition qui, il faut l'admettre, relevait parfois de la cacophonie.

Au fil des années, ayant survécu à plusieurs fusillades, je me focalisai sur les opportunités qui m'étaient offertes dans l'armée pour suivre des formations d'escalade très pointues. J'avais gravi de nombreux sommets difficiles et descendu en rappel des parois rocheuses abruptes, m'assurant ainsi une place dans la G200E à l'Everest en 2015. On me chargea ensuite d'entraîner un certain nombre de recrues, sélectionnées parmi les Gurkhas, qui s'étaient portées volontaires pour participer à l'expédition. Nous avons atteint la cote de 6 200 mètres sur l'arête sud-est du Makalu. Cette ascension, qui se déroulait sur un terrain peu commode, était assez technique ; elle permit aux prétendants à l'Everest d'apprendre l'assurage d'un second et la remontée sur corde au jumar, ainsi que de se perfectionner en escalade et en cramponnage. Ce fut un stage très exigeant où, perchés sur des arêtes effilées à des altitudes extrêmes, ils firent l'expérience du vide et des risques inhérents à la haute montagne.

Après le pot de clôture – plutôt bien arrosé – de cette expédition préparatoire, je décidai de m'attaquer à l'Ama Dablam, une montagne dont j'étais tombé amoureux en 2012 lors du trek que j'avais fait avec mon ami et mentor, l'alpiniste Dorje Khatri. J'avais jeté mon dévolu sur la face quasi-verticale de la Tour jaune et décidé, contrairement à ce qui se faisait d'ordinaire, d'aller directement du camp de base au camp 2 plutôt que de me reposer au camp 1 pour m'acclimater. J'ai ainsi gravi un des sommets himalayens les plus techniques en vingt-trois heures environ.

Peu de temps après, je fus touché de plein fouet par deux tragédies. La première fut l'annonce du décès de Dorje. Le 18 avril 2014, une chute de séracs[4] de l'épaule ouest de l'Everest entraîna une énorme avalanche ; un tsunami de neige, de roche et de glace déferla sur la cascade de glace du Khumbu, fauchant seize sherpas, dont Dorje. Cette catastrophe fut considérée comme la plus meurtrière en ces lieux. Les guides refusant ensuite d'y travailler par respect pour les défunts, le toit du monde fut interdit pendant tout le reste de la saison. La nouvelle, qui me parvint en mission, me toucha en plein cœur. Mais sur le champ de bataille, il y avait peu de place pour le chagrin : l'ennemi nous laissait rarement le temps de souffler, et il me fallait accomplir mon travail comme si de rien n'était.

Plusieurs mois plus tard, on nous annonça que notre unité devait repartir en mission en mai, pile au moment de la G200E de 2015 ; ce fut comme un coup de poignard. Je perdais ma place dans l'équipe et j'étais complètement démoralisé. J'avais tant sacrifié pour me préparer à cette expédition. Ayant réussi les ascensions du Dhaulagiri, de l'Ama Dablam et du Denali, j'étais prêt, corps et

4 Les séracs sont des tours ou des blocs de glace que l'on trouve entre les crevasses d'un glacier, le plus souvent sur une pente bien marquée. Il n'est pas rare qu'ils soient de la taille d'une maison, voire plus gros ; pour l'alpiniste, ce sont de vraies épées de Damoclès, car ils peuvent basculer à tout moment, sans aucun signe avant-coureur, et déclencher une avalanche.

âme, mais il me fallait mettre ma déception de côté. Je n'étais pas un alpiniste professionnel. Mon rôle était d'intervenir dans les zones de guerre ; ruminer ou râler n'étaient pas de mise. Avec le recul, j'y vois la griffe du destin.

Tandis que la G200E se préparait au camp de base de l'Everest, un tremblement de terre de magnitude 8,1 sur l'échelle de Richter provoqua une gigantesque avalanche. Le camp de base fut balayé une nouvelle fois et le record macabre de 2014 battu : vingt-deux morts. Fort heureusement, aucun Gurkha ne fut sérieusement blessé. Cela fit les gros titres partout dans le monde, et depuis le désert où je me trouvais, j'appris que la G200E, comme toutes les autres expéditions cette année-là, était annulée. Lorsque fut rendu public le lancement d'une nouvelle tentative en mai 2017, je nourris l'espoir de pouvoir réintégrer l'équipe.

Je n'avais pourtant aucune certitude de participer au projet. J'avais retenu la leçon : en deux ans, tout pouvait basculer, et mon engagement dans l'armée passait avant mes ambitions personnelles. J'essayais de ne pas trop m'emballer, mais je continuais à m'entraîner sur les montagnes afin d'être prêt pour l'Everest en 2017. Contre toute attente, l'occasion de gravir le toit du monde se présenta au printemps 2016, le plan d'affectation de mon unité ayant été modifié à la dernière minute. Depuis le début de l'année, je m'entraînais pour une mission de combat dans un endroit top secret, lorsqu'on me demanda d'intervenir dans un tout autre contexte.

« Là-bas, ils ont besoin de toi et de ton expérience », m'annonça le sergent-major.

Je ressentis une ombre de découragement. « Merde alors. J'étais là-bas il y a pas six mois… »

Mon transfert était déjà organisé, je ne pouvais m'y soustraire. Heureusement, le tout était accompagné d'une bonne nouvelle.

« Écoute, Nims, tu auras droit à quatre semaines de permission, soit une semaine de plus que d'ordinaire, m'annonça le sergent-major. Ça te va ? »

C'était à la fois une bonne et une mauvaise nouvelle. J'avais en effet promis à ma femme Suchi que nous irions en vacances à la plage lors de ma prochaine permission ; j'avais besoin de me reposer et de récupérer. Mais le problème, c'était que passer quatre semaines allongé dans un transat à lire, écouter de la musique, regarder la mer et me faire *dorer la pilule*, j'en étais absolument incapable. En cinq minutes, j'aurais eu ma dose. Je sentis donc là une occasion à saisir.

Je pourrais peut-être gravir l'Everest ?

L'entreprise était risquée, et logistiquement, c'était presque impossible. Je ne disposais pas d'assez de temps pour me payer le luxe de passer deux mois à m'acclimater comme le font la plupart des gens avant un 8000. *Mais merde, puisque j'avais déjà fait ça au Dhaulagiri…, pourquoi ça ne marcherait pas aussi à l'Everest ?* Financièrement, tout se liguait contre moi. Le budget pour gravir une telle montagne est énorme, entre 50 000 et 60 000 livres. Suchi fut d'abord un peu contrariée, mais elle changea d'avis lorsque je lui fis remarquer que ma place dans la G200E n'était pas encore assurée. Puis, prenant conscience que l'occasion ne se représenterait peut-être jamais, je me suis dit : « Au diable ! » et je partis à la banque souscrire un prêt à la consommation.

« Monsieur Purja, pourriez-vous me dire pourquoi vous avez besoin de cet argent ? me demanda l'employé.

— Bien sûr. C'est pour m'acheter une voiture. »

Grâce à ce mensonge, j'obtins en quelques minutes un virement de 15 000 livres. Je vidai ensuite mon compte épargne et réservai un vol pour Katmandou, la capitale du Népal.

Les tracasseries financières n'étaient qu'une partie du problème. J'avais calculé que lorsque je quitterais l'Angleterre, la plupart des gens qui tentaient l'Everest cette saison se trouveraient déjà aux alentours du camp 3, assez acclimatés pour tenter le sommet par l'itinéraire du col Sud – l'arête ventée qui relie l'Everest au Lhotse. Avec l'aide de sherpas, je pourrais rapidement faire le trek de l'aéroport de Lukla – la porte d'entrée au mont Everest – au camp de base, avant d'atteindre les camps supérieurs. Mais je ne souhaitais embaucher personne.

Je voulais faire l'Everest en solo.

L'idée était folle, je le savais – d'autant plus que j'avais encore des progrès à faire, pour avoir commencé l'himalayisme à peine deux ans auparavant.

Un bref passage en revue de mon parcours suffit à balayer tous les doutes liés à mon inexpérience en matière de solo. En cas de problème au-dessus de 8 000 mètres, il est vrai que mes connaissances médicales, bien qu'utiles, ne seraient pas suffisantes pour me tirer d'affaire ; ma vie dépendrait donc de la rapidité de mes réactions. Heureusement, grâce à l'entraînement militaire poussé, et aux expéditions au Dhaulagiri, à l'Ama Dablam et au Makalu, je savais à présent comment assurer ma survie.

Plus important encore, au combat, j'avais appris à contrôler mes émotions ; je ne laissais pas la peur m'envahir, même au moment d'être parachuté à proximité des lignes ennemies – un risque professionnel de plus en plus présent. Gravir une montagne qui avait réclamé le sacrifice de centaines de vies était dangereux, mais cela restait dans mes cordes.

Je pris aussi conscience que si je voulais devenir un jour un alpiniste d'élite, je devais accepter ce type de défi, malgré ma charge de travail et les incalculables obstacles. D'accord, grimper avec un Bergen de trente-cinq kilos, plus le matériel d'alpinisme, une tente et de la nourriture, n'était pas une promenade de santé, mais je savais faire. J'avais aussi l'intention d'utiliser de l'oxygène au-dessus de 7 400 mètres – et certains himalayistes y trouvaient d'ailleurs à redire. Le poids des bouteilles se rajouterait au reste, mais comme je serais seul, c'était pour moi une question de vie ou de mort.

Tout compte fait, le risque majeur était psychologique. Je mettais ma réputation en jeu – *si le projet foirait, qu'est-ce que les autres militaires penseraient de moi ?* En m'envolant pour Katmandou, puis pour Lukla, j'essayai de ne pas trop penser à l'étendue du désastre.

Tout était prêt. Ma mission était de m'attaquer au plus haut sommet de la planète.

◆

« Tu te fous de notre gueule. »

La fenêtre de fin mai pour atteindre le sommet se réduisant, la plupart des gens que je rencontrai à Lukla jugeaient improbable ma réussite du sommet de l'Everest en trois semaines. Parmi eux se trouvaient les membres d'une équipe de tournage américaine. Leur but était de filmer un sauvetage et une évacuation sanitaire pour un documentaire qu'ils projetaient d'appeler *Everest Air*. Ils attendaient donc le déclenchement d'un secours. À n'en pas douter, vu la nature de l'ascension d'un 8000, *Everest Air* ne manquerait pas de scènes d'action. Tandis que je préparais mon matériel, je fus bombardé de ces questions fraternelles qu'échangent les grimpeurs avant une expédition périlleuse, lorsqu'ils sont tous à cran et pleins d'adrénaline.

« Nims, tu viens d'où ?

— D'Angleterre.

— D'accord. Tu viens de loin. Et tu fais quoi dans la vie ?

— Médecin. Je travaille à Londres. »

Après le Dhaulagiri, j'avais décidé qu'il s'agissait là de l'alibi parfait, d'autant plus que ce n'était qu'un demi-mensonge. Lorsque quelqu'un voulait en savoir plus sur ma carrière médicale, j'étais capable de désamorcer rapidement sa curiosité en lui racontant comment j'avais soigné des accidentés. Divulguer mon appartenance aux forces spéciales britanniques était hors de question.

Le responsable de l'équipe s'intéressait à mon équipement. « Tu as beaucoup de matos. Tu fais un trek ? Parce que pour l'Everest, c'est trop tard cette année.

— Non, je suis là pour aller au sommet. Et j'y arriverai – je n'ai pas le choix. »

Il y eut un silence.

« Quoi ? Mais où est le reste de ton équipe ?

— J'y vais seul. »

Suivirent un soupir sceptique et un petit rire. « Tu plaisantes ? »

Je fis « non » de la tête et passai à autre chose. Cette attitude de voir le verre à moitié vide allait à l'encontre de tout ce que j'avais appris à l'armée ; rouspéter ou abandonner n'étaient jamais une bonne stratégie. Chaque fois qu'un problème ou un défi se présentait, on attendait de moi que je trouve des solutions ; j'avais été formé pour m'adapter et survivre. Je finalisai mon paquetage, essayant d'ignorer les commentaires désobligeants, car je connaissais le caractère délétère et contagieux des pensées négatives.

Non. Mon gars, je ne rigole pas du tout. J'y vais, putain.

De toute façon, je n'avais pas le temps de faire la conversation. Ma stratégie pour gravir le sommet au cours d'une fenêtre si étroite était de réduire la durée de chaque étape, en dépensant le moins d'énergie possible. Je fis le trek jusqu'au camp de base au pas de charge, en seulement trois jours. Au lieu de m'acclimater et de remonter la cascade de glace du Khumbu – célèbre pour ses séracs chancelants – jusqu'au camp 1, je partis directement au camp 2 à 6 400 mètres, une cote que la plupart des alpinistes atteignent après avoir passé un mois sur place, voire plus, et après s'être habitués à la haute altitude. Je n'avais le luxe, ni de prendre mon temps, ni de me reposer ; j'essayais de m'adapter et de survivre. Très vite, je payai le prix de mon impatience.

À mi-chemin entre le camp 1 et le camp 2, je décelai les premiers signes d'épuisement, mon corps me lâchait. Le manque d'acclimatation me revenait en pleine gueule, mon sac à dos était trop lourd, et chaque pas sur la glace, crampons aux pieds, exigeait de moi un effort surhumain. J'étais aussi complètement déshydraté. Tout ce temps, le soleil était resté haut dans le ciel et avait tapé si fort que j'avais parfois l'impression de me liquéfier. La sueur me piquait les yeux, m'empêchant de distinguer les dangers qui m'entouraient.

Tout en négociant un passage entre les crevasses pour gagner la Cwm occidentale, je savais bien que si le sol venait à se dérober sous moi, ou si je faisais un faux pas sur une échelle en traversant un de ces précipices de glace, il se passerait des jours avant qu'on ne me retrouve. Être clippé aux cordes fixes n'y changeait rien. Physiquement et émotionnellement sous pression, au bord des larmes, j'étais sur le point de craquer. Pour la première fois depuis des années, le doute était en train de s'immiscer dans mon esprit.

Merde. J'ai pas assez de force pour arriver au camp 2. Mais hors de question de redescendre au camp 1.

Je devais faire taire ce monologue intérieur qui me minait, et vite. Par le passé, confronté à une situation de vie ou de mort, j'avais convoqué l'image de Suchi pour arriver à me concentrer et retrouver ma détermination. Je pensais à elle pendant les fusillades, chaque fois que mon unité était prise sous le feu ennemi – mes émotions étaient un vrai carburant, qui me permettait de me recadrer et de me concentrer sur ma mission. Pour me motiver et monter me mettre à l'abri du camp 2, j'imaginais Suchi attendant mon retour. Je fouillai dans mes poches pour mettre la main sur mon téléphone et enregistrer un message vidéo.

« Ma chérie, je rame un max, mais comme d'hab, ça va le faire… »

Je n'ai pas envoyé le message ; je voulais simplement capturer le moment présent. Puis je tentai de corriger le tir.

Allez, on se bouge le cul.

J'essayai de me reconditionner, et après quelques profondes respirations, mon cœur s'était revigoré. Très vite, à force d'encouragements, je m'arrachai à cette sinistrose et trouvai au fond de moi une dernière réserve d'énergie. La voie qui suivait la Cwm occidentale était d'ordinaire assez plate et débonnaire, hormis un ou deux passages qui relevaient de l'alpinisme. L'ascension consistait principalement à se tirer sans trop de stress sur les cordes fixes[5], excepté deux laborieux contournements de crevasses. Après avoir remballé mon barda, je hâtai le pas vers le camp 2 pour mettre ma carcasse à l'abri.

Bam ! Bam ! Bam ! J'avais retrouvé le rythme, et chaque fois que je martelais la neige, c'était comme une victoire. *Bam ! Bam ! Bam !* Chaque pas renforçait ma détermination à sortir de la Cwm occidentale.

Comme je l'avais appris au Dhaulagiri, on pouvait s'épuiser très vite en haute altitude, mais je n'avais encore jamais souffert des conséquences physiologiques du manque d'oxygène. Ça n'allait pas durer. Le temps de monter la tente au camp 2, je me

5 Pour ceux qui ne connaissent pas l'himalayisme, il faut savoir qu'en début de saison, une équipe est désignée pour installer les cordes fixes. Cela permet aux autres de progresser plus facilement pendant toute la saison dans les endroits où la pente se redresse.

sentis mieux et mangeai un peu. Après avoir échangé quelques mots avec des amis sherpas, je montai encore cent cinquante mètres avant de redescendre.

En allant ainsi m'acclimater un peu plus haut, j'espérais éviter les migraines épouvantables qui m'assaillaient parfois quand je dormais en haute altitude. Mais j'étais en surchauffe, et une fois allongé dans la tente pour me reposer, j'entendis gargouiller mes poumons. Pas de doute possible, j'étais en train de faire un œdème pulmonaire de haute altitude (OPHA). Il s'agit d'une accumulation de liquide dans les poumons, une affection grave où la respiration laborieuse s'accompagne d'un sifflement, la peau bleuit, et le cœur bat aussi fort qu'une grosse caisse. Faute de traitement, c'était la mort assurée.

Allongé dans mon sac de couchage, j'essayais de récupérer, bercé par le bruit de mes poumons qui bataillaient ; impossible d'écarter le sentiment de frustration qui me tourmentait. J'avais été vraiment stupide. Ces cent cinquante mètres supplémentaires m'avaient cassé. Chaque respiration me demandait à présent un effort énorme.

Nims, tu le savais… en tant qu'alpiniste et en tant que putain d'auxiliaire sanitaire ! Tu connais tout du mal des montagnes. Tu aurais dû faire gaffe !

Le Dhaulagiri m'avait appris qu'en haute altitude, comme au combat, la ligne est ténue qui sépare la réussite de l'échec ; mais bêtement, j'avais pensé que l'entraînement militaire et les leçons que j'avais reçues sur d'autres montagnes me permettraient de trancher pour prendre les bonnes décisions à chaque moment décisif rencontré à l'Everest. J'avais aussi voulu tester mes limites en montant un peu plus haut.

Cela avait été une erreur. La différence entre une bonne et une mauvaise décision était encore plus minime en montagne que sur un champ de bataille, car sur un 8000, la vie est vraiment poussée dans ses derniers retranchements. Après vingt-quatre heures passées à l'Everest, j'apprenais que sortir du rang conduisait immanquablement au désastre. Penaud, je rentrai au camp de base consulter un médecin, récupérer, et réviser ma tactique ; en aucun cas cependant, je n'allais m'avouer vaincu.

Malheureusement, le premier médecin que je consultai ne le vit pas de cet œil. « Tu ne peux pas remonter, me dit-il en entendant crépiter mes poumons dans son stéthoscope. À l'oreille, il semble que tu souffres d'un sacré œdème pulmonaire. »

Me rappelant mon passé d'homme-antibiotique, je décidai de prendre un autre avis médical.

Qu'est-ce qu'il en sait ? Je vais essayer de trouver un autre médecin qui me comprendra mieux.

Mais le suivant fut aussi pessimiste. « Je te conseille de ne pas monter plus haut, dit-il. Le premier diagnostic était exact. Vu ton état, si tu continues, tu t'exposes à de sérieux problèmes. »

Une nouvelle fois, j'ignorai l'avis du médecin. *Ces mecs sont trop alarmistes. Tout ça, c'est bon pour les hôpitaux civils, mais là, on est au camp de base de l'Everest. Ici, d'une manière ou d'une autre, tout le monde prend des risques.*

J'avais pris ma décision.

Ces deux cons disent n'importe quoi.

Voulant m'en assurer, je me mis en quête d'un ami médecin dont je savais qu'il travaillait aussi au camp de base, espérant de sa part un diagnostic moins grave qui m'autoriserait à regrimper dans les vingt-quatre heures. Au lieu de cela, je reçus la troisième mise en garde de la journée.

« Nims, mon gars, il faut que tu redescendes. C'est un œdème pulmonaire. Déconne pas avec ça. »

Merde. J'allais devoir prendre ma convalescence un peu plus au sérieux. Je regagnai Lukla en hélicoptère pour passer une radio et me reposer quelques jours, puisque le mal dont je souffrais pouvait avoir de graves conséquences sur mon état de santé futur. D'après tous les articles que je consultai en ligne, l'OPHA était une affection potentiellement récurrente, et la meilleure chose à faire était de rentrer chez moi récupérer. Faute de soins, c'était l'insuffisance pulmonaire. Si je voulais faire l'Everest, il me faudrait donc être encore plus prudent lors de mes prochaines ascensions. Ce qui était loin de me rassurer, vu que mon temps de permission se réduisait rapidement et que la saison d'himalayisme arrivait à son terme.

Mais il m'était impossible de laisser un problème de santé contrecarrer mes plans. Je profitai de ma convalescence pour me remplir la tête de pensées positives, me persuadant que j'arriverai au sommet sans problème. Écartant toute possibilité d'échouer, je me forçai à y croire.

Je dus avaler une deuxième couleuvre. Puisque la possibilité d'un solo à l'Everest s'était évanouie, il fallait que je trouve un sherpa pour m'aider – sans pourtant me laisser mener tranquillement au sommet. Je souhaitais recruter le gars le moins expérimenté possible et ce, pour deux raisons. Tout d'abord, je ne voulais pas céder à la facilité. Ensuite, il faut savoir que les sherpas népalais sont sous-estimés et sous-payés, que les alpinistes qui partent pour l'Everest voyagent léger, et que leurs sherpas et leurs porteurs se trimballent souvent trente à quarante kilos de cordes, matériel et provisions, sans en tirer un salaire décent ni aucune reconnaissance. En revanche, quand un sherpa novice parvient au sommet, la rémunération à laquelle il peut prétendre monte en flèche. Il me tenait à cœur de donner à l'un d'entre eux cette opportunité de se faire de l'argent.

Je m'étais imposé une autre contrainte. Avec les connaissances et les compétences que j'avais pour réussir l'Everest, je tenais absolument à ne compter que sur moi-même et ne pas mobiliser une équipe de secours en cas d'OPHA. Mon sherpa pourrait me redescendre. Ainsi, lorsqu'au camp de base, je tombai sur Pasang Sherpa, un jeune porteur travaillant au Makalu, sans expérience aucune de l'Everest, je reconnus en lui le candidat idéal pour ce projet aventureux. Pasang était vraiment novice : il ne portait qu'une vieille combinaison d'altitude et des chaussures usées.

« C'est vraiment sympa, Nims », dit-il en enfilant les sous-vêtements thermiques, les gants et autres accessoires que je lui avais donnés. « Si j'arrive à te conduire au sommet, je vais tripler mon salaire. »

Conscients que cette entreprise changerait nos vies, nous commençâmes l'ascension persuadés que tout irait pour le mieux, faisant taire en nous l'évocation du moindre obstacle.

◆

Progressivement, nous nous sommes frayé un chemin dans la cascade de glace du Khumbu et avons traversé la Cwm occidentale. Le vent s'était levé, et malgré des conditions difficiles, nous avons gagné le camp 2 puis le camp 3, dormant sous la tente lorsque la météo était trop mauvaise. Mes poumons allaient bien, je tenais bien le coup physiquement, et mon épisode d'OPHA n'était plus qu'un lointain souvenir. Je faisais quand même très attention. Lorsque nous sommes partis pour le sommet ce soir-là, je faisais en sorte de ne pas perdre de vue l'expédition qui nous devançait – progresser ainsi dans le noir, sans visibilité, était un peu limite, surtout pour une première visite à l'Everest. J'avais déjà eu un avant-goût de la mort, et cela m'avait suffi.

Le sommet en vue, je me tirai sur la corde fixe, cette ligne de vie qui m'attachait à la montagne, et à 4 heures, j'avais franchi le ressaut Hillary – le fameux mur technique de douze mètres, situé sur l'itinéraire sud-est qui donne du fil à retordre à tous les alpinistes. Lors du tremblement de terre de 2015, le plus gros bloc de ce relief caractéristique s'est effondré, mais l'endroit est resté un point de repère. J'étais aux anges. *Ça y est, j'y suis!* Notre timing avait été parfait. Le soleil pointait derrière les Himalayas. Une fois au sommet, 8 848 mètres au-dessus du niveau de la mer, je me laissai emporter par mes pensées ; Pasang, lui, semblait inquiet. Le vent avait forci et nos jambes commençaient à faiblir.

« Nims, il faut qu'on rentre.

— Mais on vient juste d'arriver !

— OK, mais on est à un moment critique. Les gens qui prennent trop leur temps au sommet se font prendre par le mauvais temps et meurent à la descente. »

Malgré son manque d'expérience à l'Everest, Pasang avait raison. Les histoires sordides étaient nombreuses d'alpinistes ayant perdu un temps précieux à faire des *selfies* ou à planter un drapeau, pensant leur mission accomplie alors qu'ils n'avaient fait que la moitié du travail. Le plus important de l'ascension, c'était de descendre rapidement et en toute sécurité. Tout là-haut, le vent atteignait parfois 160 kilomètres par heure.

Après avoir vérifié la jauge d'oxygène, regardé ma montre, et constaté que j'étais en forme, j'estimai que nous avions largement le temps de descendre tranquillement. Je me dis que Pasang paniquait inutilement parce qu'il ne connaissait pas cet environnement, et que sa priorité, c'était de retourner au camp de base.

« Écoute, j'ai tout sacrifié pour être ici. Je me sens fort. Je ne descendrai pas avant d'avoir vu le lever de soleil.

— Non, Nims. *Non, ne fais pas ça !*

— Je peux redescendre sans problème », lui dis-je fermement et en lui donnant la permission de partir.

Il haussa les épaules et, dépité, tourna les talons, me laissant là, heureux d'être seul. Tandis que je l'observais descendre péniblement, le soleil apparut au-dessus de la chaîne himalayenne, baignant les sommets enneigés de tons orange et rose, dissipant les fumerolles nuageuses en aval. Les drapeaux de prières flottaient dans le ciel derrière moi. En cet instant, j'étais la personne la plus haute de la Terre. J'avais le sentiment de vivre un moment crucial de mon existence, et je retirai mes lunettes pour sentir la froideur du vent me caresser les yeux. Le panorama était aussi fou que je l'avais imaginé. J'avais eu raison d'attendre le lever du jour, mais il ne fallait pas que je m'attarde.

À cette altitude, l'intelligence de situation – cet aspect important de la vie d'un soldat d'élite – était un outil aussi précieux que ma combinaison d'altitude ou mes chaussures de montagne. Je regardai une dernière fois la vue monumentale qui s'offrait à moi ; fatigué, je descendis d'un pas lourd, m'imaginant déjà au camp de base, à célébrer ma victoire une bière à la main. Quelques jours auparavant, je m'étais fait secouer par l'OPHA, et cela ne m'avait pas empêché de gravir la montagne la plus haute du monde. Jamais la confiance que j'avais en moi ne fut si grande.

Lorsque j'aperçus un alpiniste blessé en contrebas, abandonné par ses coéquipiers à une mort certaine au cours d'une expédition qui avait mal tourné, je sentis qu'il me faudrait utiliser toutes les réserves de mon capital confiance.

◆

Au premier abord, l'individu semblait figé, voire mort. En me penchant sur lui pour établir son bilan vital, je vis qu'il s'agissait d'une femme. Incapable de bouger, elle était pétrifiée sur place et avait perdu ses lunettes ; je jetai un œil alentour mais n'en vis aucune trace. Sous le coup du mal des montagnes, elle les avait peut-être jetées dans un élan de panique ou de confusion. Physiquement, elle était dans un piteux état. À moitié consciente, elle peinait à parler et j'eus du mal à trouver son pouls. Si quelqu'un ne l'aidait pas à descendre rapidement, elle ne s'en sortirait pas.

Heureusement, je me sentais encore assez en forme pour la ramener au camp 4, où elle pourrait recevoir l'aide dont elle avait tant besoin ; mais le temps jouait contre nous. J'étais conscient qu'après un épisode d'OPHA et une acclimatation incomplète, je restais vulnérable. Si je ne parvenais pas à lui trouver une paire de lunettes avant que le soleil ne fût au zénith, elle risquait une ophtalmie des neiges. Il s'agit d'une brûlure sévère de la rétine due à la puissance des rayons du soleil de haute altitude, aussi douloureuse que si on se frottait les yeux avec du sable. J'augmentai le débit de sa bouteille d'oxygène et tentai de la mettre debout.

« Écoute, ça va aller, lui criai-je en la secouant doucement. Comment tu t'appelles ? »

J'entendis un marmonnement. Elle parlait. Je tendis l'oreille.

« Seema… »

Seema ! OK, c'était un bon début. Si j'arrivais à la faire parler encore comme ça, il y avait une petite chance de la sauver.

« Tu es d'où ?

— Inde, murmura-t-elle.

— OK, Seema, je vais te ramener chez toi. »

Elle esquissa un hochement de tête, puis émit à nouveau un balbutiement, sans que je parvienne à distinguer si elle délirait ou si elle essayait de me dire quelque chose. Je passai en mode combat et entrai en contact radio avec le camp 4, où je savais que, de retour d'une mission de plusieurs heures en haute altitude, l'équipe de secours qui travaillait avec *Everest Air* récupérait.

« Salut, c'est Nims. Je suis avec une femme, Seema, qui est coincée ici. Vous pouvez l'aider ? »

La réponse fut immédiate.

« Écoute, Nims, tu sais qu'hier soir, nous sommes allés secourir un alpiniste en perdition au sommet sud ; tu nous connais, nous sommes H.S. Est-ce que tu peux la descendre au camp 4 ? Après, on pourra prendre le relais. Si nous remontons maintenant, l'un de nous va y rester.

— OK, pas de problème. »

Étant donné les circonstances, ils avaient pris la bonne décision.

La réalité n'est pas facile à accepter : parfois, sur un 8000, le *chacun pour soi* est malheureusement la seule attitude de mise. Certains grimpent, d'autres dysfonctionnent ou perdent la vie ; arrive un moment où ceux qui se trouvent à proximité d'un alpiniste gravement blessé sont forcés de reconnaître que sa mort est inévitable. Il peut simplement être épuisé, ou être atteint d'un OCHA[6] ; dans ce cas, ses pensées sont incohérentes. Dans un état de confusion et de panique, il lui arrive d'ouvrir sa combinaison d'altitude, pensant à tort qu'il a trop chaud ; le froid intense commence alors à mordre ses chairs et une mort douloureuse s'ensuit inévitablement.

---

6 OCHA est l'abréviation d'œdème cérébral de haute altitude, une affection sévère pouvant être fatale, caractérisée par un afflux de liquide dans le cerveau générant confusion, maladresse et trébuchements.

J'ai aussi entendu des histoires de gens qui s'éloignent de leur groupe, se croyant déjà arrivés chez eux. Un mauvais pas, et ils basculent par-dessus la crête puis débaroulent jusqu'en bas. Parfois, les expéditions en très haute altitude ressemblent à des zones de guerre. Nombreux sont les alpinistes qui souhaitent rester près de leur ami jusqu'à son dernier souffle, pour le rassurer et l'aider, même si eux-mêmes sont épuisés ou manquent d'oxygène. C'est une réaction humaine. Ce n'est pourtant pas la meilleure des attitudes à adopter. Chaque minute passée en montagne diminue les chances de survie d'un groupe de personnes déjà fatiguées, et imperceptiblement, on passe rapidement de un mort, à deux, trois, voire plus. Comme l'objectif est de minimiser le nombre de victimes, ce que le groupe a de mieux à faire est de quitter les lieux. Cela peut paraître terrible, mais si les individus les plus en forme ne sont pas capables, physiquement, de porter secours à la victime, il leur faut redescendre après avoir demandé de l'aide par radio en espérant (a) que derrière eux, un alpiniste en meilleure forme puisse le faire ou (b) qu'une colonne de secours constituée de guides monte jusqu'au blessé depuis un camp inférieur.

C'était probablement ce qui était arrivé ici.

Un dénivelé de près de 450 mètres nous attendait pour redescendre au camp 4, où l'état de Seema serait évalué de manière plus précise, l'augmentation de la teneur en oxygène de l'air aidant. Comme l'équipe d'*Everest Air* disposait de bouteilles d'oxygène, si Seema était capable de marcher, même en titubant, je pourrais probablement la conduire au camp de base. Mais il fallait se dépêcher afin de lui éviter une ophtalmie des neiges. Et pour ce faire, il fallait regagner le camp 4 avant que le soleil ne soit trop haut dans le ciel.

L'autre possibilité était de la confier à l'équipe de secours du camp 4 afin que je puisse regagner le camp de base avant que mes réserves d'oxygène soient épuisées. Si la manière dont je comptais m'y prendre pour la descendre au camp 4 n'offrait pas les conditions d'évacuation les plus confortables ni pour elle, ni pour moi, c'était certainement le moyen le plus rapide et le plus efficace ; et en cas de réussite, ce serait déjà un exploit.

J'attachai autour de la taille de Seema un bout de corde fixe que j'avais récupéré. Je pus ainsi la soulever et la faire descendre petit à petit vers le camp 4. Chaque secousse la faisait geindre.

« Je sais, je sais, criai-je par-dessus mon épaule. Ça fait très mal. Mais crois-moi, c'est la meilleure façon de te ramener saine et sauve, et si on part pas maintenant, on n'y arrivera pas. »

Cela nous prit à peu près une heure. Je la tirai sur deux cents mètres, après quoi elle sembla capable de se tenir debout. Je l'aidai à se relever, l'encourageant à faire quelques pas, et encore un de plus, et ainsi, petit à petit, nous avons repris notre route. Mais elle souffrait le martyre.

Une vingtaine de mètres avant d'arriver au camp 4, Seema n'avait plus la force de faire un pas de plus. Elle était trop faible. Je n'étais pas très en forme non plus : au bord de l'évanouissement, mes jambes me portaient à peine – ce qui n'était pas surprenant, vu la vitesse à laquelle nous étions descendus, en seulement une heure et demie. Je ressentais le contrecoup de mon ascension nocturne ; la poussée d'adrénaline d'avoir fait le sommet, qui m'avait donné un coup de fouet, était retombée. Je m'affalai sur les genoux et saisis la radio pour demander de l'aide. Une équipe de sherpas sortit précipitamment d'une tente voisine et ils nous mirent à l'abri. Une fois hors d'atteinte du vent glacial, je rassemblai mes forces pour appeler le camp de base.

« Ici Nims. Je suis au camp 4 avec Seema. Son état est critique, mais elle est entre les mains de l'équipe de secours… »

La radio grésilla. Un des gars de l'expédition de Seema criait, tout excité. En arrière-fond, on entendait aussi la voix d'autres personnes qui se rassemblaient autour du poste.

« Nims, c'est extraordinaire ! Merci ! »

Suivit un silence. « Et *toi*, ça va ? »

J'étais aussi dans une situation critique. Ma bouteille d'oxygène était quasiment vide et si je tardais, je risquais fort d'y rester. Sachant que Seema en avait assez dans la sienne, et qu'elle était avec les sauveteurs, je compris que ma mission était terminée.

« Écoutez. Si je reste ici un instant de plus, il faudra probablement que vous veniez me porter secours. Donc je descends maintenant. »

Quelques heures plus tard, j'arrivai au camp de base en titubant, m'effondrai dans la tente et m'endormis instantanément. Au réveil, le lendemain, une bonne nouvelle m'attendait : Seema avait été évacuée. La nouvelle circula d'une tente à l'autre, et tout le monde voulait en savoir plus sur cet alpiniste inconnu à qui elle devait la vie. Admirateurs, chefs d'expédition reconnaissants, et même un ou deux membres de la famille, tous voulaient savoir qui j'étais.

À un moment donné, les médias me contactèrent. Un journaliste avait été prévenu, il tenait son sujet et voulait m'interviewer, mais en tant que soldat d'élite, il me fallait absolument adopter un profil bas – je n'avais dit à personne au QG des SBS ce que je ferais pendant mes congés. Le seul moyen de ne pas attirer plus d'attention que je n'en souhaitais au-delà du cercle des himalayistes, était de toucher la corde sensible.

« Si cette histoire s'ébruite, en tant que membre des forces spéciales britanniques, je vais perdre mon boulot. S'il vous plaît, ne publiez rien. »

Ils obtempérèrent.

D'avoir réussi, seul, le sauvetage de Seema, je retins la leçon suivante : c'était parce que j'avais utilisé de l'oxygène au cours de ma propre expédition que j'avais pu la sauver. Sans cela, mes chances d'arriver à mobiliser assez d'énergie pour la secourir auraient été faibles, voire inexistantes. C'est pourquoi, à compter de cette époque, j'ai toujours utilisé de l'oxygène à partir des camps supérieurs lors de l'ascension d'un 8000, bien que certains puristes de la communauté montagnarde condamnent cette pratique. *Mais je m'en foutais.* Personne n'avait le droit de me dire comment grimper, et inversement, je n'avais pas à juger les autres.

De plus, je n'avais pas gravi l'Everest pour la gloire, ni pour redorer mon blason auprès de mes compagnons d'armes ou du monde de l'alpinisme. Au contraire, je devais minimiser mes exploits. En effet, j'avais agi sans penser aux conséquences de mon statut d'ancien Gurkha : techniquement parlant, j'étais le premier soldat en service du régiment à se hisser sur la plus haute montagne du monde. Si cette information avait filtré dans un rapport de presse, il était fort probable que la G200E aurait été annulée. Il fallait donc que je reste anonyme. À mon retour, je fis promettre à ma famille et à mes amis proches de garder le secret.

Pendant une semaine, tous les matins, je feuilletai les journaux pour voir s'ils parlaient de mon opération de sauvetage, mais rien ne fut écrit sur le sujet, du moins aucun texte dans lequel apparaissait mon nom. Force et ruse avaient été les clés de la réussite de cette mission. À peine rentré de Katmandou, je m'envolai rejoindre Suchi, content de faire une pause, reconnaissant de ne pas avoir perdu mon travail, et de la discrétion dont j'avais bénéficié. Quelques jours plus tard, j'étais de retour dans l'armée à me bastonner, à défoncer des portes et dégommer les méchants, mais comptant surtout les jours jusqu'à la prochaine ascension.

6
Nager jusqu'à la Lune

Le mois de mai 2017 est arrivé bien trop vite, mais le planning de mes déploiements opérationnels était on ne peut plus attrayant. L'armée avait entériné mon rôle d'instructeur au sein de l'équipe de la G200E. Une seconde tentative d'ascension de la montagne la plus haute du monde était au programme, mais cette fois-ci je n'aurais pas besoin de souscrire un énorme prêt bancaire pour financer le voyage. En tant que membre des forces armées britanniques, mes frais étaient pris en charge, et j'avais l'intention de profiter de cette expérience pour étancher ma soif d'aventures.

Pendant un temps, j'avais envisagé d'enchaîner en deux semaines l'Everest, son voisin le Lhotse, puis le Makalu tout proche. Bien que ces trois sommets dépassent 8 000 mètres, je me sentais capable de les boucler en une huitaine de jours ; une fois l'Everest gravi avec l'équipe de la G200E, il ne faudrait pas traîner. Aucune erreur, aucun retard n'étaient permis. L'expédition commémorative du bicentenaire de la Brigade comptait une vingtaine de membres, dont des soldats Gurkhas, un ou deux opérateurs des forces spéciales et une poignée d'officiers – dont le chef d'expédition.

Si je parvenais à fouler l'Everest, je devrais descendre à la hâte vers le col Sud[7]. De là, je pourrais rapidement escalader le Lhotse, puis regagner le camp de base. Si tout se passait comme prévu, j'aurais le temps de faire un peu la fête à Katmandou en compagnie de mes frères Gurkhas, avant de partir à l'assaut du Makalu.

J'étais prêt à relever le défi. L'Everest et le Dhaulagiri avaient conforté mon intuition : j'étais très performant en haute altitude. Mais tout ne se résumait pas à la force physique ; en côtoyant un grand nombre d'alpinistes, je m'étais rendu compte que j'avais une mentalité particulière et une détermination sans égale. Je me suis souvent demandé si cela tenait à la nature de ma motivation : pour moi, l'escalade, tout comme mon travail dans l'armée, n'avait rien à voir avec l'ego ou la célébrité. J'accomplissais une mission de service.

Lorsque j'étais en opération, l'engagement moral que j'avais envers les Gurkhas, les forces spéciales britanniques, et le Royaume-Uni était omniprésent. Je voulais qu'ils soient fiers de moi. Je redoutais par-dessus tout de ternir leur image en faisant échouer une mission, et je ressentais la même chose en expédition. Je savais que si je parvenais à gravir l'Everest, le Lhotse et le Makalu, la réputation de chacune des institutions que je représentais et les efforts

---

7 Les expéditions se rendant à l'Everest et au Lhotse côté col Sud partagent le même camp de base au Khumbu et les trois emplacements suivants. Au-delà, l'itinéraire du toit du monde bifurque à gauche en direction du col Sud pour gagner le camp 4 et celui du Lhotse continue tout droit. Enfin, il est possible d'être héliporté au camp de base du Makalu à partir de celui du Khumbu.

de mes frères d'armes en sortiraient grandis. J'avais aussi envie de me dépasser, comme un coureur qui, un matin, se lance dans une course de cinq kilomètres et finit par en faire dix… *parce que, tout simplement, c'est possible.* Les montagnes n'étaient là que pour être gravies. Mais moi, étais-je suffisamment balèze pour y arriver ?

Bien avant le lancement de la G200E, j'en avais touché un mot à mon officier.

« Écoutez, une fois sur place, je veux gravir l'Everest, le Lhotse et le Makalu. Sans poser de congés bien sûr. Je ferai ces ascensions après l'expédition, pendant que les autres se reposent à Katmandou, et je compte bien être dans le même avion qu'eux au retour.

— Négatif, Nims, dit-il d'un air dédaigneux, c'est irréalisable, ton putain de projet. »

Sans me laisser affecter par son pessimisme, je me suis préparé à ce défi. *Je devais mettre toutes les chances de mon côté.*

Nous sommes partis au Népal en avril. Une fois au pied de la montagne, la G200E a été scindée en deux. Ma première mission consistait à organiser les rotations d'acclimatation de l'une des deux équipes. Cela se fit graduellement : après le camp 1, la traversée de la Cwm occidentale, puis le camp 2 et le camp 3. De là, nous devions regagner le camp de base et, à ce stade, logiquement, chacun serait physiquement prêt pour se lancer à l'assaut du sommet.

J'étais super à l'aise car cette opération était tactiquement bien mieux préparée que lors de ma première tentative à l'Everest. J'étais plus confiant, et rassuré de voir que plusieurs membres de mon groupe étaient forts, déterminés, et progressaient facilement en haute altitude. Mais ce n'était pas le cas de tout le monde.

Certains, dont des hauts responsables, arrivèrent au camp 1 passablement exténués, ce qui n'était pas très rassurant. Ils peinaient à s'acclimater et j'en vins à me demander comment ils pourraient diriger le groupe s'ils ne parvenaient pas à suivre lors d'une banale rotation d'acclimatation[8].

Constatant que les grimpeurs n'évoluaient pas tous à la même vitesse, je pris la décision de pousser jusqu'au camp 3 avec les plus forts pendant que les autres se reposaient au camp 1 un jour de plus. Après avoir terminé leur acclimatation respective, les deux équipes partirent se détendre quarante-huit heures à Namche Bazaar, un petit village tout proche, avant le jour du briefing au camp de base, où seraient constituées deux nouvelles formations expéditionnaires.

L'unité A partirait en premier, et une fois qu'elle aurait atteint le sommet, l'unité B pourrait commencer son ascension. Lorsque la composition des groupes de ce projet historique fut révélée, il apparut que les leaders – comme par hasard des gradés – les plus lents et les moins en forme ouvriraient la marche. Je trouvais cela un peu bizarre car dans les corps d'élite où j'avais servi, de nombreux officiers plaçaient les intérêts de leurs hommes au-dessus des leurs. En attendant, la plupart des grimpeurs les plus forts se trouvaient

8 Dans le passé, le programme d'acclimatation était organisé différemment. Les expéditions dormaient au camp 1, puis redescendaient le lendemain au camp de base. À la rotation suivante, le groupe dormait directement au camp 2 et retournait au camp de base. Enfin, lors de la troisième sortie, il était recommandé de monter au camp 2, s'y reposer puis continuer jusqu'au camp 3, avant de rentrer au camp de base. Ces dernières années, on a estimé qu'il était plus efficace de tenter le sommet après un seul séjour en altitude : le grimpeur, passant rapidement d'un camp à l'autre, dort au camp 1 et au camp 2, et progresse jusqu'au camp 3. En limitant le nombre de traversées de la cascade de glace du Khumbu, cette tactique a l'avantage de réduire le risque de chute mortelle. Cette méthode ne concerne que ceux qui utilisent de l'oxygène en bouteille.

relégués dans l'unité B. C'était mon cas et celui de deux instructeurs des forces spéciales Gurkhas. Pour une raison étrange, nous avions été mis en queue de peloton. J'étais furax. *On avait pourtant fait nos preuves.*

« Pourquoi les grimpeurs les plus rapides ne sont-ils pas dans le groupe de tête ? demandai-je à la fin de la réunion. Votre mission, celle du gouvernement britannique est de placer le premier Gurkha en service au sommet. Or, vous avez mis les plus forts à l'arrière. »

Suivit un silence de plomb. Il n'y avait pas grand-chose à ajouter. La décision avait été politique ; c'était malheureusement clair comme de l'eau de roche. L'unité A était composée de leaders plus lents et de quelques Gurkhas. Un des membres de l'équipe A tenta de mettre fin à la controverse en prétendant que tous les participants étaient désormais pleinement acclimatés, et tous capables des mêmes performances ; mais je n'étais pas de cet avis.

« Durant les phases d'acclimatation, je vous ai tous observés au camp 1 : vous étiez H.S. et vous n'arriviez pas à tenir le rythme. Comment allez-vous guider les plus forts alors que vous êtes à la traîne ? Que se passera-t-il en cas d'accident ? »

J'étais furibond. « OK. Vous voulez faire de la politique ? Faites-vous plaisir. Ce n'est pas mon truc. Bonne chance. »

La tension montait depuis plusieurs jours, probablement parce que la mission semblait de plus en plus incertaine. À l'Everest, les conditions météorologiques avaient été exécrables. Des vents violents faisaient rage au-dessus du camp 2 et plusieurs tempêtes étaient annoncées dans la semaine à venir. Enfin, vingt-quatre heures avant de se mettre en marche vers le sommet, nous apprîmes que certaines cordes fixes n'étaient toujours pas en place. L'équipe chargée d'installer les dernières longueurs[9] avait renoncé à dépasser le Balcon, une crête située sur l'arête sud-est, à 8 400 mètres d'altitude.

Il faisait manifestement trop mauvais pour continuer, et l'équipement de la voie étant incomplet, la G200E se trouvait soudainement en mauvaise posture. L'ambiance devint morose, d'autant plus qu'il s'agissait de notre deuxième tentative pour faire le job – et que la première, en 2015, avait connu une fin tragique. Si nous décidions d'abandonner l'ascension, l'opportunité ne se représenterait peut-être plus jamais. En tant que Gurkha, je savais que j'aurais mal vécu un échec à l'Everest, d'autant que nous jouions à domicile.

En relisant l'ordre de mission, je me suis rendu compte que j'étais la seule personne compétente pour fixer les cordes. Plusieurs alpinistes expérimentés qui avaient projeté de gravir le toit du monde cette saison faisaient leurs sacs pour rentrer chez eux. J'étais de loin le grimpeur idéal : expérimenté, capable de supporter des températures extrêmes, membre d'un corps d'élite, j'avais probablement assez de résilience pour réussir. Et, cerise sur le gâteau, je faisais la trace comme un fou furieux.

Sur qui d'autre pouvaient-ils bien compter ?

« Je vais monter installer les cordes », annonçai-je, alors que l'inquiétude grandissait au sein du groupe.

---

9 À l'instar de l'acclimatation, l'équipement d'une voie requiert de faire plusieurs rotations pour installer les cordes que les membres de l'expédition utiliseront, parfois jusqu'à la cime. En général, l'équipe chargée de cette besogne fait appel aux meilleurs grimpeurs présents sur le massif. C'est un travail ardu qui peut demander des semaines, selon le terrain, les conditions météorologiques et les alpinistes impliqués.

Pensant qu'il serait mis fin à la mission, la plupart des gars de l'expédition furent agréablement surpris par ma proposition, même si tous, au sein de la G200E, m'avaient vu à l'œuvre en tant qu'alpiniste. Les gens savaient aussi que j'avais déjà gravi deux 8000, dont l'Everest, et participé au sauvetage de Seema.

En attendant, j'avais conscience que mon rôle dans les opérations militaires était de faire le boulot, de ne pas poser de questions, et de mettre systématiquement de côté la politique ou les intérêts personnels. Avec l'équipe de la G200E, j'ai adopté la même attitude. Exit les Cassandre.

« Faites-moi confiance. Je peux le faire », continuai-je.

Finalement, les responsables de la G200E acceptèrent ma proposition – personne n'était en mesure de la contester – et il fut décidé que je dirigerais une équipe de huit guides sherpas et de deux opérateurs des forces spéciales, tous deux Gurkhas. Le programme de l'expédition fut également modifié. Si cette « mission impossible » de fixer les cordes se terminait bien, la majorité des grimpeurs basculeraient dans l'unité A. Pendant leur assaut, l'unité B attendrait au camp de base, et ne tenterait l'ascension qu'une fois le sommet atteint par le premier groupe.

La pression était forte mais j'avais plutôt confiance en moi ; appliquant les mêmes techniques qu'au Dhaulagiri pour faire la trace, je progressai régulièrement. L'équipement de la voie jusqu'au camp 2 ne posa pas de problème ; nous y passâmes la nuit, avant de filer le lendemain vers le camp 4. Après une brève pause, nous sommes partis pour le sommet ; désireux de montrer l'exemple, j'avalai seul les 450 mètres de dénivelé qui séparent le camp 4 du Balcon. Il était important que mes équipiers constatent que j'étais prêt à mettre la main à la pâte aux moments critiques, plutôt que de demander à un guide sherpa de faire le boulot à ma place. Dans ce type de situation, il faut faire ses preuves pour gagner respect et crédibilité.

Nous avons atteint le sommet sud, puis le ressaut Hillary après le lever de soleil. Il était difficile de ne pas être subjugué par le panorama sur le Népal et le Tibet, mais je n'avais pas le temps de m'arrêter pour rêvasser. En tant que responsable du groupe, j'avais conscience que si nous ne parvenions pas à fixer les dernières cordes, l'expédition avorterait. D'après nos échanges radio, l'équipe A, derrière nous, approchait du camp 4. Si nous décidions de faire demi-tour, tout le monde devrait en faire autant et redescendre au camp de base, car nous n'avions pas assez de nourriture et d'oxygène. Il faudrait réapprovisionner les camps supérieurs au prix de gros efforts qui nous feraient perdre du temps. Étant donné que la saison pour gravir l'Everest tirait à sa fin et qu'il n'y avait pas d'autre fenêtre météorologique en vue, la réussite de la G200E dépendait de notre progression.

Par chance, je n'avais rien perdu de mon énergie. Désireux de ne pas finir l'ascension seul, je fis une pause une dizaine de mètres sous le sommet pour permettre aux équipeurs les plus lents de me rejoindre. « Les mecs, pensai-je, on va escalader l'Everest tous ensemble. »

Une fois réunis, nous fîmes les derniers pas bras dessus, bras dessous.

Ce fut un moment historique. Lors de la G200E, nous posâmes les cordes fixes, et au total, treize soldats du régiment foulèrent le toit du monde. Notre travail serait également utile aux himalayistes qui s'y attaqueraient en fin de saison. Pour certains d'entre nous, l'ascension était un but en soi, un accomplissement insurpassable. *Que pourraient-ils viser après cela ?* En ce qui me concernait, j'étais loin de me sentir au bout de mon rêve. Lorsque je regardais la chaîne de montagnes qui s'étendaient sous moi, je pressentais que la prochaine étape de mon aventure se profilait. Un nouveau départ se préparait.

◆

J'étais fin prêt. Mais, pour enchaîner avec le duo Lhotse-Everest, j'avais besoin de soutien – en effet, seul instructeur doté de suffisamment d'endurance pour faire l'ascension de l'Everest coup sur coup, j'étais chargé d'aider la seconde unité de la G200E à atteindre son sommet. Un guide sherpa avait été recruté pour chacune de mes tentatives, et plusieurs bouteilles d'oxygène[10] avaient été disséminées à mon intention sur les flancs de chaque montagne. Mais, peu de temps après, tout est tombé à l'eau. Alors que je me préparais à quitter le col Sud pour atteindre mon second objectif de la journée, j'appris que l'installation des cordes fixes au Lhotse n'était pas terminée. Les équipes chargées de cette besogne avaient affronté les mêmes conditions météorologiques qu'à l'Everest, et avaient abandonné au-dessus du camp 4.

Pire, le sherpa qui devait m'accompagner était tombé malade et avait déjà entamé sa descente vers le camp de base. Je passais

10 J'avais profité des rotations d'acclimatation et de dépôt de matériel pour entreposer des bouteilles dans les camps supérieurs. Le matériel, tel que l'oxygène, reste en altitude pour être utilisé ultérieurement. Lors des tentatives sommitales, les membres des grosses expéditions portent rarement tout leur équipement sur eux.

d'une tente à l'autre essayant de convaincre un des guides de se joindre à moi, mais personne ne se sentait d'attaque pour tenter un autre sommet en si peu de temps.

J'étais effondré. Gravir mon premier Lhotse en solo était probablement au-delà de mes capacités, et si je merdais, les chances de l'unité B qui attendait au camp de base et comptait sur moi pour les guider, s'en trouveraient amoindries. Je ne voulais pas les laisser tomber. Tout le monde avait travaillé très dur pour réaliser ce rêve d'épingler l'Everest dans le cadre de la G200E. Je pliai mes affaires, furax.

Le temps que je redescende au camp 2 et que je m'y repose une nuit, l'info circula que l'unité A avait atteint le sommet, environ dix-huit heures après ma propre ascension. J'exultais ; nos efforts avaient payé. Malheureusement, la bonne nouvelle fut rapidement éclipsée par une mauvaise : l'annonce de la fin de l'expédition. Un certain nombre de Gurkhas en service ayant gravi le sommet, l'objectif avait été atteint et la mission était terminée. Les gars qui attendaient leur tour au camp de base – des types qui avaient donné de leur temps et, dans certains cas, de l'argent pour réaliser leur rêve – devaient rentrer chez eux. Franchement, c'était une décision bien peu altruiste. Plus tard, lorsque je retrouvai les membres de l'unité B, certains faisaient peine à voir ; ils étaient en pleurs.

Dans quel but les casser de la sorte ? OK, le job avait été fait, et on pouvait se demander s'il était absolument nécessaire de risquer plus de vies sur une montagne si dangereuse. Mais ces Gurkhas, qui n'étaient peut-être pas les plus rapides du groupe, étaient certainement plus forts que bien des grimpeurs qui réussiraient l'Everest à la fin de cette saison. Ces gars assumaient les risques de la haute altitude, donc cela n'aurait porté préjudice à personne de les envoyer là-haut.

Sur ces entrefaites, il m'apparut que si tout s'était déroulé comme prévu – si la voie avait été correctement équipée, et si l'unité A initiale avait atteint le point culminant de la planète –, alors mon rôle au sein de l'unité B aurait été superflu. Je serais resté coincé au camp de base comme les autres.

Deux jours plus tard, lorsque nous avons célébré cette victoire à Katmandou, l'allégresse générale fut quelque peu ternie par l'amertume de ceux qui rentraient bredouilles. Ils étaient écœurés, et c'était bien compréhensible. L'expédition se terminait sur une fausse note. Et pendant que je descendais bière après bière, une question me taraudait : *Ouais, mais toi, peux-tu viser plus haut ?* Ma première tentative au Lhotse avait été infructueuse, mais je venais d'apprendre que les cordes étaient désormais en place jusqu'en haut. Cela sous-entendait que le but que je m'étais fixé de gravir en deux semaines l'Everest, puis le Lhotse et le Makalu était encore jouable, bien que le timing fût sacrément serré. Sans compter que je devais me taper l'Everest une nouvelle fois, mais je me dis : *Et alors ?!* Je planifiai l'itinéraire de chacun des trois 8000, reconnaissant que, pour tenir l'horaire, j'aurais besoin d'un peu de chance avec la météo. Mon idée, c'était de monter jusqu'au camp 3 de l'Everest et de filer jusqu'au sommet du Lhotse. Je reviendrais alors sur mes pas jusqu'au col Sud pour fouler l'Everest. Après cela, je pourrais être héliporté au camp de base du Makalu.

C'était une épreuve d'endurance monstrueuse, cependant j'étais tranquille sur le plan de la logistique : les bouteilles d'oxygène étaient déjà en place, et je pourrais les récupérer en montant. En outre, les sherpas que j'avais embauchés lors de la première ascension étaient toujours disposés à m'accompagner. Oui, c'est vrai, j'étais légèrement en retard sur mon programme, mais j'avais déjà coiffé deux 8000 et je n'avais pas eu besoin de récupérer. J'étais capable de foncer. La seule chose dont j'avais besoin, c'était de confiance en moi.

Et puis ce fut la catastrophe.

Un livre entier pourrait être consacré aux événements qui suivirent. Une bonne journée après, lorsque j'arrivai au pied de l'Everest, je repérai un tas de bouteilles d'oxygène au sol, non loin d'un monceau de matériel ayant appartenu à la G200E. En y regardant de plus près, je me rendis compte que c'était mon oxygène. Pensant que j'avais pris le chemin du retour, un sherpa avait descendu mes bouteilles des camps supérieurs. J'entrai dans une colère noire. Et c'est en cet instant, au pire moment, que mon smartphone se mit à vibrer. C'était mon frère Kamal. Dès que je décrochai, il me cria dessus.

« Qu'est-ce que tu fous encore là-haut ? hurla-t-il. Tu as déjà gravi l'Everest deux fois. L'année dernière, tu as sauvé la vie d'une personne. Et cette année, tu permets à toute une expédition de ne pas revenir bredouille. Ton nom est sur toutes les lèvres. Les gens te connaissent… Qu'est-ce que tu veux encore prouver ?! »

Au début, j'ai tenté de lui expliquer. Je voulais le mettre dans la confidence. *Kamal comprendrait. Ça n'avait rien à voir avec moi, ni avec ma renommée.* Mais je n'avais pas le temps, et mon frère n'était pas d'humeur à m'écouter. Après le coup des bouteilles d'oxygène, j'étais à cran. Pour éviter toute nouvelle contrariété, j'ai raccroché : les remontrances de Kamal attendraient.

J'avais besoin de temps pour faire le point. Croulant sous le poids de l'équipement et des bouteilles d'oxygène nécessaires à ma prochaine ascension, manquant d'espace pour remplacer celles qu'on m'avait volées, je me consolai en me disant que j'en récupérerais deux camps au-dessus. Malheureusement, une fois au camp 2 de l'Everest, puis au camp 4 du Lhotse, il fallut se rendre à l'évidence : tout avait bel et bien disparu. Furieux, je me mis à inspecter les tentes et retourner la neige fraîche alentour, et je fus rattrapé par la dure réalité de la vie en montagne :

Quelqu'un les avait volées.

J'étais dans tous mes états. Depuis le sauvetage de Seema, je m'étais fixé comme règle de grimper avec de l'oxygène. Certes, j'avais la capacité physique de gravir le Lhotse, l'Everest et le Makalu sans aide. Mais si je commençais à déroger à mes principes, cela deviendrait une habitude, et je n'atteindrais jamais mes objectifs.

C'était une philosophie qui régissait ma vie depuis longtemps : si un matin je me levais en me disant que j'allais faire trois cents pompes dans la journée, je le faisais, car y renoncer équivalait à rompre un serment, et rompre un serment menait à l'échec. Cependant, je savais que la colère ne résoudrait rien. Ma formation militaire m'avait appris qu'il était impératif d'être résilient émotionnellement : transformer un événement négatif en un élan positif était le seul moyen pour rester concentré sur l'objectif principal.

Reprends tes esprits, Nims. Reste fort. T'es différent – tu vas trouver une solution.

Pour me calmer, j'ai respiré profondément et me suis repassé le film de cette situation de merde. J'ai imaginé que les bouteilles avaient été utilisées de la meilleure des façons. Je me suis convaincu qu'elles avaient été subtilisées pour venir en aide à un alpiniste. *Nims, grâce à ton oxygène, une personne a eu la vie sauve.* Après m'être reconditionné émotionnellement, je me suis adapté : j'ai modifié légèrement mes plans, et suis retourné au col Sud. Finalement, je gravirais d'abord l'Everest – probablement dans la tempête. Puis le Lhotse – un ami ayant accepté de monter plusieurs bouteilles au camp 4. Et terminerais avec le Makalu.

Le vent hurlait autour de moi et, pendant un court instant, le doute s'installa. Ce que j'allais tenter était énorme. *En étais-je capable ?*

Je me suis calmé.

Bien sûr que tu peux.

Je gravis l'Everest au pire moment – la montagne était balayée par des tourbillons de vent d'une rare violence, et des esquilles de glace, telles des balles, s'abattaient sur moi en rafales ; les conditions étaient si dures que plusieurs grimpeurs perdirent la vie ce jour-là. Mais, courbés à contrevent, conscients que tout reposait sur notre rapidité, mon sherpa et moi grimpâmes aussi vite que possible. Au ressaut Hillary, il fallut attendre quarante-cinq minutes dans un froid intense la résorption de l'embouteillage des alpinistes qui montaient ou descendaient du sommet, si bien que nous eûmes peur pour nos doigts et nos orteils. L'Everest atteint, je rejoignis l'itinéraire du Lhotse en compagnie d'un autre sherpa, jusqu'au camp 4. Au sommet, je regardai ma montre : je grimpais depuis dix heures et quinze minutes. Désormais, il ne restait plus que le Makalu.

Petite précision : à ce moment-là, j'ignorais totalement qu'en enchaînant l'Everest et le Lhotse, je venais de battre un record mondial de rapidité. Ce n'était pas mon but. J'avais seulement cherché à escalader trois montagnes. Mais lorsqu'au camp de base, on m'informa que le record précédent était de vingt heures, je fus interloqué. Sans le vouloir, j'avais battu de presque dix heures le chrono antérieur.

Si je gravissais le Makalu dans les jours suivants, un autre record était à ma portée : celui du meilleur temps d'ascension du trio Everest-Lhotse-Makalu. Je fus aussi informé que personne n'avait encore gravi deux fois l'Everest, plus le Lhotse et le Makalu dans la même saison. J'ai tenté ma chance, alors que je n'avais jamais escaladé le Makalu, le cinquième sommet le plus haut du monde. Nishal, un très bon copain et un des meilleurs pilotes de haute altitude, devait m'héliporter au camp de base suivant. J'étais surexcité par tout ce qui s'offrait à moi.

« Tu viens de battre un record du monde, mon pote », dit Nishal, en me donnant une accolade sur la piste d'atterrissage.

« Ouais. Et je peux en pulvériser un autre au Makalu. »

Je voulais aller vite, mais Nishal, lui, avait plus de recul. « Tu as dit que tu gravirais les trois 8000 en quatorze jours. Regarde, tu as encore quelques jours devant toi pour faire le Makalu et attraper le vol retour avec les mecs de la G200E. Profite de l'instant présent. Et éclate-toi ! »

Il me fit alors remarquer que la date du 29 mai approchait. En Himalaya, c'est « la journée de l'Everest » : on célèbre la toute première ascension de la montagne par Tenzing Norgay Sherpa et sir Edmund Hillary en 1953.

« Il y aura des défilés et de quoi biberonner. Ça va être la grosse fiesta. Réfléchis trois secondes. »

Il avait raison ; je pouvais participer aux célébrations nationales sans mettre en péril mon projet de record du monde. Alors j'ai accepté. Après tout, j'étais en vacances. L'hélicoptère de Nishal plongea sur le village de Namche Bazaar, et je fis la bringue avec des amis et pros du milieu ; l'alcool coula à flots et les danses allèrent bon train. Cela dit, j'étais obsédé par le Makalu. Et Nishal me confia son plan pour me faire gagner encore plus de temps.

« Nims, tu m'as l'air en pleine forme, dit-il. Pourquoi ne resterais-tu pas ici quelques jours de plus ? Regarde, je te dépose en hélico au camp 2 du Makalu. Direct ! Et tu t'évites le camp de base. Sans supplément, bien sûr. »

Selon mes estimations, un vol jusqu'au camp 2 pouvait atteindre le prix faramineux de plusieurs milliers de livres. Nishal venait de me faire une proposition extrêmement généreuse – en plus de ne pas boire la veille du vol –, mais je ne pouvais pas l'accepter. Il fut surpris de me voir hocher la tête de droite à gauche. Le lendemain, en atteignant le sommet du Makalu depuis le camp de base, j'établirais deux records mondiaux, et découvrirais les limites de mes capacités physiques et mentales. Je ne souhaitais absolument pas être accusé d'avoir fait les choses à moitié. Je voulais que tout soit réglo.

« Merci, Nishal, mais c'est impossible, lui dis-je. Je veux faire les choses proprement. »

Nishal prit un air renfrogné. Ses amis aussi étaient légèrement contrariés, comme si ma réponse leur paraissait grossière et ingrate. Les heures passèrent et, avec l'alcool, tout s'embrouilla ; ils ne comprenaient toujours pas pourquoi j'avais décliné une offre aussi généreuse. Le débat s'enflamma et faillit dégénérer en bagarre. Puis Nishal tenta une dernière fois de me faire changer d'avis.

« Mais personne ne le saura ! hurla-t-il.

— Mais moi, si ! Oh ! bien sûr, je *pourrais* mentir au monde entier. Je *pourrais* prétendre avoir gravi les trois montagnes depuis le bas, mais je ne vais pas me mentir à moi-même, mon vieux ! Pas question ! Je fais ça proprement. »

Dans les relents de binouze, les gars finirent par comprendre que j'appréciais le geste mais que le Makalu n'était pas juste un sommet de plus, ni une croix sur une liste d'objectifs à atteindre. Il s'agissait de conquérir le dernier d'un trio de 8000 himalayens avec classe et probité. C'était important. Une telle entreprise permettait de mieux se connaître et de savoir ce dont on est vraiment capable lorsqu'on se jette corps et âme dans une expédition de cette envergure.

Et tout a marché comme sur des roulettes.

Vingt-quatre heures après, je quittai le camp de base du Makalu avec une gueule de bois de tous les diables. J'avalai les 8 485 mètres d'une seule traite et comme une fusée : au-devant de ma petite équipe, je fis la trace jusqu'au sommet, dans une neige épaisse, malgré le vent et le manque de visibilité. C'était une belle réussite. Personne n'avait encore gravi le Makalu cette saison-là ; beaucoup l'avaient tenté et avaient échoué à cause de conditions déplorables.

De retour au camp de base indemne, j'appris que l'hélicoptère qui devait me ramener à Namche Bazaar ne viendrait pas en raison de la météo désastreuse. Avec mon équipe de sherpas, nous nous lançâmes au pas de course dans l'un des treks les plus difficiles du

Népal, ne nous arrêtant que pour boire de la bière et du whisky : en dix-huit heures, nous étions à Katmandou – un voyage qui dure normalement six jours. Seul un gars parvint à tenir mon rythme : Halung Dorchi Sherpa. Je débordais d'énergie, l'entraînement commando m'aidant à surmonter la souffrance.

En gravissant l'Everest et le Lhotse en dix heures et quinze minutes, et en enchaînant l'Everest, le Lhotse et le Makalu en cinq jours, je venais de battre deux records du monde. J'étais aussi le premier à avoir escaladé le toit du monde deux fois, puis le Lhotse et le Makalu au cours de la même saison. Je n'étais même pas claqué.

Revenu entier en Angleterre, dans le même avion que mes frères d'armes de la G200E, je me résolus à rendre visite à Kamal pour prendre de ses nouvelles. Pendant la conversation, je sentis au ton de sa voix qu'il était au bord des larmes.

« J'étais fou d'inquiétude. Tu es mon frère quand même ! » dit-il pour expliquer sa colère.

Tout l'énervement que j'avais pu ressentir à son égard s'évanouit.

« Écoute, tout va bien. Quand tu m'as appelé, je traversais une période de remises en cause. Et lorsque quelqu'un comme toi, que je respecte, me met dans la tête des pensées négatives, il est difficile de s'en débarrasser. J'avais besoin de positiver. C'est pour ça que je t'ai raccroché au nez.

— Pourquoi ne m'as-tu rien dit ?

— Je n'avais pas le temps ! Il y avait une embrouille avec mes bouteilles d'oxygène ; j'avais trop de choses à régler, et je devais me concentrer là-dessus, plutôt que perdre du temps à me justifier. »

Au terme de notre petite discussion, Kamal avait compris *pourquoi* j'avais agi de la sorte. Et pour la suite, il était important que, moi, je comprenne *comment*.

7
La mission

Beaucoup de questions restaient sans réponse.

Qu'est-ce que j'avais de plus que les autres ? Comment avais-je pu gravir trois sommets presque inaccessibles en un temps record et sans période de récupération ?

Pour une raison obscure, j'avais éprouvé le besoin de regagner Katmandou au pas de course, alors que rien ne pressait et que j'aurais pu en profiter pour prendre du bon temps. Qu'est-ce que j'essayais de prouver ?

Certes, j'avais pour habitude de repousser mes limites, mais cela n'expliquait pas tout, car chez les alpinistes, ce comportement est fréquent. Je connaissais aussi un paquet de gars des forces spéciales qui avaient fait l'Everest – sans toutefois, il est vrai, avoir gravi aussi le Lhotse et le Makalu. Le truc marrant, c'est que l'ascension les avait complètement vidés, et qu'aucun d'entre eux n'aurait eu la force d'enchaîner un sommet de plus. Visiblement, ma constitution me permettait de monter *et* descendre, encore et encore, de poser des cordes fixes et de diriger expédition sur expédition sans avoir besoin de beaucoup récupérer. J'avais l'impression que mes réserves étaient inépuisables.

En montagne, j'avais vraiment la rage : j'étais tellement à l'aise pour faire la trace, même lorsque la neige m'arrivait à la taille, que je semais les sherpas les plus expérimentés. Mais ce n'était pas tout : grâce à ma formation militaire, je parvenais à prendre des décisions très rapidement, même sous pression. Évaluer les risques et agir en conséquence était devenu une seconde nature, mais j'avais bien conscience que la différence entre la stupidité et le courage est parfois ténue. Jamais je ne me laissais déstabiliser par l'adversité, abordant chaque chose de manière positive. C'est pour cela que j'étais devenu une vraie machine de la haute altitude.

Techniquement, je n'étais pas le meilleur, et sur le plancher des vaches, où mes forces et mes faiblesses ne pouvaient s'exprimer pleinement, je n'étais pas à mon avantage comparé à d'autres grimpeurs. Mais peu égalaient mes capacités d'organisation et ma puissance d'imagination. Au-dessus de 8 000 mètres, j'arrivais à mobiliser assez de confiance en moi pour me hisser sur n'importe quel sommet du monde, quelles que fussent les conditions.

On m'avait aussi informé que des démarches étaient en cours pour que me soit remise par la reine la distinction de *Member of the Order of the British Empire*, en reconnaissance des services inestimables que j'avais rendus en tant qu'himalayiste – la réussite de la G200E, le sauvetage de Seema à l'Everest, et les records à l'Everest, au Lhotse et au Makalu. Ces réalisations n'étaient pas du goût de tous, et lorsque mes records furent annoncés au grand public, certains alpinistes connus s'empressèrent de souligner que j'avais utilisé de l'oxygène. Mais qu'ils aillent se faire foutre : la réussite de mes projets reposait sur la rapidité. J'étais un pionnier, toujours sur la ligne de front, à faire la trace, à poser moi-même les cordes fixes – c'est ça mon style, le *style Nims*.

Le *style Nims* ne se résume pas à tout faire plus vite que tout le monde. Cela implique de la planification et du leadership ; et à tout instant en montagne, de ne compter que sur soi-même. J'avais pris conscience de mes forces et de mes faiblesses sur le terrain, par les dures leçons de la vie ; j'en tenais compte, ce qui, la plupart du temps, me permettait d'éviter les ennuis. Si j'avais porté secours à un alpiniste en très haute altitude, l'idée que quelqu'un me retourne la pareille m'insupportait. Plutôt mourir que d'accepter que quelqu'un abandonne sa mission pour moi.

Pour moi, aucune loi préétablie ne pouvait s'appliquer à la zone de la mort, chacun suivant son propre mode de fonctionnement. Lors de leur assaut sommital, certains de mes détracteurs s'étaient servis de ma trace ou des cordes que j'avais fixées des heures auparavant pour ma propre ascension, mais je ne leur en voulais pas. Cette hypocrisie m'énervait un peu, mais je m'efforçai d'en tirer avantage. Entretenant le *buzz* au retour de mes expéditions himalayennes, je décidai de renchérir : si j'avais pu rafler trois des plus hauts sommets du monde en cinq jours, il était probablement à ma portée de gravir l'Everest, le K2, le Kangchenjunga, le Lhotse et le Makalu en un temps record, par exemple en quatre-vingts jours. Je ruminai le projet pendant des semaines jusqu'au jour où je décidai de passer à l'action.

Mon chemin serait jonché d'obstacles, j'en étais bien conscient. Je m'étais rendu au Népal et je savais que les chances d'obtenir la permission nécessaire à la réalisation d'un projet si audacieux étaient maigres, mais je décidai de tenter le coup. Lors du dépôt de ma demande, j'essayai d'être le plus convaincant possible et rappelai à mon supérieur mes hauts faits, tant au combat que dans d'autres situations, ainsi que tout ce que j'avais appris en himalayisme. Je mis en avant le boulot que j'avais accompli au cours de la G200E. *Est-ce que je n'avais pas contribué à promouvoir le prestige des SBS ?*

L'officier jeta un œil sceptique à mon projet. Je le voyais venir.

« Nims, le K2 ? Un alpiniste sur quatre y meurt. Au Kangchenjunga, c'est un sur sept. C'est un projet si ambitieux. Et ce n'est pas comme si tu tentais simplement de gravir une montagne. Tu veux les enchaîner en courant en onze ou douze semaines. *Est-ce seulement possible ?* »

J'essayai de réveiller en lui l'esprit d'aventure. « Quand j'étais chez les Gurkhas, j'avais vraiment envie de rejoindre les forces spéciales. Pas pour l'argent, ni pour la renommée, mais parce que je voulais faire partie des meilleurs. J'ai posé des cordes fixes au cours du projet G200E alors que tout le monde avait perdu espoir. Ensuite, j'ai porté le drapeau des SBS au plus haut. Et maintenant, j'ai ce nouveau projet. »

L'officier secoua la tête. Il lui était absolument impossible de m'accorder une permission aussi longue, m'expliqua-t-il. C'était trop risqué. En plus, si la nouvelle s'ébruitait qu'un membre des forces spéciales tentait le K2, situé à la frontière sino-pakistanaise, cela pourrait être pris pour une attaque terroriste. « Nims, c'est juste impossible », répondit-il.

J'étais abattu, mais je n'allais pas abandonner mon rêve pour autant. Pendant des mois, mes espoirs d'expéditions passèrent par une série de hauts et de bas. À certains moments, j'avais l'impression que le haut commandement était en train de s'amadouer. À d'autres, je sentais qu'il se raidissait, si bien qu'un beau jour, je décidai de prendre sérieusement les choses en main.

« Bon, c'est décidé, je vais démissionner », pensai-je.

Je me sentais libéré. Je savais que si je quittais l'armée à trente-cinq ans, je pourrais me consacrer à mes propres aventures, plus grandes et plus ambitieuses que jamais. Au lieu de gravir les cinq montagnes les plus hautes du monde en quatre-vingts jours, qu'est-ce qui m'empêchait de faire les quatorze 8000 en un temps record ? En y réfléchissant bien, je n'y voyais que peu d'obstacles. *Si ce n'est l'argent et la politique. Ou alors, une avalanche ou une crevasse, si j'ai vraiment pas de chance.*

Les Gurkhas étaient une lignée d'irréductibles intrépides, alors être balayé par une avalanche à l'Annapurna, comme des dizaines d'alpinistes avant moi, c'était tout à fait possible, mais cela ne m'inquiétait pas plus que cela. Les dangers afférents à l'ascension de quatorze sommets de la zone de la mort, par contre, étaient gérables : je savais braver le mauvais temps et progresser dans la neige profonde ; j'arrivais à agir efficacement et sans peur. Après tout, plutôt mourir que vivre en lâche. De plus, l'idée de disparaître à trente ans ne m'effrayait pas. Me cramponner jusqu'à mes quatre-vingts ans, à un âge où j'aurais perdu mon autonomie, cela n'avait pour moi que peu d'attrait. Je voulais partir dans le feu de l'action.

Quant aux aspects politiques et financiers de l'expédition, c'était une tout autre histoire : beaucoup de paperasse et de demandes de permis – en particulier auprès des autorités chinoises et tibétaines, qui avaient interdit l'ascension du Shishapangma pendant toute la saison 2019. Et puis, il y avait les factures. Pour gravir la couronne des sommets de la zone de la mort, il fallait compter au bas mot 750 000 livres ; je devrais donc trouver des sponsors ainsi que d'autres moyens de financement. Mais pour l'instant, la perspective de cette expédition était suffisamment excitante pour m'inciter à démissionner de l'institution militaire. Si j'affirmais qu'il était possible d'enchaîner les quatorze 8000, eh bien, c'était possible.

Toute ma formation et toutes mes actions au combat allaient dans ce sens : chez les Gurkhas, j'avais sans cesse été obligé de sortir de ma zone de confort et de vivre des moments de souffrance extrême. Au bout du compte, le plus important, c'était la force morale, plus que la force physique. Auprès du SBS, j'avais appris pareillement à dépasser les limites mentales que je m'étais fixées. Si l'organisation d'une série d'expéditions en haute altitude me causait quelque appréhension, je pouvais quand même compter sur les nombreuses relations que je m'étais faites dans la communauté montagnarde au cours de ma carrière. Je possédais les compétences et les contacts pour que ça marche.

À la maison, un après-midi, j'ouvris mon ordinateur portable pour évaluer le temps requis pour une telle expédition. Une brève recherche m'apprit que quarante alpinistes avaient gravi les quatorze 8000. Le record de vitesse allait à Kim Chang-ho : sept ans, dix mois et six jours en 2013. Jerzy Kukuczka n'était pas loin derrière : sept ans, onze mois et quatorze jours en 1987. Il était le deuxième alpiniste à avoir décroché la couronne de l'Himalaya après le célèbre Italien Reinhold Messner. Ce dernier avait fait voler en éclats les limites de ce qui était considéré comme possible en 1986.

Il y avait peu de concurrents dans l'arène, mais ils étaient de taille. Raisonnablement, il faudrait tabler sur plusieurs années. Fort d'avoir avalé l'Everest, le Lhotse et le Makalu en cinq jours – quinze jours si l'on y ajoute le Dhaulagiri –, il devait m'être possible de battre ce record. La seule inconnue était de savoir de combien.

J'essayai de faire une estimation réaliste. *OK, je n'ai pas de soutien financier. Cela va prendre un peu de temps de réunir les sommes nécessaires, mais si les premières expéditions se jouent à domicile, au Népal, ça devrait aller, d'autant plus que j'ai un paquet de contacts.*

Je fis une liste des montagnes à gravir : Annapurna, Dhaulagiri, Kangchenjunga, Everest, Lhotse, Makalu et Manaslu...

Le Pakistan, c'était une autre histoire. Les treks entre les camps de base sont très longs et la météo est aléatoire.

Nanga Parbat, Gasherbrums I et II, K2, Broad Peak...

Au Tibet, il fallait compter avec les délais d'obtention des permis et les problèmes administratifs.

Cho Oyu et Shishapangma...

Je n'ai gravi que quatre de ces montagnes... Donc, pourquoi pas sept mois ? Cela devrait être suffisant, à quelques semaines près, pour faire les quatorze.

Vouloir réduire le record du monde de sept ans était en soi un objectif ambitieux, auquel je m'accoutumai progressivement. Cela voulait dire grimper aussi vite que possible, quel que fût le temps, en *style Nims*. Plusieurs raisons m'y poussaient. Je voulais bien sûr me dépasser émotionnellement et physiquement, mais je voulais aussi alerter le monde sur les effets du changement climatique dans mon pays natal, le Népal – les inondations, la disparition des glaciers –, et mettre en lumière le sort des populations qui vivent et travaillent en montagne.

Mais par-dessus tout, je dois l'avouer, ce qui me plaisait, c'était de bousculer les idées reçues. Je voulais montrer à tous, adultes et enfants confondus, ce qui était humainement possible et, par mes actions un peu folles, inciter les gens à voir les choses en grand, à se surpasser et à se lancer dans des projets jugés inimaginables. Sans compter que ce serait offrir au monde une histoire de fous qui entrerait dans la légende.

Je baptisai cette mission monumentale *Projet Possible*, puis échafaudai un plan de bataille, pour clouer le bec aux sceptiques.

◆

Quitter les forces spéciales n'était pas si facile ; c'était renoncer à une certaine sécurité psychologique. Cela peut sembler paradoxal, si l'on considère qu'à chaque patrouille, à chaque raid, j'avais risqué ma vie ; mais pendant seize ans, l'armée britannique avait été tout pour moi. On m'avait dit quoi faire, où et quand, on m'avait fourni un logement et une routine quotidienne. Le travail était certes dangereux, nous étions soumis à des tensions extrêmes, mais l'armée nous offrait aussi un cadre familier et rassurant, même en temps de guerre ; sous l'égide de la loyauté, elle structurait notre vie et lui donnait un but. Alors que j'envisageais de la quitter, j'avais l'impression que je n'en avais pas fait assez pour la reine et la Couronne.

L'autre sujet d'inquiétude lié à ma démission était le montant de ma retraite. En restant seulement quelques années de plus, je toucherais une belle somme, qui changerait ma vie matériellement. A contrario, quitter l'armée maintenant, cela voulait dire renoncer à tout ; c'était une décision difficile, dont il me faudrait assumer les conséquences financières.

Le 19 mars 2018, je mis de côté mes doutes et m'identifiai sur le site du ministère de la Défense pour soumettre ma démission. La période de préavis était de un an et, au début, certains de mes compagnons d'armes tentèrent de me faire changer d'avis. Je fus promu instructeur militaire et expert grand froid. Mon rôle était d'apprendre aux autres opérateurs à gravir des montagnes, à survivre aux conditions extrêmes de la haute altitude, et à parcourir des terrains difficiles à skis. Le statut était prestigieux, et cela m'élevait au rang de meilleur alpiniste de l'unité.

Le chantage à la promotion avait ses limites. On me demanda ensuite de bien réfléchir aux difficultés pratiques auxquelles m'exposait ma décision et au fait que je renonçais à la sécurité financière à laquelle, dans « la vraie vie », la plupart des gens aspiraient. Sauf que, je n'étais pas comme tout le monde ; j'avais une vision différente de « la vraie vie ». J'avais eu une enfance pauvre au Népal. Si les circonstances m'y contraignaient, passer le reste de mes jours sous une tente ne me posait aucun problème. Lorsque les SAS, ayant appris mon intention de démissionner, me convoquèrent à leur base, ce fut une sacrée surprise. Un officier me demanda si je n'avais jamais envisagé de changer de régiment.

« Nims, félicitations pour la G200E et la MBE, me dit-il en parcourant mon dossier. Nous savons que la montagne est le terrain où tu excelles. Si tu intègres les SAS, je veillerai personnellement à ce qu'on s'occupe de toi, et qu'on te propose de belles perspectives de carrière, qui puissent t'aider toi et ta famille. »

Suivirent des propositions très alléchantes. Il me garantissait une place dans une formation d'un an où je pourrais me consacrer exclusivement à la haute altitude. Et surtout, il m'octroyait un budget pour le matériel et les déplacements. Un taf de rêve. Mais passer d'une unité des forces spéciales à une autre, je voyais cela comme une trahison ; c'était comme quitter une équipe de foot pour aller jouer chez son rival. Il m'était impensable de laisser tomber mes potes des SBS d'une manière aussi déloyale.

« Je vous suis extrêmement reconnaissant de croire ainsi en moi, finis-je par dire, et c'est vraiment très généreux de m'offrir toutes ces opportunités... Mais en m'engageant chez les SBS, mon ambition n'a jamais été de devenir général, ni de gagner de l'argent. Revenir à un mode de vie modeste, ça me va très bien, et je ne changerai jamais d'équipe. »

La réponse fut lapidaire et tranchante. « Ta loyauté est tout à ton honneur, me dit le commandant des SAS, mais tu es complètement cinglé. »

Haussant les épaules, je le remerciai de m'avoir reçu ; j'étais cependant partagé. Dans la voiture, en quittant la caserne, je me demandais si j'avais pris la bonne décision. *Si j'acceptais leur offre, je serais le premier opérateur à avoir été engagé, et dans les SAS, et dans les SBS. J'aurais de quoi être fier.* Au cours des jours qui suivirent, tandis que je ruminais ma décision, Suchi passait en revue les offres d'emploi en ligne à Hereford qui pouvaient lui convenir. Finalement, je m'en tins à mon plan initial : je voulais me consacrer à l'himalayisme.

Mes amis, comme ma famille, furent déboussolés. De leur point de vue, c'était le dernier coup de théâtre de ce qu'ils considéraient comme une carrière à rebondissements. Pour mes frères, j'étais un ingrat : sans l'argent qu'ils avaient envoyé pour payer ma scolarité à Chitwan, je n'aurais jamais appris l'anglais. Sans l'anglais, je n'aurais certainement pas pu entrer dans l'armée britannique. Ils disaient vrai, et je leur devais tout ; puis un jour Kamal m'aborda sur un autre ton. Il n'arrivait pas à comprendre mes motivations.

« Frérot, *tout le monde* rêve d'intégrer les forces spéciales. Cela fait dix ans que tu te bats en première ligne, et maintenant qu'on te propose un poste de commandement, avec ce rôle d'instructeur grand froid, tu fais la fine bouche ?! Tu auras une super retraite et aucun risque de perdre le moindre doigt, orteil ou œil au contact. Après ce parcours du combattant, tu vas tout laisser tomber ? *Putain, mais qu'est-ce qui te prend ?*

— Kamal, je n'y suis pour rien, lui répondis-je. Toi et la famille non plus. Nous ne sommes que des éléments d'une communauté plus large. Si j'ai la possibilité, dans le peu de vie qui me reste – car malheureusement je vieillis –, de changer certaines choses, de montrer au monde ce qu'on peut accomplir en haute altitude, ça vaut le coup. »

Nous ne nous sommes pas reparlé pendant deux mois.

J'avais des obligations financières importantes vis-à-vis des miens. Dans certaines familles népalaises, une forte pression s'exerce sur le benjamin pour qu'il s'occupe de ses parents s'ils se retrouvent sans le sou ou s'ils ne peuvent plus rester seuls en raison de leur âge. Mon père et ma mère étaient vraiment pauvres ; jusque-là, Kamal et Ganga les avaient soutenus autant qu'ils l'avaient pu, mais à présent, ils devaient s'occuper de leur propre foyer. Depuis mon intégration au régiment Gurkha, je leur envoyais tous les mois une partie de ma solde, car ils étaient tout pour moi, mais récemment, Maman était tombée très malade.

Souffrant d'un problème de cœur, elle avait dû se faire poser un stent. Puis, à la suite d'une insuffisance rénale, les séjours à l'hôpital s'étaient succédé et finalement, elle avait été placée dans une institution à Katmandou, faute de trouver une clinique spécialisée à Chitwan. Mon père, hémiplégique, n'était pas en état de lui rendre visite, et je m'étais fixé comme objectif de les rassembler un jour sous un même toit. Cependant, avec *Project Possible*, je devais mettre cette mission familiale en pause, au moins dans l'immédiat.

Lorsque je leur annonçai la nouvelle, ils en furent d'abord irrités. Ayant longtemps vécu dans la région du Dhaulagiri, nous voyions souvent passer au village des alpinistes sur le chemin du camp de base. Parfois, il était clair qu'ils étaient moins nombreux à la descente qu'à la montée, et Maman se souvenait très bien du jour où elle avait rencontré deux grimpeurs en pleurs au café du village. Lorsqu'ils lui annoncèrent que leurs amis étaient morts en montagne, elle fut profondément choquée.

Plus tard, en apprenant la mort tragique de plusieurs personnes à l'Everest dans des avalanches en 2014 et 2015, elle fut terrorisée à l'idée que moi aussi, je faisais de l'alpinisme. Chaque fois que je lui montrais la vidéo d'une expédition sur mon téléphone où je traversais les crevasses de la cascade de glace du Khumbu sur une échelle, elle tressaillait d'effroi et fondait en larmes. Elle voulait connaître les tenants et les aboutissants de mon nouveau projet.

« Bon, tu connais les quatorze montagnes les plus hautes de la planète ?

— Quelques-unes », répondit-elle en hochant la tête.

Elle cita quelques noms. *L'Everest, le Dhaulagiri. Oh, et puis l'Annapurna.* « Mais qu'est-ce que cela a à voir avec ton projet ? »

Elle était soucieuse. *Son petit dernier avait-il perdu la boule ?*

« Ah, Nirmal, je comprends, dit-elle. C'est parce que nous sommes très malades et que nous sommes une charge pour toi ? Visiblement tu fais cela pour te suicider.

— Mais non, Maman, je fais cela pour montrer à la terre entière ce dont je suis capable, ce dont tout un chacun est capable pour peu qu'il s'investisse corps et âme dans quelque chose. Après, je serai plus fort. Un nouveau Nims. »

Elle sourit. « De toute façon, tu n'écoutes jamais ce qu'on te dit. Tu n'en feras qu'à ta tête. Va donc, tu as notre bénédiction. »

Les inquiétudes de ma famille n'étaient pas les seules à me peser émotionnellement. Mes amis s'esclaffaient chaque fois que je leur parlais de *Project Possible*, et mes collègues de l'armée se foutaient de ma gueule. Certes, l'objectif était ardu, voire irréaliste, mais seulement parce que personne n'avait jamais rien réalisé de tel auparavant. De même que voyager dans l'espace et courir le *mile* en quatre minutes avaient un temps été considérés impossibles. Au début du XXe siècle, marcher sur la Lune relevait du conte pour enfants et n'existait que dans les romans de Jules Verne. Si quelqu'un avait dit au jeune Neil Armstrong, alors pilote d'essai sur le point de devenir célèbre, que son rêve était irréalisable, l'aurait-il écouté ? *Certainement pas.*

Bien entendu, la probabilité d'échouer n'était pas nulle, comme cela avait été le cas des tentatives d'alunissage. Mais les chances que je perde la vie en cours de route étaient somme toute assez minces. Si je me plantais, nul doute que certains se moqueraient de moi et diraient : « Je l'avais prévenu. » Mais au moins, je ne mourrais pas en me demandant : *Et si j'avais essayé ?*

En revanche, en cas de réussite… *Quel serait le prochain défi ?*

8
Ultime pari

Dès que le ministère de la Défense accepta ma démission, assortie d'un préavis d'un an, je mis en route deux projets : le plan opérationnel de *Project Possible* et la collecte des fonds. Pour le premier d'entre eux, je réunis une équipe de grimpeurs népalais disposés à me soutenir durant presque un an lors de l'ascension des quatorze 8000. J'étudiai les conditions météo au cours des cinq dernières saisons sur ces massifs pour déterminer l'ordre dans lequel gravir ces montagnes.

Après avoir passé en revue les conditions topographiques propres à chaque montagne, je scindai *Project Possible* en trois phases. La première se déroulerait en avril et en mai, au Népal, où j'épinglerais l'Annapurna, le Dhaulagiri, le Kangchenjunga, l'Everest, le Lhotse et le Makalu. La deuxième, en juillet, au Pakistan pour le Nanga Parbat, le Gasherbrum I, le Gasherbrum II, le K2, et le Broad Peak. J'envisageais de revenir ensuite au Népal à l'automne pour le Manaslu, avant de foncer vers le Tibet où m'attendaient le Cho Oyu et le Shishapangma. Pour chaque 8000, des démarches administratives préalables étaient nécessaires afin d'obtenir les permis d'ascension. La Chine et le Tibet étaient des dossiers particulièrement délicats car en 2019, l'accès au Shishapangma était interdit. Je décidai de ne m'en préoccuper qu'au moment venu.

Me préparer à une mission, je savais faire – cela avait longtemps été mon quotidien à l'armée. En revanche, je n'y avais acquis aucune compétence en collecte de fonds – le second volet du projet. La tâche était rebutante, d'autant que les expéditions en haute altitude sont onéreuses. En 2019, le coût de la seule ascension de l'Everest pouvait varier entre 40 000 et 150 000 dollars, et les premières estimations budgétaires de *Project Possible* étaient déconcertantes – sans aide extérieure, je peinerais à me constituer une telle réserve de trésorerie.

Pour financer de tels projets, je devais signer des contrats de parrainage avec des entreprises qui prendraient en charge le coût de mes voyages en échange de la valorisation de leur marque dès qu'un sommet serait atteint. À chacune de ces phases, je comptais aussi sur les revenus tirés d'expéditions commerciales[11] où je proposerais à des alpinistes expérimentés de gravir un 8000 : Annapurna, Nanga Parbat et Manaslu.

Le travail était sans répit. En 2018, je m'occupais de programmer mes quatorze expéditions, tandis qu'un ami se chargeait du volet financier. Entre deux engagements militaires, j'enchaînais réunions, sessions de planification et voyages en train

11 En décembre 2017, j'ai créé l'entreprise Elite Himalayan Adventures pour allier ma carrière et ma passion. En 2018, les premiers clients se présentèrent – des grimpeurs compétents qui payaient pour qu'une équipe de guides chevronnés les accompagnent jusqu'à la cime des 8000.

dès que l'occasion se présentait : j'étais sur la corde raide sept jours sur sept. Psychologiquement, la mise en place de la logistique fut une épreuve aussi exténuante que celles du stage de sélection des SBS. Mais comme sur la colline de Brecon Beacons, je ne commençais jamais la journée sans une pensée positive : *Je peux le faire. Je résoudrai chaque problème qui se présentera. J'ai déjà gravi le toit du monde. Le seul obstacle, c'est le financement. Bouge-toi et rafle tout ce que tu peux!*

Rejoindre les Gurkhas, les SBS et escalader l'Everest avaient été des sortes de dieux personnels qui m'avaient donné des raisons de me surpasser ; ma nouvelle et puissante idole était la recherche d'argent. Pour elle, je me donnai à fond.

Je dus finalement mettre la main à la pâte, et avec un associé – un complice anonyme –, contacter plusieurs sponsors potentiels. Pour les attirer, je savais qu'il fallait faire des déclarations tonitruantes qui ne manqueraient pas de faire les gros titres et le *buzz.*

Enhardi par mes records du monde, j'annonçai mon intention de continuer sur ma lancée. Améliorer mes chronos et battre les records de vitesse sur les enchaînements suivants : les quatorze 8000, le duo Everest-Lhotse sommet à sommet, le trio Everest-Lhotse-Makalu, les 8000 pakistanais, ainsi que les cinq sommets les plus hauts du monde, à savoir le Kangchenjunga, l'Everest, le Lhotse, le Makalu et le K2.

Malheureusement, mes objectifs n'éveillaient pas l'intérêt de grand monde – les gens ne me prenaient pas au sérieux. Après des mois et des mois de réunions et d'appels téléphoniques, ce fut le coup de grâce.

« Nims, on n'a pas réussi à récolter beaucoup d'argent. Ce n'est pas bon signe », me confia mon associé, désemparé.

Il disait vrai : il n'y avait rien en banque. D'entrée, la « Phase Un » semblait perdue d'avance. J'étais dans la merde. Enfin, c'est ce que je croyais. Je changeai de tactique et, malgré un emploi du temps surchargé, je décidai de partir au front. Je me levai à 4 heures du matin pratiquement tous les jours pour alimenter mes réseaux sociaux, avant d'attraper le train de 7 heures pour Londres depuis la côte sud. Suivaient quatre ou cinq réunions au cours desquelles j'encaissais souvent belles promesses et refus catégoriques. Les rares fois où je rentrai avant minuit, j'en profitai pour ouvrir mon ordinateur portable et répondre à tout un tas de courriels, avant de clore la journée par une session sur Instagram ou Facebook.

À l'époque, j'étais loin d'être un pro de la technologie. Il me fallait souvent deux bonnes heures pour rédiger quelques lignes, insérer les *hashtags* et les liens appropriés. C'était une corvée. Il m'arrivait d'en parler sur les réseaux sociaux :

> *Encore une journée passée à me battre pour financer Project Possible : 14/7. Tout ce travail de recherche de financement est extrêmement pénible. Et puis, ce n'est pas mon truc. La réponse typique, c'est : « Nims, pourquoi ne pas reporter d'un an ? Nous aurons davantage de temps pour lever les fonds. » Je ne cesse de leur rétorquer : « Repousser à l'année prochaine, c'est céder à la facilité. »*

Pendant deux mois, très peu d'argent entra dans les caisses. Début 2019, le compte à rebours était enclenché, et aucun sponsor ne croyait en moi ; les réunions se terminaient souvent par un aimable « merci, mais non merci ». Selon eux, ce projet était humainement impossible ; certains ne le prenaient même pas au sérieux. J'étais mal. Ayant démissionné de l'armée, mes revenus s'étaient réduits comme peau de chagrin ; pourtant, bien qu'on eût à se serrer la ceinture, Suchi me soutenait. Elle ne recourut jamais au chantage émotionnel alors que je me consacrais à un projet qui ne rapportait pas un sou au foyer – du moins, pas dans l'immédiat. Elle me laissait carte blanche, et je lui en étais reconnaissant.

Ma nouvelle fonction au sein de l'organisation de *Project Possible* était loin d'être simple. Cela dit, c'était gérable, même si le travail m'épuisait. La liste de choses à faire était infinie, et j'avais vraiment du mal à décrocher. Mentalement, j'étais vidé, mais je préférais faire comme si tout allait bien, plutôt que d'avouer à Suchi que j'étais sous pression. Ne souhaitant pas lui transmettre la moindre énergie négative, je n'hésitais pas, pendant son sommeil, à sortir discrètement du lit, vers 1 ou 2 heures du matin, pour répondre à un nouveau courrier, postal ou électronique.Ralentir était hors de question, tant le projet m'obsédait. L'idée de tout abandonner ne m'a jamais effleuré, car je ne voulais pour rien au monde transmettre de mauvaises ondes aux éventuels sponsors ou investisseurs.

Pour inspirer confiance, je devais garder foi en moi. Mais parfois, c'était sacrément difficile.

◆

Toutes les démarches entreprises afin d'obtenir des fonds importants pour *Project Possible* étant restées vaines, un dilemme se profilait : renoncer ou poursuivre. Mais rapidement, l'espoir surgit lorsqu'un ami du SBS me présenta un partenaire financier intéressé. Comprenant ma passion, il s'engagea à verser sur-le-champ 20 000 livres ; peu après, je donnai une conférence dans une entreprise qui me rapporta 10 000 livres. C'était une goutte d'eau, étant donné que j'avais besoin d'environ 750 000 livres, mais c'était toujours ça.

Elite Himalayan Adventures proposa à des clients privés de se joindre à la première expédition de *Project Possible* à l'Annapurna. La mise à jour régulière de mon compte Instagram, le bouche-à-oreille et la création d'une page de financement participatif GoFundMe décuplèrent le nombre d'abonnés et de dons. Ant Middleton, avec qui j'avais servi dans un escadron d'élite, fervent et fidèle sympathisant du régiment Gurkha, dégotta 25 000 livres.

Mais ce n'était pas suffisant. Pour lancer la Phase Un, je dus me résoudre à un violent et douloureux sacrifice : hypothéquer une nouvelle fois la maison. Je n'avais pas d'autres choix car le projet avait totalement siphonné mes économies. Si bon nombre de retraités que je connaissais dans l'armée avaient, grâce à leurs revenus et leur épargne, déjà fait l'acquisition de deux ou trois biens immobiliers leur permettant de tirer leur épingle du jeu, j'avais mis toutes mes billes dans l'himalayisme. Cet investissement porterait peut-être ses fruits à long terme, mais pour l'instant, cela ne me rapportait rien.

Hypothéquer une maison est toujours une entreprise risquée. Cependant, en cas de réussite du projet, les retombées commerciales me permettraient de rembourser les prêts contractés. Je pourrais travailler comme guide contre un bon salaire ou, à l'instar de deux de mes amis des forces spéciales, comme intervenant lors de dîners-conférences lucratifs.

En cas d'échec, les conséquences seraient désastreuses. En effet, si je ne parvenais pas à escalader les quatorze sommets dans le délai convenu, je passerais pour une grande gueule et tomberais dans l'oubli. Il faudrait du temps avant que d'autres opportunités professionnelles ne se présentent.

Même si j'en avais plaisanté avec des amis, leur laissant entendre que j'envisageais de vivre dans une tente si ça tournait mal, *en toute sincérité, je préférais éviter.* Je pris aussi conscience que si je ne revenais pas entier, les conséquences économiques retomberaient sur Suchi et sur ma famille. Il y avait de quoi réfléchir à deux fois. J'avais besoin de la bénédiction de ma femme avant d'hypothéquer la maison.

J'étais sûr qu'elle me soutiendrait. Suchi avait toujours compris les sacrifices physiques et émotionnels que j'avais acceptés en tant que soldat d'élite pour protéger mon pays. Elle savait aussi que *Project Possible* ne pouvait pas être remis à plus tard car, grâce à mes dernières opérations militaires, j'étais physiquement au top. Si je voulais augmenter mes chances de survie et de réussite, je ne devais pas attendre un an, encore moins cinq. C'était aussi le bon moment sur le plan psychologique : pendant les conflits auxquels j'avais participé, j'avais été témoin de scènes horribles, d'actes d'une violence et d'une brutalité inouïes – au point de parfois souhaiter ne les avoir jamais vus –, mais je m'étais forgé un mental d'acier et, de toute évidence, je ne présentais pas de symptômes post-traumatiques.

Je pense que le fait d'avoir pris la décision de démissionner du SBS et de me lancer dans un projet énergivore m'a grandement aidé. De nombreux collègues avaient dû renoncer à leur carrière après avoir subi des blessures physiques ou perdu leur capacité à rester hyper vigilants. D'autres avaient quitté l'escadron à cause de blessures psychiques. Ils devaient se réinventer : retrouver le sens de l'engagement, de l'unité et du désir pouvait être une épreuve comparable à celle du combat. J'étais né sous une bonne étoile : je quittai mon travail dans l'armée pour une nouvelle passion, et le projet de gravir quatorze sommets me donnait, chaque jour, une raison de vivre. Plus tard, j'eus également la chance de développer une forte camaraderie avec les gens que j'avais sélectionnés pour m'accompagner dans mon aventure.

J'avais aussi conscience du pouvoir de guérison de la nature. Je me sentais bien lorsque j'étais à l'air libre, en altitude, dans un milieu qui n'accordait pas d'importance à la race, à la religion, à la couleur ou au genre. Seuls les êtres humains ont des *a priori*, les montagnes, elles, sont impartiales. *Elles ne vous jugent pas.* Lorsque des amis me confiaient traverser une crise émotionnelle, je les emmenais grimper. Les montagnes offrent la meilleure thérapie du monde. La vie semble tellement plus simple lorsqu'une corde ou une paire de crampons vous relient à la nature.

J'avalai donc ma fierté, et consultai Suchi.

« J'ai tout donné pour réaliser ce rêve, dis-je. Sans ce projet, je ne serais pas le même homme. Dans le pire des cas, si je ne gravissais pas les quatorze 8000, je pourrais toujours travailler pour Elite Himalayan Adventures. Tout est surmontable. Je pense que si on perd tous nos biens, et qu'on doit repartir de zéro, on s'en sortira quand même. »

Je lui en avais fait voir des vertes et des pas mûres : j'avais mené une vie dangereuse en combattant pendant des années à l'étranger, puis décidé de quitter prématurément l'armée, renonçant à une retraite substantielle dans le seul but de gravir des montagnes ; c'était gonflé. Mais je n'avais pas le choix. Utiliser notre maison comme garantie pour obtenir un prêt important, c'était la seule solution pour avancer.

Elle m'a regardé d'un air sévère. « OK, Nims. J'espère seulement que tu ne te trompes pas. »

Cela me rassurait de savoir que Suchi croyait toujours en moi et en *Project Possible*. Elle était persuadée que je réussirais une fois le projet lancé, mais elle ne me cacha pas que c'était le volet financier qui la tracassait. Je savais depuis le début qu'elle avait une force intérieure hors du commun, en tant qu'épouse mais aussi en tant que femme. J'étais infiniment reconnaissant : elle acceptait de tout risquer pour que mon rêve se réalise.

Étrangement, le sacrifice était pour moi bien moins perturbant. Toute ma carrière, j'avais vécu au bord d'un gouffre émotionnel. Oui, je pouvais risquer de perdre la maison, car je savais gérer cette forme de souffrance psychologique. Et puis, je m'étais toujours dit que, au pire, je trouverais un autre moyen de gagner ma vie. Je n'avais pas peur de me confronter à l'incertitude ; pour Suchi, l'enjeu était tout autre. Mais elle était disposée à faire ce pari.

Ce fut un grand soulagement.

◆

Par moments, pendant la collecte de fonds, je fus sur le point de perdre pied.

Un après-midi de février, un mois à peine avant le début de *Project Possible*, je revenais de Poole par l'autoroute M3 et regagnais mon domicile après une énième semaine chaotique de réunions interminables, de voyages en train et de coups de fil infructueux. Mon esprit embrumé débordait de chiffres, de factures et de contrats. Le prêt adossé à l'hypothèque, d'un montant de 65 000 livres, avait été versé. J'en gardai une partie en liquide pour régler les factures de la maison lorsque je partirais grimper ou travailler comme guide en 2019. Le reste était injecté dans *Project Possible.* Nous avancions doucement : réservation de billets d'avion, obtention des permis, et achat de l'équipement et des fournitures nécessaires pour lancer la mission.

Mais j'étais toujours stressé. L'absence de soutien en dehors de mon cercle de connaissances me pesait. *Pourquoi personne ne me soutenait ?* Le poids des traditions népalaises était lourd à porter – autant qu'un sac Bergen chargé de briques. *Qu'adviendrait-il de mes parents si j'échouais ?* Les yeux rivés sur les clignotants et les feux de stop des véhicules devant moi, je craquai et fondis en larmes.

Putain, Nims, pourquoi tu t'imposes ça ? À toi et tes proches ?

Je m'arrêtai sur une aire de repos pour réfléchir, et envisageai ce qui adviendrait si, en effet, *je réalisais l'inconcevable.*

Premièrement, *Project Possible* dépassait mes ambitions personnelles. Il n'en avait jamais été autrement, même si je portais toute la pression sur mes épaules. Le travail acharné, le désir de réussite – sans parler des retombées –, c'était mon lot, indéniablement. Mais je devais garder mes objectifs en tête : montrer à l'humanité ce qu'un individu peut faire lorsqu'il se donne corps et âme pour atteindre une cible apparemment intouchable. Ce n'était pas une mince affaire. Il fallait aussi redonner ses lettres de noblesse à la communauté des grimpeurs népalais qui étaient les meilleurs au monde, comme ils l'avaient montré en de multiples occasions au XXe siècle. De plus, ce serait l'occasion d'évoquer le changement climatique. Enfin, j'étais un putain de soldat des forces spéciales. Je voulais valoriser l'image de l'opérateur du SBS membre d'une troupe d'élite, que ce soit au combat ou ailleurs.

Deuxièmement, *Project Possible* n'a *jamais* été un projet exclusivement personnel.

J'ai séché mes larmes.

Allons au bout de cette satanée mission.

Je l'avais appris à la guerre : tout nouvel obstacle doit être analysé et surmonté, tout nouvel ennemi, identifié et vaincu. Je devais m'adapter, et survivre dans ce nouvel environnement, comme je l'avais fait lors des sélections militaires, au combat, et pendant l'ascension du toit du monde. Revigoré, j'ai poursuivi mes efforts pendant quelques semaines, encaissant les refus de plusieurs soutiens potentiels, mais sans jamais perdre l'espoir de rallier à ma cause ceux qui n'y voyaient pas un projet prometteur.

Encore et encore des refus. *Pourquoi devrions-nous engager des sommes dans un projet voué à l'échec ?*

D'autres craignaient de m'envoyer au casse-pipe. *Si nous finançons l'impossible et que Nims meurt, serons-nous responsables ?* C'était démoralisant, mais cela me motivait d'autant plus. Dès le début de la mission, je leur montrerai à tous – en actes, et non en paroles – qu'ils avaient tort.

Heureusement, tout le monde n'était pas aussi pessimiste. J'appris qu'au Royaume-Uni, des membres de la communauté népalaise et un groupe d'anciens combattants Gurkhas avaient lancé une campagne de collecte de fonds pour *Project Possible*. Des retraités et des vétérans donnaient 5, 10 ou 20 livres ; ces gestes me touchèrent infiniment. Alors que le compte à rebours de ma première ascension allait commencer, j'avais amassé environ 115 000 livres, provenant de sources diverses. Cette somme couvrait à peine la Phase Un, mais je comptais bien attirer l'attention des mécènes à chaque sommet gravi. Lorsque les sponsors, les médias et la communauté montagnarde auraient vent de mes succès, les sceptiques seraient battus en brèche, et l'argent ne manquerait pas d'affluer.

Grâce à cette confiance en moi et cette dynamique, je me suis lancé dans l'opération la plus ambitieuse de ma vie.

9
Le respect, ça se mérite

Nombreuses étaient les raisons de ne pas commencer par l'Annapurna, la dixième montagne la plus haute du monde, et la plus meurtrière. Au début de l'année 2019, on comptabilisait une soixantaine de morts, soit environ 38 % des alpinistes qui avaient osé s'y frotter. Le danger principal venait de l'instabilité du massif: une vraie zone de guerre aux températures polaires; un dégueuloir d'avalanches ensevelissant sous un amas de neige, de roches et de blocs de glace, toute personne qui avait le malheur de se trouver au mauvais endroit au mauvais moment; un lacis de crevasses masquées où, après une glissade, beaucoup avaient péri à l'insu de leurs compagnons.

À cela s'ajoutait la météo capricieuse et extrême de cette région des Himalayas. En 2014, quarante-trois personnes, dont vingt et un trekkeurs, étaient mortes dans une tempête de neige. Depuis longtemps, on sait que lorsque de terribles orages s'abattent sur l'Annapurna, cette montagne, d'ordinaire difficile d'accès, se transforme en une forteresse imprenable.

Il était possible de commencer par une ascension moins difficile, mais l'Annapurna me permettait de tester les membres de l'expédition. Pour gravir un 8000, un himalayiste, même expérimenté, a derrière lui toute une équipe. Je voulais, pour chacune des quatorze ascensions, optimiser la taille du groupe qui se chargerait de poser les cordes fixes, puisque cette tâche nous incomberait souvent. Par exemple, lorsque nous serions la seule expédition sur place, il me faudrait l'appui de plusieurs types pour arriver à équiper la voie jusqu'au sommet. *A contrario*, sur une montagne que je connaissais bien, qui plus est tout équipée – comme c'était le cas de l'Everest –, un seul compagnon de cordée suffirait.

Connaître précisément les capacités de chacun était vital et urgent. Tous les gars que j'avais recrutés en 2018 étaient, il est vrai, des guides expérimentés, avec plusieurs 8000 à leur actif, mais enchaîner les quatorze sommets les plus hauts du monde était le défi du siècle. De par mon passé militaire, je savais qu'une personne ne révèle sa nature profonde qu'au contact d'une situation de vie ou de mort, et la plupart du temps au cours d'une fusillade. Même si une nouvelle recrue des Gurkhas ou des commandos des *Royal Marines* réussit la formation les doigts dans le nez, cela ne présage pas de sa réaction lors d'un échange de balles réelles ou lors d'un bombardement.

Pour gravir l'Annapurna, il fallait livrer une véritable bataille, et en particulier poser les cordes fixes, un travail titanesque où la mort nous attendait à chaque tournant. Le terrain de jeu idéal pour nous tester. La pression était d'autant plus forte pour le leader des équipeurs qu'il n'existait pas d'itinéraire facile jusqu'au sommet.

Je devais savoir sur qui compter en cas de pépin, et qui saurait garder la tête froide. Il était aussi important d'identifier les éventuels maillons faibles et les fragilités de chacun. Certains guides qui m'avaient rejoint, comme Mingma David, Lakpa Dendi Sherpa et Halung Dorchi Sherpa, étaient des amis ou des collaborateurs.

Mingma, dont j'avais fait la connaissance à Katmandou en 2014, peu après la tragédie survenue à la cascade de glace du Khumbu, était le neveu de Dorje Khatri. Des amis m'avaient vanté ses qualités d'alpiniste et m'avaient dit qu'il avait déjà gravi l'Everest, le Lhotse, le Makalu et le K2. Menu, cinquante-quatre kilos tout mouillé, il était tout en muscles. Chaque fois que nos chemins s'étaient croisés en expédition, il m'était toujours apparu comme le guide le plus fort que j'eusse jamais connu. Tout le monde savait qu'il avait participé à des opérations de sauvetage en haute altitude, comme au Dhaulagiri, au Makalu ou à l'Everest.

Depuis la conversation que nous avions eue en 2016 lors de ma première réussite à l'Everest, je savais que Mingma voudrait se joindre à moi. J'étais allé au sommet avec Pasang, tandis que Mingma aidait l'équipe d'*Everest Air* que j'avais rencontrée à l'aéroport de Lukla. Il nous avait observés tandis que nous arrivions au camp 4 d'un pas régulier. Malmenés par le vent violent comme tous les autres himalayistes ce jour-là, nous avions creusé un trou dans la neige pour nous abriter. Mingma et un autre sherpa avaient monté leur tente non loin de là et nous avaient fait signe de les rejoindre.

« Nimsdai, qu'est-ce que tu fais là ? Il paraît que tu as un OPHA ? »

En népalais, *dai* signifie « frère ».

« C'est vrai, ça n'allait pas du tout, mais je me suis botté le cul, répondis-je en rigolant. Fallait juste que je me repose un peu. Maintenant c'est bon, j'y vais. »

J'observais leurs visages incrédules dans la lumière tombante. Mingma hésitait : soit j'étais courageux, soit j'étais animé d'une pulsion morbide.

Il ouvrit enfin la bouche : « Tu sais, Nims, notre boulot, c'est d'aider les gens à faire le sommet. N'importe qui. Sur n'importe quelle montagne. Ton sherpa n'a aucune expérience », dit-il en montrant Pasang du doigt.

Et alors… ?

« Nimsdai, je te suis. Je peux t'aider. »

J'étais tiraillé. À cause de mon problème d'œdème pulmonaire, faire le sommet en solitaire, c'était cuit ; j'avais besoin de l'aide de Pasang. Et je ne voulais pas devenir une charge pour les expéditions présentes. J'avais peur que mes poumons ne me lâchent à nouveau, et j'appréhendais de devoir être secouru dans la partie supérieure de la montagne. Néanmoins, je ne pouvais écarter d'un revers de main la proposition de Mingma. Avec humilité, je m'installai dans leur tente, attendant que le vent se calme suffisamment pour nous remettre à grimper. Mingma avait la réputation d'être dans le milieu de l'himalayisme l'équivalent d'un opérateur d'élite dans l'armée. *Et il voulait qu'on travaille ensemble ?*

Bien qu'épaté par son geste, je déclinai son offre et partis à l'Everest avec Pasang. J'avais compris cependant que Mingma était exactement le type d'individu avec qui j'aimerais faire équipe à l'avenir : un être solide et intrépide.

Il avait aussi de nombreuses relations, dont Gesman Tamang – un alpiniste très fort mais ayant peu séjourné dans la zone de la mort –, qu'il voulait faire entrer dans la famille de *Project Possible.* À l'instar de Mingma, il avait gravi l'Everest, le Lhotse et le Makalu, mais moins de fois que lui ; il avait également fait des stages de secours aux victimes d'avalanches et de sauvetage en très haute altitude.

« Il est super, c'est une vraie bête, m'assura Mingma lorsqu'il me parla de Gesman. Il a suivi les bonnes formations. Tu peux lui faire confiance. »

Son CV n'avait vraiment rien d'exceptionnel, mais on pouvait croire Mingma sur parole. La force physique n'était pas la seule qualité de Mingma et de Gesman. C'étaient des individus enthousiastes. Or j'avais décidé que tout élément de cette mission devait être optimiste de nature. Je voulais des passionnés, pas des gens qui grimpent pour l'argent ou la gloire – même s'il y avait un bon salaire à la clé. Par-dessus tout, il fallait qu'ils soient fiers de la communauté des guides népalais.

Project Possible était un moyen d'attirer l'attention des médias sur les sherpas. Leur travail héroïque et leur rôle dans l'industrie de l'himalayisme étaient passés sous silence depuis trop longtemps. Ils constituaient pourtant la force vive permettant aux expéditions de réussir sur les 8000. Le travail de bourrin nécessaire à ces aventures impossibles reposait entièrement sur les épaules d'un réseau de porteurs. Qui donc pose les cordes fixes à l'Everest ? Pendant que les clients progressent à leur gré, qui donc achemine les provisions et le matériel lourd sur des kilomètres ?

Ils exécutent également des tâches plus spécialisées. À l'Everest par exemple, il existe une unité de sherpas dénommée « *Ice Doctors* » chargée de poser les échelles et les mains courantes qui permettent de traverser les centaines de crevasses de la cascade de glace du Khumbu. S'il est vrai qu'en général, ils sont rémunérés, le salaire de ces types ne représente qu'un maigre pourcentage du coût total d'une expédition, alors que sa réussite, ainsi que la survie des alpinistes les moins expérimentés reposent exclusivement sur eux. Depuis des années, les sherpas rendent possible ce qui ne l'était pas et pourtant, on ne leur rend que rarement hommage.

Cet état de fait, *la politique de l'himalayisme*, me mettait hors de moi. Lorsque j'ai commencé à collectionner les 8000, j'admirais les grands himalayistes dont les exploits étaient relatés sur les sites Internet et dans les magazines de montagne. J'y cherchais les noms des types qui avaient porté assistance à l'expédition. Après tout, ce sont eux les *vrais héros :* ce sont eux qui portent le plus et posent la majorité des cordes fixes. Ils travaillent plus que tous, mais leurs noms ne sont jamais cités.

Ce manque de respect me débectait, et même si les sherpas sont rétribués, leur travail reste très dangereux. Avec *Project Possible*, je voulais mettre en avant les compétences des alpinistes népalais et pour ce faire, il fallait que mon équipe partage ma philosophie. Je n'avais pas besoin de moutons ni de disciples. J'avais besoin de visionnaires.

Il était important cependant de conserver une certaine hiérarchie entre nous. Dès le début, j'ai été clair : c'était à moi qu'il incomberait de gérer les hommes, prendre les décisions dans le feu de l'action, en puisant dans les compétences que j'avais acquises en tant qu'instructeur militaire et expert grand froid. Certains de ces savoir-faire et de ces procédures pouvaient être mis à profit dans *Project Possible*. Dans un commando, chaque élément a sa spécialité. Mon but ici était de constituer une équipe d'alpinistes possédant la même dynamique. Certes, j'étais le leader, mais les autres opéreraient en tant que grimpeurs d'élite, chacun d'entre eux possédant une expertise spécifique qui les rendait autonomes en cas d'accident grave.

Grâce à une cohésion de groupe poussée à l'extrême, mon but était de foncer vers les sommets des quatorze 8000, quelles que fussent l'épaisseur de neige et les conditions météo. Je voulais qu'on devienne l'élite – *qu'on nous considère comme les forces spéciales de la haute altitude* – pour que le respect ainsi gagné se répercute sur toute la communauté sherpa.

À bien des égards, l'expédition à l'Annapurna était comparable au parcours de sélection des forces spéciales britanniques. Les opérateurs de *Project Possible* devaient être forts, compétents, et dans une posture émotionnelle positive. Ils avaient tous déjà montré qu'ils en avaient dans le ventre, mais notre première ascension cumulerait à elle seule les différentes étapes de ce recrutement militaire.

Je cherchais aussi la complémentarité entre les individus et prévoyais de diviser le groupe en deux. L'équipe principale serait composée de Mingma, Gesman, Geljen Sherpa et Lakpa Dendi Sherpa, tandis que Sonam Sherpa, Halung Dorchi

Sherpa, Ramesh Gurung, et Kasang Sherpa, le frère de Mingma, feraient partie de l'équipe de soutien, prête à intervenir en cas de besoin. Dawa Sherpa, un ancien collègue, serait chargé de contrôler le bon déroulement du projet.

Ce dispositif me convenait ; chaque participant avait une personnalité bien marquée. Geljen Sherpa, recruté initialement pour fixer les cordes à l'Annapurna, proposa de nous accompagner jusqu'au bout. J'aimais bien le bonhomme. Danseur endiablé, toujours de bonne humeur et le sourire aux lèvres, il rayonnait d'un enthousiasme imperturbable. Rien ne semblait l'atteindre ni le contrarier. Au camp de base de l'Annapurna, tandis que nous nous organisions pour le Dhaulagiri, j'ai senti qu'on avait la même mentalité. L'équipe travaillait dur et se donnait à fond ; personne ne bronchait au moment de donner un coup de collier, comme c'est souvent le cas en montagne.

Chaque fois que j'ajustais notre tactique, on me répondait : « OK. Ça marche. » On étudiait chaque idée nouvelle et aucune n'était écartée d'un revers de main, comme si plus personne ne savait dire « non ». Cette attitude positive reposait sur notre esprit d'équipe et sur le fait que tous avaient entendu parler de mes réalisations à l'Everest, au Lhotse et au Makalu. Ils me respectaient et j'étais en passe de leur rendre la pareille. C'était exactement la disposition psychologique qu'il nous fallait pour réussir la Phase Un.

Dans l'équipe de soutien, Sonam Sherpa avait été chargé de la logistique de chacun des assauts sommitaux. Il s'occuperait aussi de nos clients lors des expéditions « commerciales » où des guides conduiraient des alpinistes expérimentés au sommet – comme à l'Annapurna, au Nanga Parbat en juillet et au Manaslu en septembre. Sonam nous aiderait aussi à poser les cordes fixes puis, resté à l'arrière, il relayerait les échanges radio des camps supérieurs ; il assurerait ainsi le bon déroulement de l'expédition du camp de base au sommet.

En cas de perturbation météo, Sonam serait le premier maillon de notre système d'alerte. Si la mission tournait mal, il était responsable de l'organisation des secours, dont le déclenchement de l'intervention des hélicoptères. Avec lui dans l'équipe de soutien et d'appui, se trouvait Lakpa Dendi Sherpa, un grimpeur qui m'avait prêté main-forte pour l'équipement lors de la G200E en 2017. Nous avions acheminé vingt-quatre kilomètres de corde jusqu'au sommet de l'Everest le jour J. Ce type était capable de soulever une montagne à lui tout seul.

Les deux unités étaient fortes et expérimentées, mais la clé de la réussite tenait dans la bonne gestion de leurs savoir-faire respectifs. Si nous avions tous déjà gravi des 8000, aucun de nous n'était allé aux Gasherbrums I et II, au K2, ni au Broad Peak – à cette époque, je n'avais gravi que quatre des géants himalayens. Y parvenir était le moyen, pour chacun de mes hommes, d'augmenter son expérience et sa notoriété : ils deviendraient des guides de choix pour les expéditions sur les montagnes les plus hautes du monde.

Pour mener un groupe d'individus si déterminés, les compétences en gestion d'équipe acquises durant ma formation militaire seraient d'une grande utilité, au même titre que les enseignements que j'avais tirés des dysfonctionnements de la G200E. Il n'était pas question d'abandonner qui que ce fut à la dernière minute. Préserver le moral des troupes était crucial, surtout en conditions de survie.

Même si cela relevait d'un travail d'équilibriste, je comptais créer notre structure opérationnelle de A à Z. Lors de l'ascension de montagnes qui ne nous étaient par familières, comme le Kangchenjunga, ni l'expérience de Mingma et Gesman, ni la mienne, ne seraient suffisantes, ce qui pouvait déstabiliser toute l'équipe. En revanche, notre déontologie – fondée sur le désir et l'ambition – et notre camaraderie nous permettraient de faire le sommet et d'en revenir. Il était aussi évident que pour mener mes hommes avec passion, il me fallait être plus fort qu'eux – toute proportion gardée.

Lors d'expéditions précédentes, j'avais démontré ma puissance en faisant la trace à un bon rythme, jusqu'à ne plus voir les autres grimpeurs derrière moi. Cette attitude avait deux effets délétères : (1) bien souvent, je devais attendre mes compagnons une à deux heures dans un froid polaire ; (2) mes échappées mettaient le moral des autres à zéro. Imaginez-vous courir un marathon aux côtés d'un grand athlète. Le voir vous distancer à vitesse grand V est quelque peu décourageant. Si au contraire, il reste en vue et ne prend qu'un peu d'avance, sa présence produit une sorte d'émulation et vous pousse à courir un peu plus vite qu'à votre habitude. Il tire ainsi tout le monde vers le haut.

J'avais l'intention de faire la même chose : accélérer à certains moments pour stimuler l'équipe, mais parfois lever le pied pour leur permettre de me rattraper. Avec un peu de chance, nous arriverions tous au sommet en même temps.

Si, à la fin de 2019, tous pouvaient dire fièrement qu'ils avaient participé à la réussite de *Project Possible*, alors j'aurais pleinement accompli ma mission.

◆

J'arrivai au camp de base de l'Annapurna le 28 mars 2019. Les sceptiques étaient nombreux. Affairé à me préparer depuis notre poste avancé au pied de cette montagne, la plus dangereuse de la Terre, je percevais le même ton méprisant chez tous mes interlocuteurs. Une expédition de grimpeurs de haut vol était arrivée avec son équipe de guides expérimentés. Certains avaient entendu parler de *Project Possible* et de mon intention de gravir les quatorze 8000 en moins de sept mois ; les autres furent vite mis au jus. Mes messages sur les réseaux sociaux les faisaient marrer. Il était facile de deviner leurs pensées. *OK, Mister Balèze. Tu as fait des sommets impressionnants, mais les quatorze 8000, c'est une autre paire de manches.*

Je me préservai de toute remarque désobligeante, n'y voyant rien de plus qu'un élément perturbateur.

La communauté montagnarde avait probablement sous-estimé ma détermination à réaliser l'impossible ; en même temps, je comprenais que cela puisse paraître surréaliste. Kim Chang-ho avait mis presque huit ans pour réussir cette entreprise. À titre de comparaison, c'est comme si ma mission était de battre le record du marathonien Eliud Kipchoge de 2018, soit deux heures, une minute et trente-neuf secondes ; pas en grattant une seconde ou deux sur ce chrono déjà incroyable, mais en pulvérisant les quelque quarante-trois kilomètres en dix minutes.

Pour de nombreux alpinistes, *Project Possible* était probablement le fruit de l'imagination d'un fou furieux. On m'avait accusé d'être dans la surenchère : pourquoi faire autant de bruit autour de ma mission alors que je pouvais la mener à bien en toute discrétion, sans attirer l'attention de la planète entière[12] ? Heureusement, j'avais aussi des supporters qui, de temps à autre, m'envoyaient des messages sur Instagram, ou avec qui je pouvais discuter sur les réseaux.

J'avais besoin de toute l'énergie positive qui s'offrait à moi.

Un jour ou deux avant de commencer à équiper l'itinéraire de notre première ascension, une *puja* fut organisée. Il s'agit d'une cérémonie népalaise placée sous l'égide d'un lama – un chef spirituel – au cours de laquelle on vénère les dieux des montagnes. On brûle du genièvre et on lance du riz ; un mât de drapeaux de prières est dressé dans l'espoir que les dieux nous laissent passer en sécurité et nous épargnent les affres d'une avalanche ou d'une chute en crevasse.

Je croyais en la puissance de la prière sans pour autant vénérer un dieu unique. J'aimais établir un rapport profond avec la nature, en solitaire ; une fois la *puja* terminée, je m'éloignai du groupe

12 Accomplir cette mission en passant sous les radars avait de nombreux attraits. Le problème, c'est que financièrement je partais de zéro. Le sponsoring était un moyen d'obtenir de l'argent. Et pour attirer les sponsors, il fallait que je me mette en scène, avant, pendant et après les ascensions.

pour contempler le sommet de l'Annapurna. Le ciel était d'un bleu éclatant ; d'épais nuages s'accrochaient aux reliefs d'altitude. J'étais en communion directe avec le mur de roche et de glace qui se dressait devant moi. En un sens, je demandais à la montagne la permission de m'y aventurer.

Bon. Je peux y aller ou pas ?

Après l'avoir longuement observée, je sentis qu'il y avait de l'espoir.

La seule chose qui m'inquiétait à ce moment précis, c'était mon manque de préparation physique. Au cours de l'année écoulée, après mon départ de l'armée, j'avais enchaîné un nombre faramineux de réunions et de démarches pour trouver des financements. Je n'avais pas eu le temps de soumettre mon corps au régime auquel j'avais été habitué en service, même si j'avais encore une bonne condition physique. Au combat ou de retour de mission, un opérateur d'élite a toujours de nombreuses occasions de faire de l'exercice ; ainsi, que ce soit à l'entraînement ou sur le champ de bataille, ma résistance grandissait de jour en jour. Mais dans la vie civile, mes priorités étaient d'organiser la logistique de *Project Possible* et de faire le guide de temps en temps. Je n'étais pas aussi affûté que lors de mes précédentes ascensions.

Toutes les occasions de me préparer pour *Project Possible* étaient bonnes. Au village de Dana, en chemin vers le camp de base de l'Annapurna, je portais de gros rochers ou faisais des séries d'exercices de conditionnement à l'effort, avant de courir vingt kilomètres. C'était loin d'être idéal, mais c'était ma première séance d'entraînement en quatre mois ; et lorsqu'on commencerait à poser les cordes fixes, je savais que je serais encore plus fort.

Il le fallait. L'itinéraire que nous avions choisi était périlleux : il s'agissait de la voie ouverte par l'alpiniste français Maurice Herzog en 1950 dans l'impressionnante face nord de l'Annapurna. Une fois la décision prise par l'équipe qui posait les cordes fixes de s'engager dans l'ascension le 2 avril, nous partîmes confiants, Mingma, Geljen, quelques guides sherpas d'autres expéditions et moi, pressés de venir à bout de la première étape de notre mission : équiper la montagne jusqu'au camp 2.

La montée fut impitoyable. Un sentier nous mena d'abord à un pierrier couvert de neige qui, pour un alpiniste, ne présentait pas de difficulté ; mais au-delà, ça se gâtait. Le terrain était balafré de profondes crevasses dont certaines étaient bien visibles et d'autres dissimulées sous une épaisse couche de neige : un pas de travers et c'était la chute mortelle. Il était donc essentiel de s'encorder : si l'un d'entre nous passait à travers un pont de neige, les membres de la cordée, d'un commun effort, enrayeraient certainement sa chute grâce à leur poids.

Très rapidement, nous nous trouvâmes bien au-dessus du camp de base, mais le temps avait tourné. Tandis que nous construisions les relais et fixions les cordes, un vent violent se déchaînait autour de nous, créant des accumulations de neige qui nous arrivaient à la taille. Accomplir notre mission devint une corvée. Mais en tant que responsable, il me revenait d'être le moteur du groupe. Je montais haut les jambes pour piétiner violemment la neige et permettre aux autres de suivre, tout en tendant l'oreille au moindre signe avant-coureur d'une avalanche – même si, dans ce cas, je n'aurais pas pu changer de cap. À chaque pas, je me répétais que j'étais fort, que j'arriverais sans aucun doute au sommet, mais que les avalanches, incontrôlables, étaient du ressort du divin. Impossible d'anticiper.

La neige crissait sous mes pieds et l'air glacial, pauvre en oxygène, me brûlait les poumons. Je grimpais, doucement mais sûrement.

10
La normalité de l'extrême

Après des heures de bavante à faire la trace sur des kilomètres dans une neige qui nous arrivait au genou, l'équipe de *Project Possible* parvint au camp 2. Nous avions contourné plusieurs crevasses et négocié des passages délicats sur des piliers et des arêtes escarpées. Putain! Ce fut une sacrée bambée mais, grâce aux cordes en place, nous étions fin prêts pour l'assaut sommital – *au moment opportun*. Malgré la fatigue extrême et le travail considérable qu'il restait à accomplir, le moral était au beau fixe: les vents ayant faibli, la montagne semblait soudain beaucoup moins hostile. Le soleil baissait vers l'horizon, et tandis qu'une bonne odeur de poulet sauté au riz se répandait dans le camp, l'atmosphère était à la danse et aux rires.

Puis, soudain, il y eut un craquement, comme un coup de tonnerre. Ça venait d'au-dessus.

Oh non…

Une décharge d'adrénaline bien familière me secoua: un stimulus sensoriel poussant à l'action dont je n'avais fait l'expérience qu'au contact ou lors de l'explosion d'une EEI, sauf que, cette fois-ci, l'adversaire était monstrueux, et potentiellement plus destructeur. *Une avalanche!* Elle était énorme. Un immense bloc s'était détaché de la face nord de l'Annapurna provoquant une coulée blanche : elle balaya la paroi à toute vitesse. Pendant une fraction de seconde, je restai tétanisé, incapable de réagir face à la magnitude du phénomène qui court-circuitait mon système nerveux. Tout ce qui se trouvait sur le chemin de l'avalanche serait anéanti. *Or nous étions en plein dans l'axe.* Il n'y avait aucune échappatoire possible.

Barrez-vous!

Je cherchais du regard un endroit où me mettre à l'abri quand je me rendis compte que Mingma et Sonam étaient eux aussi paralysés par la peur. La scène ressemblait à celles filmées par les vidéos de surveillance lors d'un tsunami ; les passants, hypnotisés par le raz-de-marée qui déferle sur eux, ne pensent même pas à s'enfuir. Le temps que leur mécanisme de survie – le combat ou la fuite – se déclenche, c'est en général trop tard ; ils n'ont plus le temps de détaler. Un destin tout aussi terrifiant nous attendait.

« Putain, on va être emportés ! criai-je. Tous aux abris ! »

Lors d'une avalanche, on m'a souvent dit que la meilleure parade, c'est de chercher un endroit pour se protéger, et qu'une toile de tente, aussi fine soit-elle, fait l'affaire. *Bon, c'était toujours mieux que rien.* D'instinct, je courus vers la tente la plus proche. Je m'y engouffrai, Sonam et Mingma sur mes talons, qui remontaient déjà la fermeture Éclair. Blottis les uns contre les autres, épaule contre épaule, nous attendions l'impact ; le grondement de l'avalanche s'intensifia et le sol trembla sous nos pieds. Il y avait peu d'espoir d'échapper à ce cataclysme. Pressentant qu'à peine ensevelis, nous devrions sans tarder nous extraire de notre tanière, je hurlai les consignes :

« Mingma, sors ton couteau. Sonam, tiens-toi contre l'arceau, prêt à encaisser le choc. »

Mais Sonam était anéanti. Il grommelait une prière aux divinités de la montagne. Je fus pris d'une nouvelle vague de peur. *Putain, ça pue vraiment !*

Pourvu que ta prière soit exaucée, Sonam, pensai-je sans trop y croire. Et juste à ce moment-là, à vitesse maximale, Dieu sait combien de neige nous tomba sur la tête, martelant et déchirant la tente. Pendant quelques secondes, la toile et les arceaux en fibre de verre résistèrent aux secousses et aux torsions violentes. Je m'attendais à ce que nous soyons emportés dans un roulé-boulé général, lorsque, contre toute attente, tout s'immobilisa. Il y eut un silence. Puis, je perçus des halètements de panique. On l'avait échappé belle.

« Ça va, Sonam ? » lui demandai-je, en le secouant doucement.

De la tête, il fit signe que oui puis marmonna quelques remerciements à l'intention du dieu bienveillant qui avait consenti à épargner nos vies. Autour de nous, la montagne était étrangement calme. Lorsque je sortis de la tente pour voir les dégâts, je constatai qu'on avait eu de la chance. Seule l'extrémité de cette coulée destructrice nous avait atteints. Personne n'était blessé, le matériel avait été épargné, mais les sherpas qui étaient au camp 2 n'étaient plus d'humeur à nous aider à équiper la voie sur l'Annapurna. Selon eux, la *puja* célébrée au début de l'expédition n'avait pas porté ses fruits : les dieux étaient mécontents.

À la lumière des derniers rayons de soleil, les sherpas, apeurés, cheminèrent d'un pas lourd vers le camp de base ; cela contrariait passablement notre objectif de fixer les cordes jusqu'aux camps 3 et 4, mais nous étions sains et saufs. Dans la pénombre, je passai au crible les itinéraires possibles ; la voie ouverte par Herzog me semblait trop risquée. Si l'un de nous glissait ou si le manteau neigeux s'affaissait, toute l'équipe pouvait y rester.

Les gens vont me tomber dessus si ça se passe mal le jour du sommet, ou au retour… Il faut absolument que je trouve un plan B.

Je scrutai l'Annapurna et me posai de nouveau la question.

Bon, j'en suis capable, ou pas ?

Puis je rejoignis les autres pour dîner, espérant qu'à l'avenir, la montagne fût un peu plus clémente.

◆

Je me réveillai à l'aube. La nuit avait porté conseil.

Souhaitant rapporter des témoignages de chacune de mes ascensions, j'avais alourdi notre barda déjà bien conséquent de matériel audiovisuel. J'envisageais de rester derrière l'objectif pour filmer mes camarades tout en grimpant, et lorsque ce serait impossible, je demanderais à l'un d'eux de me filmer moi. Bien que dépourvu de compétences cinématographiques, j'étais persuadé que je pourrais filmer une infinité de séquences époustouflantes. J'espérais ainsi montrer au monde entier comment se déroulaient mes expéditions – dans un documentaire ou lors de conférences. Je souhaitais surtout faire taire les détracteurs qui ne manqueraient pas de se manifester à l'issue des ascensions. Lorsqu'on s'engage dans une entreprise telle que *Project Possible*, en l'absence de preuves audiovisuelles, les *trolls* ont vite fait de dénigrer les performances.

Le sujet reste délicat. Certaines personnes pensent encore que les alunissages de 1969 sont bidon ; Internet pullule de prétendus « faits » et de théories conspirationnistes. Pour ne pas être accusé d'avoir falsifié ou exagéré mes exploits, j'envisageais de revenir avec autant d'enregistrements vidéo que possible. Deux copains – Sagar et Alit Gurung – devaient se charger de l'édition et du référencement sur les réseaux sociaux. Ils avaient une telle foi en *Project Possible* qu'ils avaient démissionné de leur travail au Royaume-Uni pour rejoindre le groupe.

Lorsque j'avais cherché à réunir des fonds, j'avais contacté plusieurs sociétés de production pour leur vendre les droits cinématographiques. L'idée me titillait d'inviter une équipe de tournage à se joindre à moi pendant toute la mission, mais personne ne fut emballé. Bien au contraire. Était-ce le sentiment général ? *Cet individu n'a même pas de quoi financer son projet. Il n'en viendra jamais à bout. Pourquoi donc financer son film ?* À l'instar de ce qui s'était passé les mois éprouvants avant l'ascension de l'Annapurna, je constatai que les gens avaient du mal à croire que tout ça était humainement possible.

« Eh bien ! Si ça n'intéresse personne, je m'en chargerai moi-même. »

La veille de quitter le camp de base, j'avais distribué des GoPro à toute l'équipe. En réserve, j'avais aussi un caméscope de poing. Mais le truc le plus excitant que j'avais apporté, c'était un drone ;

je l'avais essayé chez moi et son potentiel tactique m'avait complètement bluffé. Ce serait idéal pour les séquences de grimpe et pour immortaliser la majesté du paysage – on aurait l'air de fourmis perdues au milieu de ces étendues de rochers et de glace. Mais c'était surtout un outil de reconnaissance très pratique ; l'idée me vint de l'utiliser alors que nous cherchions notre itinéraire sur ce terrain dévasté par les avalanches.

Sur le champ de bataille, les drones de l'armée britannique faisaient partie de l'intelligence tactique. De la même manière, je ferais voler l'engin au-dessus de l'Annapurna pour repérer le passage le plus sûr jusqu'au camp 3. Avec Mingma et Sonam, nous fîmes voler l'appareil à l'aplomb de plusieurs arêtes verglacées, et l'analyse des clichés sur nos téléphones nous permit d'identifier un nouvel itinéraire. *Et là, miracle !*

Un long fil bien raide, d'une blancheur éclatante, courait sur une centaine de mètres, juste au-dessus de nous. De loin, on aurait dit un nez anguleux. C'était le célèbre éperon des Hollandais, une lame de glace et de neige poudreuse, gravie en 1977 par une équipe néerlandaise accompagnée de neuf sherpas. Depuis, très peu s'y étaient risqués car la section était scabreuse, mais l'arête sommitale était suffisamment large pour passer.

La difficulté principale était l'exposition du grimpeur de tête. S'il glissait, rien dans cette paroi rocheuse, compacte et verglacée, ne pourrait arrêter sa chute et son calvaire jusqu'au pied de la montagne.

C'était loin d'être le seul danger objectif. Les prises de vue du drone montraient qu'avant d'atteindre l'éperon des Hollandais, il nous faudrait faire la trace dans un dangereux champ de neige – *encore un dégueuloir d'avalanches*... En revanche, sur le fil, nous serions protégés des chutes de séracs des sections supérieures ; l'éperon des Hollandais semblait si étroit et si raide que toute projection de glace serait déviée de part et d'autre de l'arête, sans nous atteindre. Le seul souci était la difficulté technique du passage.

Ce soir-là, je revins tard au camp de base, et annonçai mon plan aux expéditions qui attendaient notre retour, on me répondit que l'éperon des Hollandais était une zone interdite. Un guide sherpa chevronné spécialiste de l'Annapurna écarta ma proposition : « Cela fait des années que personne n'a fait cette voie. C'est trop dur », dit-il.

Sa réaction me mit légèrement mal à l'aise.

« Putain, peut-être que je prends trop de risques ? Mais ai-je vraiment le choix ? » pensai-je.

L'entraînement militaire avait développé ma capacité à positiver, et dans les situations délicates, j'étais le seul à trouver des solutions créatives sans pleurnicher ni me chercher de fausses excuses. J'étudiai donc de nouveau les prises de vue de l'éperon des Hollandais, puis décidai de mettre mon plan à exécution sans tenir compte de leurs avis. « Et puis merde. » Après tout, je ne forçais personne à me suivre. En tant que leader des équipeurs, je leur faisais simplement une proposition qu'ils étaient libres d'accepter, ou pas. Quelques jours plus tard, Geljen et moi atteignîmes péniblement l'arête. Mes jambes flageolaient tandis que nous creusions la glace pour installer les cordes. J'en vins à me demander si mon ami sherpa n'avait pas raison.

Après une journée de travail acharné sur l'éperon des Hollandais, je me suis retrouvé coincé entre les camps 2 et 3 à la tombée de la nuit. Progresser dans l'obscurité sur un terrain aussi instable était risqué. Mais descendre se reposer au camp 2 ne nous avancerait à rien ; le lendemain, il nous faudrait avaler ce dénivelé de nouveau, sans avoir progressé d'un iota. Si nous voulions aller au sommet, il fallait dormir sur place. Nous avons donc monté la tente sur le fil de l'éperon, au bord du précipice, en prenant soin de l'amarrer à une trentaine de points. Si durant la nuit, l'un de nous avait le malheur de se retourner, il plongerait vers une mort certaine.

Mais ce n'était pas ce qui nous préoccupait le plus. Ce matin-là, en partant pour le camp 3, j'avais pensé faire l'aller-retour en un seul *push*. Il ne nous avait pas paru utile de se trimballer le matériel de bivouac, c'est-à-dire les sacs de couchage et les repas. Nous avions préféré partir légers, sans réchaud Jetboil et sans nourriture. Aucune rotation de ravitaillement n'était prévue avant le lendemain. Perchés sur le fil de l'éperon des Hollandais, nous ne tardâmes pas à crever de froid. Nous étions affamés et très déshydratés : *Project Possible* était en péril.

Si nous n'arrivions pas au camp 3, la mission risquait d'être annulée. Sans progrès rapide, nous serions pris au piège, à tourner en rond des jours durant, à monter sur l'éperon, puis redescendre au camp 2, jusqu'à épuisement. De par mon statut, et par fierté – pour les Gurkhas et pour l'élite militaire britannique –, je ne me voyais pas m'embarquer là-dedans. Je refusais de ternir leur réputation en rebroussant chemin ou en perdant la face.

Je passai un appel radio et demandai de l'aide à tous ceux qui étaient présents sur la montagne.

« Bon, les mecs, on ne peut pas faire un mètre de plus, dis-je. Si on redescend au camp 2 maintenant, on sera incapables de remonter, et on ne fera pas le sommet ; donc je vais rester ici pour avancer. Mais… on n'a plus de bouffe. Quelqu'un peut monter un réchaud et des nouilles chinoises ? »

Mes appels restèrent lettre morte. Mais je n'étais pas encore d'humeur à battre en retraite. En outre, à la guerre, j'avais l'habitude de vivre à la rude, le ventre vide et avec très peu d'eau.

« On tiendra bon », dis-je à Geljen, avec un air de défi.

Nous prîmes nos marques dans cet environnement peu accueillant, craignant qu'une forte rafale de vent n'arrache notre tente de l'arête. Soudain, la radio se mit à crépiter. Au milieu des grésillements, une voix se fit entendre.

« Nimsdai, si personne ne vous monte de la nourriture et de l'eau du camp 2, je t'en apporterai du camp de base. »

Qui parle ?

« C'est Gesman. »

Gesman ??

Geljen sourit. Gesman, le novice de l'équipe, avait été embauché sur recommandation de Mingma. Bien qu'il n'eût gravi que quelques sommets de la zone de la mort, il proposait de remonter l'éperon des Hollandais avec des vivres, alors que des guides bien plus chevronnés et des spécialistes de l'Annapurna avaient ignoré mes appels radio. Ce qu'il proposait était énorme.

« Non, dis-je. Ça va aller, mais merci. On va tenir le coup. »

J'étais fou de joie. L'offre de Gesman était rassurante et stimulante. Je compris instantanément que si, face à l'adversité, le grimpeur le moins expérimenté de *Project Possible* pouvait se montrer aussi intrépide et déterminé qu'un grimpeur aguerri, alors j'avais dans mes rangs un nouvel opérateur des forces spéciales. *Nous étions déjà l'unité d'élite de la haute altitude.*

Pour moi, la messe était dite : la Sélection était faite.

◆

Après avoir remonté l'éperon des Hollandais et installé les cordes fixes jusqu'au camp 3, nous descendîmes au camp de base pour demander aux membres de l'expédition et aux sherpas de se tenir prêts pour une tentative sommitale. Le plan était le suivant : je partirais devant avec Mingma, et, vingt-quatre heures plus tard, Sonam guiderait nos clients d'un camp à l'autre, empruntant notre trace. L'équipe de tête dormirait au camp 2. Le lendemain, nous escaladerions l'éperon des Hollandais, pour nous reposer au camp 3, puis aménagerions la voie jusqu'au camp 4 ; de là, nous passerions une journée à faire la trace dans une neige profonde et à fixer les cordes.

Si tout se déroulait comme prévu, nous croiserions le reste de notre expédition et les autres cordées gravissant l'Annapurna au camp 4, après avoir terminé d'équiper. Nous pourrions alors atteindre le sommet tous ensemble.

Il s'agissait de la première tentative sommitale de *Project Possible.* J'étais prêt, mais en tant qu'équipeur, je me trimballais généralement un sac de vingt à trente kilos rempli de cordes. J'avais aussi fait la trace dans une neige profonde. La tâche s'était révélée titanesque, mais au fur et à mesure de notre progression, le sac s'était allégé et il ne pesait plus à présent qu'une dizaine de kilos : un peu de nourriture et de l'eau.

Je ne consomme pas de compléments alimentaires, de gels énergétiques, ni de vivres de course ; je mange quand bon me semble, me contentant souvent de riz frit aux œufs et de poulet séché. Je ne suis pas un adepte des plats préparés – je les trouve peu adaptés. En ce qui concerne l'hydratation, je n'ai jamais besoin de boire beaucoup lors d'une ascension sommitale ; je réserve souvent mon eau aux grimpeurs que je croise. À l'armée, mon corps avait l'habitude de fonctionner avec peu de carburant ; cela dit, en montagne, je garde toujours une Thermos d'un litre d'eau chaude sur moi. Et pour économiser, j'ai une astuce : je tasse de la neige dans mon gobelet et je la fais fondre avec un filet d'eau chaude. En général, cela suffit pour aller au sommet.

Malgré le poids du sac, nous abattîmes deux bonnes journées de travail avant de nous reposer quelques heures au camp 4, en attendant les autres cordées. J'étais fatigué, mais j'avais encore plein d'énergie. Une fois dans ma tente, j'eus une idée. *Pourquoi ne pas continuer sans oxygène ?* Gravir un 8000 de la sorte avait toujours été considéré comme la forme la plus noble de l'alpinisme.

En 1978, l'ascension de l'Everest sans oxygène par Reinhold Messner et Peter Habeler, son compagnon de cordée, fut saluée comme un exploit incroyable. Tellement incroyable que certains crièrent au mensonge : il était humainement impossible d'atteindre le sommet le plus haut du monde sans assistance. Pour faire taire ses détracteurs, Messner répéta son exploit, mais cette fois par le versant tibétain, et en solo. Ce fut un vrai supplice, mais toujours est-il qu'il y parvint.

En 2016, je m'étais fait une promesse : celle de toujours emporter de l'oxygène sur les 8000, et de ne jamais y déroger. Lors de mon premier Everest, j'avais compris que c'était une condition *sine qua non* pour secourir un individu en piteux état. Au cours de *Project Possible*, nous avions de fortes chances de croiser des alpinistes en détresse et je m'en serais voulu toute ma vie de ne pas leur porter assistance. Et puis j'avais d'autres responsabilités, notamment celle de mener des clients au sommet. Sans oxygène, il serait quasiment impossible de redescendre au camp de base une personne gravement malade ou blessée.

Pourtant, j'avais envie de prendre le risque. Cela dit, j'avais toujours un cylindre dans le sac au cas où une personne en eût besoin. Avec le recul, je pense que la haute altitude m'avait mis un pet au casque. Je n'avais pas les idées claires. Et le manque d'oxygène dans le sang avait stimulé mon esprit de compétition. Cet instinct qui m'avait incité, adolescent, à courir au beau milieu de la nuit à Chitwan, puis à porter de lourdes charges jusqu'à Maidstone quand je m'entraînais pour le stage de sélection des forces spéciales britanniques, me poussait désormais à prendre des risques à l'Annapurna – tout ça, parce qu'un autre grimpeur avait voulu salir ma réputation.

Tout avait commencé une semaine plus tôt. Je me reposais après avoir équipé l'itinéraire lorsque Stephen, un alpiniste européen d'une autre expédition, me reprocha d'utiliser de l'oxygène sur les 8000. C'était un mec bien entraîné, un ultra-marathonien, fier de lui. « Avec ce corps, je peux aller sans oxygène sur les géants de l'Himalaya », m'avait-il lancé dès notre première rencontre.

« C'est cool, mec, lui avais-je répondu. On a tous de bonnes raisons d'aller en montagne. »

Je passai à autre chose et oubliai la remarque. Puis très vite, je me rendis compte que Stephen n'avait pas l'esprit d'équipe. À aucun moment il n'avait proposé son aide pour poser les cordes fixes, contrairement aux guides sherpas de son expédition. Il aimait surtout se reposer, boire du thé et papoter. Au bout de quelques jours, alors que je festoyais avec Mingma, Sonam, Geljen et Gesman, Stephen passa non loin de nous. Essayant de renforcer la cohésion des groupes présents à l'Annapurna, je l'interpellai pour lui offrir une bière. Mais Stephen déclina l'offre.

« Nan, mec, j'ai une montagne à gravir, moi, dit-il sèchement.

— On a tous une montagne à gravir.

— La différence, c'est que tu utilises de l'oxygène. »

C'était donc ça, *le défi*. Une grosse controverse tournait en ce moment dans la communauté des grimpeurs autour de l'usage que *Project Possible* faisait de l'oxygène en haute altitude, et cela m'agaçait un peu.

« Ouais, mais seulement après le camp 4, dis-je. Et il se trouve que tu n'as pas eu à faire la trace jusqu'au camp 3 comme nous; donc calme ta joie. »

Ça s'arrêta là, mais le jour J, mon esprit de compétition refit surface. À un moment, tous les alpinistes se retrouvèrent au camp 3. Mon équipe partait pour la journée équiper la voie jusqu'au camp 4, et les autres en profiteraient pour se reposer. À y regarder de près, ça n'était pas du luxe, particulièrement pour Stephen. Un peu plus tôt dans la journée, j'avais remarqué que son groupe – des petits points en contrebas – en bavait pour passer l'éperon des Hollandais ; lorsqu'ils arrivèrent enfin, tout chancelants, près de nos tentes, Stephen vomit du sang. Son corps rendait tripes et boyaux. J'avais de la peine pour lui.

S'il avait été un de mes clients, l'un de nous l'aurait aidé à descendre pour se faire soigner. Et pour optimiser ses chances de récupération, nous lui aurions certainement fait respirer de l'oxygène. Mais le type ne voulait pas descendre : il se sentait suffisamment en forme pour continuer.

C'est vingt-quatre heures plus tard, au camp 4, que j'eus cette idée : un 8000 sans ox. *Ça leur clouerait le bec.*

Les dieux étaient avec moi. C'était la première expédition du programme. Je me sentais en pleine forme, et comme l'Annapurna culmine à 8 091 mètres, juste à l'entrée de la zone de la mort, j'avais très envie de grimper sans oxygène. J'en parlai à Mingma dans notre tente, mais il fit non de la tête : il craignait que cela me ralentisse et nuise à la mission.

« Nimsdai, on a besoin de ta combativité », dit-il.

J'essayai de le raisonner. « Depuis le début, je suis devant. Je sais que je peux grimper sans oxygène. » J'avais peu de chance de le faire changer d'avis, mais j'insistai quand même : « Juste pour le plaisir d'emmerder ces connards et leurs putains d'*a priori*. Allez, laisse-moi y aller sans ox. »

Il laissa échapper un rire, et ajouta : « Pas question, Nimsdai ! »

L'avis de Mingma comptait beaucoup pour moi. Son oncle Dorje, une figure emblématique du monde de l'escalade, avait transmis tout son savoir aux alpinistes de sa famille. Mingma était devenu un guide chevronné, près de se voir consacré « Sherpa de l'année », le titre le plus prestigieux de cette noble profession.

Je savais que Mingma avait raison. Son intransigeance me rappela le principe que je m'étais fixé lorsque, enfant, je voulais devenir Gurkha : *tu ne dois rien à personne*. Et puis, je m'étais fait la promesse de toujours porter de l'oxygène sur un 8000 ; si je ne la tenais pas, je risquais de prendre de mauvaises habitudes. Et les mauvaises habitudes peuvent mener à l'échec.

Je renonçai.

Ce n'était pas le moment de se déconcentrer. Au combat, pour être performant, il était essentiel de faire abstraction de tout désagrément – chaleur, douleur, faim, soif et troubles émotionnels ; il en était de même à l'Annapurna. Je savais que la dernière section jusqu'au sommet serait une véritable épreuve, même avec de l'oxygène : il restait 1 000 mètres de dénivelé, et si la pente était suffisamment douce pour pouvoir se passer de cordes fixes, je devrais quand même faire la trace sur une bonne partie de l'itinéraire avec de la neige jusqu'à la taille. Il me faudrait aussi escalader un mur de glace, avant d'entamer la dernière difficulté : des rochers glissants et délicats sous le sommet. À 21 heures, lorsque l'équipe quitta le camp 4, mes équipeurs étaient accaparés par leurs clients alors qu'on avait encore du pain sur la planche. De toute évidence, seuls Mingma et moi étions disponibles pour bourriner dans la neige ; nous manquions de main-d'œuvre. Je réunis donc mon équipe.

« Bon, les mecs, on se relaie toutes les dix minutes – vingt, ce serait idéal. Sortez vos tripes. Lorsque le leader est à bout, il s'arrête, sort du rang et se poste en fin de colonne. Celui qui le suit part en tête pendant dix minutes. C'est notre seule chance de garder le rythme. »

Grâce à cette procédure clairement définie, les cordes furent installées, et la trace faite sur une bonne partie de l'itinéraire. Nous nous relayâmes jusqu'à ce que l'Annapurna fût en vue. D'autres expéditions nous talonnaient et comptaient sur nous pour les mener au sommet. Je n'avais aucun doute sur nos capacités : le boulot serait fait.

Depuis le Dhaulagiri, je sais que ma zone de confort se trouve aux alentours de 8 000 mètres – *je commence à m'épanouir à l'altitude où, en général, les autres grimpeurs s'effondrent*. C'est comme si j'étais maître des lieux. Le doute et la peur qui parfois terrassent un individu ne semblent pas m'affecter. Je me pose rarement la question : « J'en suis capable ? » Et si l'ombre d'un doute s'infiltre en moi et sape ma confiance, j'invoque mon nouveau Dieu : montrer au monde que l'imagination est le plus puissant des leviers.

Lors de mes expéditions précédentes, l'ivresse du succès se manifestait généralement non loin du sommet, dans ce moment où l'alpiniste sent que le plus dur est derrière lui et qu'il ne lui reste plus que quelques pas à accomplir. Étrangement, à l'Annapurna, je ne ressentis rien de tel, aucune euphorie, aucun débordement d'émotions, si ce n'est la conscience de l'avoir échappé belle ; l'avalanche monstrueuse n'était pas passée loin – *vraiment pas loin.* Dans une ascension aussi risquée que celle-ci, tout alpiniste a autant besoin de chance que de ses compétences pour gravir un 8000 – qui sont la force, l'endurance, l'esprit d'équipe et l'attitude positive. L'Annapurna avait été imprévisible et sans pitié, mais à 15 h 30, nous étions juchés sur son sommet.

Je pris le temps de m'imprégner de la vue en contrebas, la crête dentelée des Himalayas, enveloppée de nuages, s'étalait devant nous. Le Dhaulagiri se détachait nettement. Dana se trouvait probablement dans l'ombre. J'étais sur mes terres natales, et j'avais réussi.

Le panorama constellé de montagnes me rappelait les défis énormes qui m'attendaient et tempérait mon enthousiasme. J'étais conscient de l'énormité de la tâche.

Putain, où est-ce que j'allais bien pouvoir trouver tout ce pognon ?

Toujours est-il que le premier sommet de la liste avait été gravi, et que j'étais entier. J'enregistrai un petit message de remerciement destiné à mes sponsors, sans manquer de leur rappeler que je cherchais toujours des fonds. Ça ne coûtait rien de demander. J'étais aux abois.

C'était le 23 avril 2019. Le compte à rebours était déclenché. Le monde avait les yeux rivés sur moi. *J'étais dans la course.*

11
Au secours !

Nims ! *Nimsdai !*

Je fus réveillé au camp 4 de l'Annapurna par des cris. Recroquevillé dans mon sac de couchage, les événements de la journée me revinrent rapidement à l'esprit. L'ascension, ajoutée au manque de sommeil des semaines précédentes, m'avait vidé. J'étais à l'agonie, j'avais mal au dos et aux jambes. Peu de temps après avoir fait le sommet, Mingma, Gesman et moi nous étions traînés jusqu'au camp 4, puis effondrés dans nos tentes, à bout de forces. Autour de nous, c'était la panique : un sherpa passait d'une tente à l'autre, affolé.

« Nims, j'ai laissé mon client là-haut, balbutia-t-il, désespéré. Il n'a plus d'oxygène. Comme il m'en restait un peu, je lui ai donné ma bouteille pour qu'il survive le temps que j'aille chercher de l'aide. Mais c'est peut-être trop tard. Je ne connais même pas sa position exacte… »

Je voyais de qui il s'agissait : Chin Wui Kin, un médecin malais de quarante-huit ans et alpiniste assez expérimenté qui avait participé à notre *puja*. Nous avions partagé un verre et je le voyais encore sourire en nous observant pendant la cérémonie. On avait dansé et fait des *selfies*. Nous nous étions croisés à nouveau au sommet. Lui et son sherpa étaient fatigués mais relativement en forme et je leur avais conseillé de ne pas trop traîner.

« Allez les gars, il faut descendre le plus vite possible, leur avais-je lancé, voyant qu'ils perdaient du temps à se photographier. On fera la fête plus tard. » Si nous avions su qu'ils manquaient d'oxygène, je leur aurais passé ma bouteille sans hésiter. Le guide n'avait pas dû remarquer que son client avait déjà du mal à respirer ; il avait peut-être aussi surestimé ses capacités. L'un dans l'autre, ses calculs étaient loin du compte.

« Il est probablement mort. Il était très fatigué, avoua le sherpa. Nims, tu peux faire quelque chose ? »

Je lui fis oui de la tête. L'idée d'abandonner le docteur Chin m'était insupportable, et comme je m'étais trouvé dans une situation similaire à l'Everest, j'étais certainement l'alpiniste le plus costaud et le plus à même d'organiser une mission de reconnaissance et d'intervention. Ce sauvetage était très risqué, mais j'étais prêt à le faire à une condition : qu'on m'apporte plus d'oxygène. Mon équipe en manquait, et dans tous les cas, si nous voulions trouver puis évacuer la victime, à trois, nous ne serions pas de trop.

« D'accord. Je veux bien aller le chercher et l'évacuer. Mais à condition que la compagnie d'assurances paye l'héliportage des bouteilles d'oxygène dont nous avons besoin pour arriver jusqu'à lui. »

Le sherpa me regardait hébété. Je continuai :

« Écoute. Un : on ne sait pas si le type est encore vivant. Et deux : je ne vais pas aller le chercher sans oxygène, car cela met en péril toute mon équipe. Je ne suis pas prêt à prendre un tel risque, d'autant plus qu'il est peut-être déjà mort. »

On appela le camp de base, mais à 6 heures du matin, nous n'avions toujours pas de réponse. Il était hors de question de partir à la recherche de l'alpiniste sans oxygène supplémentaire. Pour autant, je n'allais pas abandonner à ce stade. *Il y avait peut-être un autre moyen de le trouver.* Je pris le drone et le réchauffai dans la chaleur des premiers rayons de soleil. Je comptais l'utiliser pour parcourir la montagne en amont et repérer la victime – au cas où elle n'aurait pas déjà basculé dans le vide. Mais le moteur ne voulait pas démarrer. J'essayai à nouveau – *pas de chance.* Notre plan s'effondrait.

Après confirmation téléphonique que la compagnie d'assurances refusait toujours de prendre en charge les bouteilles, je rentrai penaud au camp de base, persuadé que l'Annapurna avait fait une nouvelle victime, et bien décidé à rentrer sain et sauf. À environ 22 heures, j'étais au pied de la montagne, complètement vidé physiquement et mentalement, mais il me restait assez d'énergie pour boire du whisky jusqu'à 3 heures du matin. J'essayais de récupérer du choc émotionnel de ces dernières heures : je n'arrivais pas à accepter qu'on abandonne quelqu'un. Pour sa famille, c'était terrible. Ça me rappelait aussi qu'un jour, je pourrais me trouver dans sa situation.

Je finis par m'endormir au son de la voix des alpinistes qui rentraient du sommet, tandis que là-haut, un homme agonisait, seul, ou était peut-être déjà mort. À mon réveil, des heures plus tard, rebelote. C'était Mingma qui m'appelait.

C'est quoi ce bordel?!

« Nimsdai, ils ont repéré Chin… Il est vivant! »

Un bruit de pales me parvint: *flap-flap-flap*. Un hélico partait en intervention.

« Tu es sûr? »

Mingma hocha la tête. *Oui, mon vieux.*

« OK. Ne le perdons pas de vue. Je rassemble une équipe et on demande une dépose. »

J'enfilai des vêtements, organisai le secours, et diffusai un appel à l'aide sur les réseaux sociaux, expliquant la situation à tous ceux qui nous suivaient et pouvaient nous porter assistance:

> *Chin Wui Kin est encore sur les pentes de l'Annapurna, mais il est vivant (HELP).*
> *Objectif: Obtenir l'autorisation de sa compagnie d'assurances de déclencher les secours.*
> *Mission: Est-ce quelqu'un pourrait relayer l'info dans les médias?*
> *Situation actuelle: Mon équipe attend l'héliportage de matériel au camp de base (six bouteilles d'oxygène), sous réserve d'obtenir l'autorisation de la compagnie d'assurances de déclencher les secours.*
> *Sauvons une vie.*

Je rassemblai mon matériel et sautai dans l'hélico. Il tournoya au-dessus du point où le docteur Chin avait été aperçu pour la dernière fois. *Là-bas !* Un homme en combinaison rouge vif, malmené par les vents, nous faisait signe depuis la plaque de glace où il était pris au piège.

« Oui, c'est Chin ! criai-je au pilote. Il faut qu'on descende jusqu'à lui. »

Je n'avais d'autre choix que de l'aider. Je me mettais à sa place, m'imaginant à quoi il pouvait penser, pris dans une tempête émotionnelle, tandis que nous descendions vers lui. *Je vois un hélico – du moins je crois. Je leur fais signe et ils me répondent… Je suis sauvé !* Puis, l'impression que c'est un faux espoir, qu'on attend un secours qui ne viendra peut-être jamais et que c'est la fin.

Bien que claqué par l'assaut sommital à l'Annapurna, et conscient que ma seconde équipe m'attendait au Dhaulagiri – ils avaient déjà équipé le camp 2 –, je n'avais pas le choix. Le plus déprimant, c'était que la réussite de *Project Possible* était en jeu. La fenêtre météo pour notre prochain objectif se réduisait rapidement. Un énorme orage se préparait, et si nous ne parvenions pas au sommet dans les jours qui suivaient, mon planning partirait à vau-l'eau. Comme nous n'avions coché jusqu'ici qu'une montagne de notre liste, les chances de boucler la Phase Un dans les temps en seraient sérieusement amoindries.

Nous retournâmes au camp de base prévenir Gesman, Mingma et Geljen, et échafauder un plan de sauvetage. Il apparut que la femme de Chin avait financé les secours et que les bouteilles d'oxygène étaient en route. Quant aux membres de *Project Possible,* ils interviendraient bénévolement.

« On ne peut pas le laisser ici. C'est une montagne dangereuse, mais je crois qu'ensemble, on est assez forts pour le sauver. Sur le champ de bataille, je n'ai jamais abandonné personne. En montagne, c'est pareil. »

Il était trop risqué de se faire déposer au niveau de Chin. Nous enfilâmes nos baudriers pour nous clipper à l'élingue. La manœuvre était impressionnante : on sentait le câble se tendre, puis nous soulever dans les airs. Il fallait serrer les dents tandis qu'on était violemment aspirés dans le ciel et que le vent nous cinglait le visage. Dans le bruit croissant des pales de l'engin, le froid me brûlait la peau malgré la protection des lunettes et du masque ; ma vision périphérique se troubla et le paysage alentour m'apparut déformé.

Je ne pouvais pas laisser la peur me détourner de mon objectif ; il fallait que je m'y fasse. Je pendouillai cinq minutes en position inconfortable plusieurs centaines de mètres au-dessus d'une étendue de neige et de roches tandis que le pilote cherchait une zone de dépose.

En tant que militaire d'élite, j'avais souvent été missionné pour descendre rapidement sur un filin au-dessus d'un bâtiment ennemi ou d'un bateau lancé à grande vitesse. En situation de combat, c'était la routine, mais sur la montagne la plus meurtrière de la planète, c'était une tout autre affaire. Je tentai de me rassurer en me disant qu'ici, personne ne me tirerait dessus. L'hélico nous lâcha un par un, puis nous partîmes tous les quatre en direction du docteur Chin. Le terrain pour arriver jusqu'à lui présentait de sérieuses difficultés.

Quelques jours plus tôt, lorsque nous faisions la trace et fixions les cordes fixes entre les différents camps, nous avions couvert la distance entre la DZ et le point où se trouvait le malheureux Chin en quelque chose comme dix-huit heures. Gonflés d'adrénaline, nous avancions à présent bien plus rapidement, tels quatre Usain Bolt lancés à pleine vitesse, les poumons peinant à trouver l'oxygène nécessaire, jusqu'à apercevoir Chin prostré dans la neige. Cela nous avait pris seulement quatre heures, mais je craignis qu'il ne fût trop tard tellement Chin était mal en point. Il ne manifesta aucune réaction visible à notre approche, mais il semblait encore vivant. Il bougeait les yeux. Je tentais de le réveiller en le secouant par les épaules, car pour l'extraire, il fallait absolument que je puisse communiquer avec lui.

« Eh, docteur Chin, criai-je, ça va aller ! »

En vérifiant son état, je m'aperçus qu'il était au seuil de la mort. Cela faisait trente-six heures qu'il était à l'agonie : le visage ravagé par le froid, une main et les extrémités gelées depuis le haut de la chaussure jusqu'au pied. Si nous parvenions à l'emmener à l'hôpital, il serait sain et sauf, mais sa vie ne serait plus jamais la même. En évaluant son niveau de conscience, je décelai dans ces gestes un ardent désir de vivre. Il luttait pour s'exprimer.

« Eh, docteur Chin, il y a combien de personnes, là ? lui criai-je, plaquant mon oreille sur sa bouche pour être sûr de bien comprendre ce qu'il marmonnait.

— Quatre. »

Quatre! Bien. Il s'accrochait.

« Super. Vous voulez boire ?

— De l'eau… »

Je portai délicatement le goulot de ma gourde militaire sur ses lèvres tandis que les autres le brancardaient.

Il n'y avait pas de temps à perdre. La lumière disparaissait derrière les montagnes. L'hélicoptère ne pouvant nous récupérer dans le noir, il était urgent de trouver un abri où nous pourrions au moins essayer de réchauffer Chin pour le garder en vie jusqu'à l'arrivée de la machine le lendemain matin.

Nous descendîmes jusqu'au camp 4 où nous nous précipitâmes dans nos tentes, faisant notre possible pour garder Chin éveillé. Nous le frictionnions pour stimuler sa circulation ; à un moment, nous essayâmes de le déchausser pour évaluer les blessures qu'il avait aux pieds et lui réchauffer les orteils, mais sans succès. Sous le coup du froid intense, les tissus avaient fusionné avec son épiderme et il était impossible de les séparer, même avec un couteau. Il fallait attendre que ses chairs décongèlent.

À certains moments, j'avais la conviction que nous arriverions à le sauver. Lorsque je sentais qu'il perdait conscience, je le stimulais. « Soyez fort. Vous devez rester en vie. » Il me répondait par un grommellement.

Mais à d'autres moments, lorsqu'il flanchait, je me demandais si ce sauvetage n'était pas vain.

« Merde, est-ce qu'on a bien fait de venir ici ? demandai-je à Mingma. S'il meurt, on aura pris tous ces risques pour rien. »

Visiblement, il souffrait. À chaque respiration, ses poumons crépitaient et ses réserves s'amenuisaient. Il y avait un signe que j'avais appris à reconnaître à force de prendre en charge des soldats blessés : une personne ayant bataillé des heures pour rester en vie ressentait souvent un moment de répit psychologique en voyant arriver l'équipe EVASAN. La victime s'abandonne aux bons soins des secouristes. Il y a un transfert de responsabilité ; sa survie dépend alors de leur travail.

Le docteur Chin avait été soulagé de nous voir arriver et de pouvoir s'abriter, mais ce moment de relâchement était dangereux : il n'en fallait pas plus pour faucher un alpiniste en si piteux état.

Nous aussi étions épuisés d'avoir fait l'ascension de l'Annapurna un jour plus tôt, et couru comme des dératés le lendemain matin à la rencontre du docteur Chin. À présent, au petit jour, tandis que nous tentions de le réchauffer, je piquais du nez lorsque…

Clac ! Je sentis l'impact de la paume d'une main. Mingma venait de me donner un grand coup sur les jambes.

« Debout, Nimsdai. Debout ! » martela-t-il.

Je me réveillai dans un soubresaut. Conscient que si je cédais à l'épuisement je suffoquerais, je m'administrai claque sur claque pour me stimuler. Gesman et Geljen faisaient de même. C'était la seule façon de nous tenir éveillés. Puis quelqu'un suggéra de crier et de chanter. La scène était surréaliste : nous étions entassés dans une tente autour d'un homme blessé, espérant le maintenir en vie à la chaleur de nos corps, et nous nous hurlions dessus. Mais à situation désespérée, mesures désespérées. S'endormir équivalait à abandonner le docteur Chin à une mort certaine.

L'équipe devait jongler avec différents facteurs : l'hélicoptère venait nous chercher au camp 3 à 6 heures et il était vital de partir à sa rencontre au bon moment. Si nous arrivions trop tôt au lieu de rendez-vous, Chin attendrait dans le froid et le vent ; si nous partions trop tard, il faudrait probablement différer son transfert à l'hôpital ce qui, dans une situation si précaire, pouvait nous coûter cher.

Regardant ma montre, je me rendis compte qu'il ne restait que deux heures avant le lever du jour. Au moment convenu, nous quittâmes la montagne, traînant Chin avec nous. Peu de temps après, un hélicoptère volait en stationnaire au-dessus de nous. Nous accrochâmes Chin au câble et il s'envola pour être soigné à Katmandou.

Au Népal, les EVASAN de ce type sont très fréquentes, mais parfois, il faut se la jouer fine. Pour des raisons budgétaires, les équipes de sauvetage doivent souvent redescendre par leurs propres moyens, car l'hélitreuillage des alpinistes un à un nécessite plusieurs allers-retours très coûteux. Quatre rotations sauveteurs gonfleraient la note de plusieurs dizaines de milliers de dollars. Cette fois-là, cependant, on me proposa de faire partie du prochain vol.

« Non, j'attends là, dis-je, occupe-toi d'abord de mes gars et reviens me chercher. Je pars en dernier. »

J'avais bien compris que si je me faisais hélitreuiller le premier, il était très peu probable que le pilote revienne pour les autres – la dépense était trop énorme. Mais si j'étais le dernier, il leur serait impossible de m'abandonner sur la montagne, eu égard à l'effort que j'avais fourni pour sauver la victime. Ma réputation et mes relations au Népal me donnant également un certain poids, ils ne voulaient pas d'embrouilles. Pour m'assurer qu'ils allaient se comporter correctement avec mon équipe, j'exigeai que Mingma, Geljen et Gesman fussent déposés au camp de base peu après le blessé.

Le temps d'arriver à l'hôpital de Katmandou où Chin était soigné, la rumeur de son sauvetage s'était déjà propagée. Sa femme était là ; les cameramans et journalistes aussi, qui se précipitèrent vers moi dès que je sortis de l'hélico. Lorsque je rencontrai Mme Chin dans l'unité de soins intensifs, je la trouvai soulagée mais au bord des larmes.

« Merci, mille fois merci. Je ne sais pas quoi dire, me confia-t-elle. Les médecins ne sont pas sûrs qu'il s'en sorte.

— Il s'accroche, lui répondis-je. Ça fait trente-six heures qu'il se bat pour rester en vie. On a fait tout ce qu'on a pu. »

J'étais heureux de les avoir réunis, mais ce sauvetage me donna une piqûre de rappel de la réalité de la mort en très haute altitude : la vie au-dessus de 8 000 mètres est imprévisible, et la mort sans pitié. Pourtant, les alpinistes qui s'engagent dans une expédition, comme le docteur Chin, savent à quoi ils s'exposent. Être victime du mal des montagnes ou d'un accident grave reste dans l'ordre du possible – et sur l'Annapurna, c'était bien trop fréquent.

Mais à choisir entre mourir lentement de vieillesse, ou au cours d'une expédition ou d'une mission, je préférais clairement la seconde option. Je n'avais pas peur de disparaître en montagne; je préférais consumer ma vie avec panache plutôt que de m'éteindre à petit feu.

Je me demande si Chin partageait cette vision des choses.

◆

Tout le temps que nous passâmes à Katmandou à régler nos affaires et préparer notre départ pour le camp de base du Dhaulagiri, je fulminai. Il m'était difficile d'accepter la manière dont Chin avait été abandonné pendant l'ascension. J'étais aussi gêné vis-à-vis des membres de *Project Possible* qui nous attendaient au Dhaulagiri : Lakpa Dendi, Ramesh Gurung et Kasang Tenzi.

En retard sur notre planning, nous avions laissé passer la meilleure fenêtre météo et depuis, une perturbation s'était abattue sur la montagne et avait fait de gros dégâts. On nous apprit que les cordes fixes, ensevelies sous une épaisse couche de neige, étaient impossibles à localiser. Dans les camps supérieurs, nos tentes avaient subi les assauts de vents violents et, d'après les informations qui nous parvenaient, elles étaient en lambeaux. Lorsque Gesman, Mingma, Geljen et moi fûmes déposés en hélicoptère, le moral de l'équipe du Dhaulagiri était au plus bas et le camp de base en piteux état. Nous n'avions plus de vivres. On était baisés.

Préserver la cohésion de l'équipe de *Project Possible* était au moins aussi important que s'attaquer rapidement à l'ascension du Dhaulagiri, car organiser une expédition s'apparente à gérer un groupe de soldats en temps de guerre : ils ont besoin d'un objectif clair et d'encouragements, mais il ne faut pas négliger la nourriture ni les moments de relâche. Sans périodes de repos ou de récupération, on s'expose à ce que certains individus, voire l'équipe entière, craquent au combat. J'ai donc proposé à mes gars de partir faire la fête tous ensemble. Nous avons passé une semaine à Pokhara, à boire et danser. Nous avons même loué des motos et passé un après-midi à foncer à travers champs.

Le moral était meilleur ; notre petite pause avait porté ses fruits. Le 12 mai, nous étions sur le sommet du Dhaulagiri à 17 h 30. Nous avions lutté contre de gros nuages et des vents atteignant 70 kilomètres par heure pendant vingt heures non-stop, châlant dans des monticules de neige, progressant mètre par mètre, le plus souvent en style alpin – nous n'avions utilisé les cordes fixes que pour venir à bout d'une arête technique ou d'un mur rocheux. Cela avait été épuisant. Malgré les risques, je savais que j'étais capable de diriger cette équipe d'individus qui avaient fait preuve de courage et d'expertise face à une météo exécrable. Dès que le vent faiblissait, ne serait-ce qu'un peu, nous foncions et grimpions aussi vite que possible, jusqu'à la rafale suivante. Nous faisions alors face à la tempête, serrant les dents en attendant de pouvoir repartir.

Les jérémiades n'étaient pas de mise. Se complaire dans le malheur ou laisser la peur s'immiscer dans nos esprits ne nous aurait été d'aucun secours. Au moment de la pause, je ne laissais jamais mes coéquipiers s'asseoir plus de cinq minutes et je mettais un point d'honneur à être le premier à me relever pour reprendre la trace. Je devais montrer l'exemple. Je voulais qu'on avance rapidement, sans pour autant mettre la vie de mes compagnons en danger. Aussi, lorsque Ramesh ressentit les effets du mal des montagnes, je lui conseillai de se requinquer en perdant de l'altitude.

Kasang aussi en bavait. Il avait gravi plusieurs 8000, mais il n'était pas aussi leste que Mingma, son frère aîné, et il paraissait affecté par la dureté de la tâche. Il avait aussi très mal aux dents. Arrivé dans la zone de la mort, il s'affaiblit un peu plus. Dans le dernier tronçon qui mène au sommet, Mingma devait parfois l'aider à tenir debout. J'étais très inquiet.

Kasang n'est pas aussi fort que son frère. Va-t-il y arriver?

Je pris soudain conscience d'une éventualité des plus terribles: si les deux frères étaient emportés par une avalanche ou tombaient dans une crevasse, ce serait les soutiens de famille qui disparaîtraient d'un seul coup de la surface du globe. Bizarrement, Kasang avait eu la même pensée. Lorsque nous arrivâmes enfin au sommet, il m'avoua dans une accolade:

« C'est peut-être pas une bonne idée que les deux frères soient dans la même expédition. S'il se passe quelque chose, qui viendra en aide à leurs proches? »

Je tirai Kasang vers moi: « Mon frère, j'ai fait le serment qu'on rentrerait tous ensemble. »

Puis je fis vite redescendre mon équipe.

Parfois, nous étions à deux doigts de perdre les hostilités: les conditions étaient très mauvaises, la montagne enragée et les vents si forts que nous n'avions aucune visibilité. Les yeux me brûlaient malgré les lunettes, mais en approchant du camp de base, je pris conscience que quelque chose avait changé. À l'Annapurna, Gesman avait fait la démonstration que nous étions devenus une unité d'élite. À présent, l'équipe de *Project Possible* savaient que des liens uniques la soudaient : des liens de loyauté forts, nés de l'exposition à d'énormes enjeux.

Je pouvais compter sur des gens comme Mingma et Geljen pour des missions de sauvetage éprouvantes. Lakpa Dendi était un alpiniste très robuste, qui avait fait ses preuves lors de la G200E. Avoir survécu aux conditions dantesques rencontrées au Dhaulagiri nous avait aussi rapprochés. Je veillais sur mon équipe, et eux veillaient sur moi. Comme au SBS, nous étions tous engagés dans la quête implacable de l'excellence.

Nous aurions besoin de toute la puissance de ce lien pour tenir le coup et survivre au Kangchenjunga.

12
Voyage au cœur des ténèbres

L'expédition la plus exigeante de la Phase Un serait probablement celle du Kangchenjunga, la troisième montagne la plus haute du monde avec ses 8 586 mètres. Cela peut sembler surprenant, car le taux de mortalité y est bien moins effrayant qu'à l'Annapurna, mais son ascension est réputée très technique. Rares sont ceux qui cumulent suffisamment de chance, de force et d'endurance pour venir à bout de la bavante démoralisante qui les attend entre le camp 4, à 7 750 mètres, et le sommet. Il reste environ 1 000 mètres de dénivelé, mais aussi plusieurs kilomètres à parcourir, et la section menant à l'épaule qui file vers la cime est souvent enneigée.

Une fois sur l'arête, l'alpiniste est exposé à des vents violents et à un froid mordant. L'air ne contient plus que 33 % d'oxygène et le terrain est une vraie prise de tête : un champ de mines déroutant de rochers délités et verglacés, et des *spindrifts* aveuglants. Sur le plan psychologique, l'itinéraire semble interminable et le sommet inaccessible :

nombreux sont ceux qui s'en retournent avant de l'avoir atteint. Enfin, si chaque saison trois cents personnes en moyenne réussissent l'Everest, ce nombre tombe à vingt-cinq au Kangchenjunga.

La tâche ne m'impressionnait pas pour autant. Nous avions escaladé les deux premières montagnes dans des conditions exécrables, et en moitié moins de temps que nos prédécesseurs. Même si tous les membres de l'équipe étaient au bout du rouleau, j'étais convaincu que nous arriverions au sommet. Nous venions de passer cinq jours au Dhaulagiri à fixer des cordes et à dégager celles que la tempête avait recouvertes de neige, le tout avec une trentaine de kilos de matériel sur le dos. Résultat, nous étions aussi vannés qu'après une bataille. Le 14 mai, à notre arrivée au camp de base du Kangchenjunga, nous nous offrîmes le luxe d'un peu de répit et nous empiffrâmes de poulet sauté acheté dans un village tout proche, tout en affinant notre stratégie du lendemain.

Nous envisagions de gravir le sommet d'une traite, au pas de charge, et sans dormir dans aucun des quatre camps comme on le fait en général. *Bon, fini les conneries.* Ce rythme intensif était nécessaire : nous étions bien acclimatés, mais nos forces s'amenuisaient avec le temps ; s'arrêter pour se reposer aurait été contre-productif. Je me serais endormi sur place. Gesman et Mingma, qui se joignaient à moi pour l'assaut, étaient eux aussi très fatigués.

Nous partîmes avec le moral au beau fixe et passâmes à la vitesse supérieure. Nous remontâmes rapidement la vallée jusqu'au camp 1, poussant nos rythmes cardiaques et nos corps au bord de la surchauffe. Le terrain, recouvert de neige, était miné d'invisibles crevasses. Les pentes au-dessus étaient connues pour larguer des pierres et d'énormes avalanches sur les grimpeurs peu méfiants. Les dangers objectifs venaient aussi de la météo.

Nous étions encerclés de blocs emprisonnés sous une carapace de glace. En journée, le soleil tapait fort et la faisait fondre, déclenchant de petites avalanches. Nous nous relayions au poste de sentinelle, observant les arêtes en amont à l'affût d'éventuels bombardements, tandis que les deux autres rejoignaient la planque la plus proche au pas de course. Au moindre cri « cailloux ! », on plongeait pour s'abriter.

Au début, cette tactique furtive marcha du feu de Dieu ; on avait de l'énergie à revendre.

« On va gravir cette montagne à la vitesse grand V ! hurlai-je, débordant d'enthousiasme. De toute façon, on ne peut pas dormir quand on n'arrive pas à respirer ! »

Au camp 1, à 17 heures, nous remontâmes les fermetures Éclair de nos combinaisons pour continuer. Au camp 4, les autres équipes étaient déjà sur le pied de guerre, et à 19 heures, plusieurs avaient quitté le campement. À l'Everest, qui présente le dénivelé le plus important du camp 4 à la cime, les alpinistes démarrent en général à 21 heures. Malgré la pénombre, je discernais les faisceaux tremblants de leurs frontales bien au-dessus de nous, et cela m'inquiétait un peu. La distance séparant le dernier campement du sommet n'était pas négligeable.

Pour atteindre le point culminant à une heure convenable, nous devions accélérer. Mon optimisme déclina lorsque je vis que Gesman était à la traîne. Cela faisait un moment qu'il avait du mal à nous suivre le long des cordes fixes. En pleine forme, j'étais un peu contrarié de devoir l'attendre.

La prise en charge d'un alpiniste n'est pas sans risque. La probabilité d'échapper aux griffes mortelles d'une montagne telle que le Kangchenjunga est faible si on loupe le créneau – c'est-à-dire le laps de temps pendant lequel on peut, en toute sécurité, gravir la montagne et redescendre. Sur le chemin du retour, si les conditions atmosphériques se détérioraient, nous risquions de nous égarer dans l'obscurité : nous nous retrouverions alors coincés entre deux camps, sans pouvoir monter, ni descendre – et surtout sans avoir prévu de passer la nuit dehors.

Faire l'ascension et la descente en une étape permettait de ne transporter que le matériel essentiel, à savoir l'oxygène, les cordes de secours, la nourriture et quelques effets personnels. Si nous levions le pied, la mort nous attendait au tournant. Nous devions foncer, et faire un effort pour rester éveillés lorsque nous nous arrêtions pour reprendre notre souffle.

« Écoutez les gars, lorsqu'on fait la bringue à Katmandou, on danse jusqu'à 6 heures du mat', dis-je. On s'éclate et on tient le coup sans se forcer. Aller au sommet du Kangchenjunga, c'est une occasion en or. On en tirera tous quelque chose ; si on y arrive, ça risque de changer nos vies. On se reposera plus tard. »

Le truc consistait à leur présenter la douloureuse épreuve qui nous attendait sous un angle positif. Ce subterfuge émotionnel nous aida à avaler du dénivelé mais physiquement, ce fut dur.

Lors de mes ascensions en haute altitude, même les plus modestes, il m'arrivait de flairer l'imminence d'une catastrophe, de la même manière qu'au combat je pressentais souvent le danger. À la guerre, c'était un automatisme. À l'instar d'une personne qui discute en conduisant sur l'autoroute, un soldat n'a pas besoin d'être sur ses gardes ni pleinement concentré pour être opérationnel. Au volant, face à un imprévu, le conducteur est suffisamment alerte pour réagir, réduire sa vitesse, et même faire une embardée.

Pareillement, un soldat n'a aucun mal à sentir quand une situation va dégénérer ; il lui suffit d'observer le comportement des personnes qui grouillent autour de lui. Lorsque vous êtes en faction dans un bourg du désert et que les locaux se volatilisent subitement derrière des portes ou s'enfuient par des ruelles adjacentes, c'est le moment d'avoir les sens en éveil – une bataille va éclater.

Aux abords du camp 3 du Kangchenjunga, à la vue d'un grimpeur évoluant en amont sur une pente de glace raide, je ressentis cette montée d'adrénaline bien familière. Cela sentait le roussi. Remonter sur corde fixe exige une sacrée dépense d'énergie. Nous tenions un bon rythme, sauf Gesman qui était loin derrière.

Le type au-dessus, un grimpeur chilien, avançait avec difficulté. Il était extrêmement lent, et il nous faudrait le dépasser sans perdre de temps si nous voulions fouler la cime suffisamment tôt pour descendre en toute sécurité. Visiblement, il n'était pas en état d'arriver au sommet – même de loin, il semblait à bout. Il était évident qu'il devait rebrousser chemin, mais il s'entêtait.

Je me mettais à sa place. Lorsqu'on part pour un 8000, on a tous un but en tête – une *cause*. Des alpinistes aguerris cherchent à se dépasser juste pour le plaisir. D'autres nourrissent des ambitions plus personnelles : recueillir de l'argent dans un but caritatif ; surmonter un problème de santé mentale tel qu'un stress post-traumatique ; célébrer leur retour à la vie après une maladie grave comme un cancer ; établir un record personnel, ou laisser une marque dans l'histoire.

Au camp de base, j'avais appris que le grimpeur chilien, dénommé Rodrigo Vivanco, s'inscrivait dans cette dernière catégorie. Apparemment, aucun alpiniste de son pays n'était encore parvenu au sommet du Kangchenjunga. Manque de chance, un de ses compatriotes le devançait de quelques mètres dans la brume, tentant de lui rafler la mise. Contrairement à lui, Rodrigo grimpait sans oxygène, et même s'il pouvait encore briguer la première chilienne sans oxygène, psychologiquement, n'être que le deuxième alpiniste chilien sur le Kangchenjunga devait être difficile à vivre.

Lorsque nous le rattrapâmes enfin, je fus immédiatement frappé par ses mouvements gauches et sa respiration oppressée. Il était vanné. Pour sa sécurité, il devait descendre.

« Écoute, c'est trop tard, lui dis-je. Le sommet est encore loin. Fais vraiment gaffe. »

Il hocha la tête, déterminé : « Non, je continue. Ça va !

— C'est toi qui vois. Ce que je te dis, c'est que tu es trop lent. Le sommet est encore super loin. »

Ce n'était pas à moi de convaincre Rodrigo ; je ne pouvais que lui donner mon avis, et il avait refusé mon aide. S'il avait été dans mon expédition, je lui aurais ordonné de faire demi-tour pour des raisons évidentes de sécurité. S'il s'était agi d'un de mes clients, je l'aurais forcé à retourner au camp de base accompagné d'un guide. Ça sentait le désastre à plein nez. Hyper vigilant, je pris note en un éclair des moindres détails autour de moi.

Physiquement, Rodrigo était dans un sale état. *À quel moment s'effondrerait-il ? À la montée ou à la descente ?*

Le cas échéant, étions-nous assez forts pour lui porter secours ? *Probablement. Gesman était au ralenti, mais à nous trois, c'était jouable.*

Étions-nous capables de fouler le Kangchenjunga, puis de secourir Rodrigo à la descente si cela s'avérait nécessaire ? *Je me sentais en pleine forme. Le sommet était à portée de main. Donc… Feu.*

En quelques secondes, je venais d'apprendre qu'en montagne, le plus important c'est de bien se connaître. On ne peut pas échapper à sa *nature profonde,* ni se voiler la face. Ma première réaction avait été de le faire changer d'avis. Mais dès qu'il me fit part de sa décision de continuer, mon second réflexe fut de me concentrer sur ma mission.

Je dois gravir les quatorze 8000 en sept mois. Et le Kangchenjunga est le prochain sur la liste.

L'étape suivante était de décider comment y arriver.

Heureusement, je connaissais mes limites, en tant qu'homme et en tant que grimpeur. Telle était ma *nature profonde.* Mon rôle n'était pas de veiller sur Rodrigo, d'espérer qu'il retrouvât des forces ou qu'il se dépêchât. Lorsque je poursuis un objectif, mon *modus operandi* n'est pas d'attendre qu'un grimpeur me laisse passer. La probabilité que Rodrigo, exténué, se déclippât était mince ; Mingma et moi le doublâmes donc aussi vite que possible après nous être détachés, et nous poursuivîmes notre ascension express aux premières lueurs de l'aurore. Ce jour-là, contourner Rodrigo ne fut que la première manœuvre d'une longue série.

La montagne était encombrée d'alpinistes qui montaient et descendaient, tous clippés à la corde. Ceux qui marchaient vers le sommet étaient animés d'un sentiment d'impatience ; l'énergie qui poussait les autres à rejoindre les camps inférieurs était d'une tout autre nature. Beaucoup étaient épuisés ou stressés. D'autres encore, qui avaient grillé leurs dernières cartouches à la montée, titubaient, frisant la catastrophe. Le plus amoché d'entre eux était affalé contre un rocher avec son sherpa. C'était un grimpeur indien. Ne pouvant plus faire un pas – ni vers le haut, ni vers le bas –, il se trouvait face à une réalité terrifiante. Le Kangchenjunga avait révélé à chacun sa nature profonde.

◆

Nous atteignîmes le sommet à midi le 15 mai. Je donnai une accolade à Mingma et criai comme un fou au beau milieu des nuages. Je fourrageai ensuite dans mon sac à dos : je devais prendre des photos et déplier des drapeaux. Sur le premier figurait le logo de *Project Possible,* sur l'autre, l'insigne du *Special Boat Service.*

« On y est ! » criai-je, en répétant la devise du régiment : « Par la force et par la ruse. Le seul, l'unique SBS ! »

Du sommet, nous apercevions distinctement les trois autres montagnes au programme de la Phase Un : l'Everest, le Makalu et le Lhotse. Au loin, nous discernions aussi la ligne frontière qui sépare le Népal de la Chine et de l'Inde. C'était le jour dont j'avais tant rêvé : le ciel dessinait un arc de cercle d'un bleu intense au-dessus de nos têtes. Mais le temps passait vite. Lorsque je regardai ma montre, il ne restait plus que quelques heures de luminosité ; Dieu merci, un Gesman épuisé nous avait enfin rejoints. Mais qui pouvait imaginer le cirque qui nous attendait sur les cordes fixes en contrebas ? L'heure du retour avait sonné. J'étais en alerte, prêt à batailler et à m'occuper de Rodrigo, qui était complètement défait.

Le drame ne tarda pas à éclater. Le grimpeur indien que nous avions croisé plus tôt et son guide étaient toujours bloqués au même endroit, cinquante mètres en dessous de nous. Incapables de bouger, ils étaient prisonniers d'une spirale mortifère, fréquente en haute altitude. L'histoire est classique. Les protagonistes ? Un grimpeur amoché, accompagné de son partenaire en meilleur état qui se démène pour le remettre en route. Malheureusement, le temps passe. Le valide s'affaiblit. Ils s'enfoncent dans une impasse. Épuisés, incapables de fuir, ils meurent tous les deux. La situation se répétait : l'alpiniste et son guide se trouvaient prisonniers du Kangchenjunga.

Je tentai de les sortir de leur torpeur. « C'est quoi le problème ? » leur demandai-je. Le grimpeur indien avait sombré dans les affres du mal des montagnes.

Le sherpa hocha la tête. « C'est l'oxygène. Sa bouteille est vide, la mienne aussi. Il n'arrive pas à descendre. Je ne peux pas le laisser là. J'essaie de le convaincre de me suivre, mais il ne bouge pas d'un pouce. Il pense qu'au moindre mouvement, il va mourir. »

J'assistai à un accident de voiture au ralenti.

« Nous vous avons croisés ici avant d'aller au sommet, et vous n'avez pas progressé d'un mètre ?

— Non. Il n'arrive pas à marcher. »

Je baissai mon regard vers le grimpeur.

« Eh l'ami, comment tu t'appelles ?

— Il s'appelle Biplab, murmura le guide. Il ne parle plus. »

Après un examen rapide, je vis que Biplab était conscient, mais il m'était difficile de dire s'il souffrait d'OPHA ou d'OCHA. Son sherpa n'était pas non plus en grande forme. Il tenait sur ses pattes et arrivait à mettre un pied devant l'autre, mais à une allure extrêmement faible.

Je me refusai à les abandonner dans une situation aussi délicate. Ils étaient incapables de s'en sortir tout seuls ; il incombait donc à Mingma, Gesman et moi-même de les sauver. Il n'y avait pas une seconde à perdre. Biplab se remettrait certainement en route avec un peu d'oxygène. Cela dit, il avait toutes les chances d'y rester s'il ne parvenait pas à descendre – au moins jusqu'au camp 4. Le plus inquiétant, c'était que le problème était d'ordre psychologique, plutôt que physique : Biplab était tétanisé par la peur.

« On te ramène en bas », lui criai-je, tout en l'aidant à se remettre debout.

On mit immédiatement en place une EVASAN. Mingma offrit sa bouteille d'oxygène à Biplab. Mingma ne sentirait les effets du manque d'oxygène que dans quelques heures ; il pourrait donc soutenir le sherpa, qui avait assez de force pour se tenir debout.

« On mise tout sur la vitesse, suggérai-je. La seule solution pour qu'ils aillent mieux, c'est de leur faire perdre de l'altitude. L'oxygène est le meilleur remède pour tout le monde. »

Je demandai de l'aide au camp de base par radio. « C'est Nims, dis-je. Nous avons deux grimpeurs en rade ici. Nous nous chargeons de les secourir. Nous leur avons donné notre oxygène, mais il nous en faut plus. Est-ce que le camp 4 peut nous en monter ? »

La ligne crépita. « Oui, comptez sur nous, cria une voix. Trois sherpas arrivent avec des bouteilles. »

Je m'approchai de Biplab pour voir comment il allait, et lui proposai d'utiliser mon téléphone satellite pour parler à un proche. Le temps jouait contre nous, mais je savais qu'un petit *shoot* d'optimisme lui permettrait de s'accrocher pendant la descente qui s'annonçait longue et pénible.

« Ma femme », dit-il.

En quelques secondes, la distance fut abolie : le couple put se parler. On sentait que toute la famille s'était réunie autour du téléphone, et Biplab se mit à rire. Il avait retrouvé ses esprits, et un peu de gnaque – des ingrédients essentiels pour s'extirper de la montagne et sauver sa peau. Il y eut dans l'air comme un soulagement et un regain d'espoir. Pendant un instant, je crus qu'on y arriverait.

Mais je me trompais.

Mingma et moi attrapâmes Biplab par les bras, Gesman par les pieds, et nous l'encordâmes. Ce fut le début d'un interminable calvaire jusqu'au camp 4. Comme cette mission de sauvetage était improvisée, nous n'avions aucun matos sur nous. Il fallait faire avec les moyens du bord. D'habitude, on place la victime sur une civière : une personne est à l'avant et d'autres, à l'arrière, s'occupent de freiner ; les personnes restantes s'intercalant pour équilibrer le convoi et guider les porteurs.

Au Kangchenjunga, l'EVASAN fut bien différente. Le terrain – un mélange de roches, de neige et de glace – était scabreux ; l'opération était lente et méthodique car nous devions gérer des traversées qui exigeaient différentes manœuvres de corde. À l'arrière, nous devions simultanément retenir et soulever le corps, tout en encaissant le poids de la victime à moitié consciente.

Le sauvetage avait à peine commencé que je vis un autre grimpeur venir vers nous sur la corde fixe. Incontestablement, il montait. *Venait-il nous aider ?* Il semblait seul – et bien mal en point pour entreprendre un tel effort. Chaque geste lui coûtait ; le simple fait de se clipper sur la corde l'épuisait. Soudain, je reconnus la combinaison. *C'était Rodrigo !* Il montait toujours vers le sommet. Un sentiment terrifiant m'envahit. L'après-midi était déjà bien entamé : il n'arriverait jamais à atteindre le sommet et à descendre sain et sauf, seul et dans l'obscurité.

Quand il fut près de moi, je l'empoignai de nouveau : « Écoute-moi, l'ami. Tu dois descendre. Maintenant. Il est presque 14 heures. »

Mais Rodrigo ne voulait rien entendre. Son corps le lâchait, mais sa détermination était sans faille.

« Impossible. Le sommet est trop important pour moi, me cria-t-il.

— Je sais bien. Mais si tu abandonnes maintenant, tu pourras revenir l'année prochaine. Tu es beaucoup trop lent. Si tu continues, tu vas mourir. »

Rodrigo chercha à me dépasser. Je reconnus tous les indicateurs de la fièvre du sommet – cet état de confusion qui caractérise un individu obnubilé par un 8000, au point qu'il en oublie l'importance de la seconde partie de sa mission : revenir entier. J'étais quasiment certain que Rodrigo souffrait du mal des montagnes. Manquant d'oxygène, son cerveau n'était probablement plus capable de traiter les informations importantes aussi vite qu'à basse altitude.

Parfois, lorsqu'on arrive près du but, le désir irrépressible de finir le travail est essentiel. Lors du marathon de Londres, certains coureurs s'effondrent deux cents mètres avant la ligne d'arrivée. Certains d'entre eux abandonnent, mais la plupart trouvent un moyen de décrocher une médaille : ils titubent, rampent ou s'appuient sur un autre coureur. Au niveau de la mer, un individu épuisé peut fournir cet ultime effort sans mettre sa vie en danger. Au-dessus de 8 000 mètres, foncer sans réfléchir est très dangereux ; tout simplement parce que – pour filer l'analogie du marathon – le sommet ne représente que vingt et un kilomètres de la distance totale. *Or, il en reste autant à parcourir.* La cime se trouve à mi-parcours, et au moindre problème, il est très difficile de trouver de l'aide. Rodrigo avait pris sa décision – en connaissance de cause ou embrumé par le mal des montagnes, lui seul le savait. Le sommet du Kangchenjunga sonnerait son moment de gloire ou sa mort.

Je lui hurlai dessus alors qu'il continuait sa course : « Écoute, je ne peux pas t'obliger à descendre. Mais putain, fais super gaffe. C'est ta vie. »

Saisissant la radio, j'appelai le camp 4 où se trouvaient les membres de l'expédition de Rodrigo et son équipe de soutien. C'était leur responsabilité, pas la mienne. Par deux fois, j'avais tenté de le raisonner pour qu'il renonce à ce qui avait tout d'une mission suicide. La balle était dans leur camp.

Aéroport international de Katmandou, entouré de mes parents. Nous disions au revoir à mon grand frère, Ganga, qui partait au Royaume-Uni rejoindre son régiment Gurkha.

Avec Jit, un autre de mes frères. La photo est prise à Dana, un village de jungle.

Prêt à affronter les épreuves de sélection des aspirants Gurkhas.

Ayant survécu à un entraînement drastique de tractions et de pompes, je pouvais espérer devenir Gurkha.

Dans le désert. Le travail, dur et sans répit, était néanmoins gratifiant.

Lobuche fut mon premier sommet digne de ce nom.
Je n'avais jamais chaussé de crampons auparavant..

Une fois atteint le sommet du Lobuche, je pris conscience de mon désir de devenir alpiniste.

Perché sur une échelle dans la traversée d'une crevasse terrifiante de la cascade de glace du Khumbu lors de ma première expédition à l'Everest.

Au col Sud de l'Everest, avant de partir à l'assaut du point culminant de la planète.

Lors de la G200E en 2017. Je montre à mes gars comment traverser une crevasse sur une échelle.

Camp 1 de l'expédition G200. Les pressions politiques furent la cause de multiples rebondissements.

Lorsque l'équipe de tête abandonna l'équipement de la partie supérieure de la voie, je partis finir le travail avec des Gurkhas et des sherpas.

Mission accomplie. Ayant bravé l'adversité, nos équipeurs se retrouvent au sommet de l'Everest.

Réaliser l'impossible.

L'expédition de 2017 à l'Everest ne fut pas de tout repos. Les flocons de neige, telles des balles de petit calibre, ricochaient sur ma combinaison.

Le délicat éperon des Hollandais à l'Annapurna. Malgré sa difficulté, c'était l'itinéraire le moins dangereux pour arriver au sommet.

Opération de recherche et de sauvetage du docteur Chin à l'Annapurna.

Après cinq jours d'enfer, nous parvenons au sommet du Dhaulagiri, indemnes.

Au Dhaulagiri, la météo fut exécrable. Nous fûmes mitraillés par une tempête de neige.

Au Kangchenjunga, Mingma, Gesman et moi tentons de secourir Biplab.

La photo qui illustre le chaos qui sévit parfois à l'Everest.

Au sommet du Lhotse
le 22 mai 2019. Quelques heures
après avoir gravi l'Everest.

Geljen à la sortie du couloir
des Français au Makalu.

L'espoir, c'est Dieu :
au sommet du Makalu.

Je parvins au sommet du Nanga Parbat, gravi par la force et par la ruse, après une chute qui faillit me coûter la vie.

Telle une machine, je fais la trace.

Photo prise au camp de base commun aux Gasherbrums I et II. Les encres du tatouage que l'on voit sur mon dos contiennent l'ADN de ma famille.

En direction du sommet du Gasherbrum II. Les panoramas de la zone de la mort sont souvent époustouflants.

K2. La fine équipe après l'installation des cordes fixes : les équipeurs et Dawa, le chef du camp de base. De gauche à droite : Lakpa Dendi Sherpa, Mingma David Sherpa, Geljen Sherpa, Nims, Dawa Sherpa, Halung Dorchi Sherpa, et Gesman Tamang.

Deux cents mètres sous le sommet du K2. Je viens à bout d'une tâche que beaucoup jugeaient au-delà de mes capacités.

Le jour de l'assaut sommital au Broad Peak. Il nous fallut faire la trace dans une neige profonde.

Avec Maman, ma source d'inspiration. À l'issue de la mission, elle est venue à ma rencontre à la frontière népalo-tibétaine.

Ouverture d'un itinéraire au Cho Oyu.

Camp de base du Manaslu.

Ascension d'un des derniers sommets de *Project Possible* avec des clients. Le métier de guide est devenu une passion.

Au Shishapangma, j'ai ouvert une nouvelle voie jusqu'au sommet et l'ai baptisée « la voie de Project Possible ».

Mission accomplie. L'équipe descend du Shishapangma, après avoir gravi les quatorze sommets de la zone de la mort en six mois et six jours.

13
Le temps du chaos

Il n'était pas question de s'attarder. Nous descendîmes de l'arête sommitale aussi vite que possible car Biplab était au seuil de la mort. La bonne nouvelle, c'était qu'il émettait un faible gémissement de temps à autre – ce qui signifiait qu'il était encore en vie. La mauvaise, c'était qu'il avait été commotionné lors de la traversée d'un pierrier très accidenté où nous avions dû le soulever tant bien que mal. Nous n'avions pas pu faire autrement.

Les simulations d'EVASAN auxquelles j'avais participé dans l'armée avaient mis en évidence que la rapidité était essentielle. Lors de l'évacuation d'un soldat gravement blessé vers le lieu de prise en charge médicale, les plaies et contusions dont il peut écoper pendant le transport sont considérées comme dommage collatéral. En effet, si l'on perd du temps à ménager le blessé, il risque de se vider de son sang. Biplab était très mal en point, et il était trop tard pour prendre des gants. Autre élément inquiétant : le soleil disparaissant, la température plongeait et la montagne, progressivement, s'emparerait de nos âmes[13].

Pris dans le chaos de certains événements, nous sommes marqués par des détails étranges. Je me souviens que le panorama du Kangchenjunga était parfaitement net et que le ciel était d'un bleu éclatant. Chaque fois que j'y jetais un œil ou regardais en dessous de nous, j'avais l'impression de voir une carte postale ou une photo aérienne d'un article de *National Geographic.* Une heure s'était écoulée, trop vite, et l'itinéraire qui nous ramènerait chez nous était à présent bien visible, tout comme le camp 4 un peu plus loin. D'après mes calculs, compte tenu de notre vitesse de progression, il nous faudrait environ six heures pour y arriver. Je priai pour que Biplab puisse tenir la distance, tout en sachant qu'il n'était qu'un des paramètres d'une situation qui se détériorait à chaque minute.

Comment s'en sortait Gesman ? Quand les effets du mal des montagnes toucheraient-ils Mingma ? Où en étaient les secours ?

Vers 8 400 mètres, tandis que je faisais le point sur notre stratégie de descente, à l'affût des renforts et des bouteilles d'oxygène qu'on nous avait promis, je remarquai un autre alpiniste effondré dans la

---

13 Voici les faits. En temps de guerre, lors d'une EVASAN, les médecins disposent d'une « heure de grâce » pour extraire le soldat blessé du champ de bataille et l'acheminer à l'hôpital, augmentant ainsi ses chances de survie – sachant qu'il n'y a aucune garantie, car tout dépend du traumatisme et de la gravité de la blessure par balle. En montagne, si la rapidité de la prise en charge reste importante, la perte d'altitude est primordiale. Dès que l'on commence à descendre la victime, son corps dispose de plus d'air. La circulation sanguine, la respiration et le rythme cardiaque reviennent à la normale, ce qui permet aux organes vitaux de se remettre. L'oxygène n'est pas le seul facteur favorisant la survie. L'augmentation de la pression atmosphérique, c'est-à-dire le poids de l'air, est aussi un facteur essentiel ; or, elle aussi diminue en haute altitude. C'est pourquoi certains alpinistes meurent dans les camps supérieurs, même lorsqu'on leur donne de l'oxygène.

neige devant nous. De loin, il n'avait pas l'air en détresse et gardait les yeux fixés sur les montagnes au-dessus de lui. *Peut-être profitait-il de la vue.* Lorsque je m'approchai de lui, son visage figé était plein d'effroi, comme celui de Biplab une heure plus tôt.

Je le secouai par les épaules. « Hé, ça va ? »

« Oui, ça va », dit-il en ajoutant qu'il s'appelait Kuntal, comme s'il s'agissait d'un jour ordinaire en montagne. Mais ses yeux, hypnotisés par le paysage, n'arrivaient pas à croiser les miens. Je pris conscience d'une réalité tragique. *Merde, il a une ophtalmie des neiges.*

« Pourquoi restes-tu ici sans bouger ? » lui demandai-je en faisant un bilan de son état. J'examinai sa bouteille d'oxygène ; elle était vide.

« Je ne peux plus avancer. Mon guide m'a laissé là. Mon équipe m'a abandonné. » Il s'était résigné à finir ici. Sa voix était étrangement calme. « Je crois que je vais mourir. »

Je lançai un regard triste à Mingma et Gesman. *C'est pas possible, ça recommence ?!* L'expédition dont dépendait Kuntal avait apparemment décidé que sa vie d'alpiniste s'achèverait ici et qu'ils ne pouvaient pas le sauver. Ils étaient certainement redescendus sans lui. Résultat : nous nous trouvions en face d'un lourd dilemme.

Doit-on le laisser mourir lui aussi, ou l'ajouter à notre opération de sauvetage déjà bien craignos, et mettre en danger la vie de nos blessés ?

Pour ma part, la question ne se posait pas : on m'avait appris à ne jamais abandonner un opérateur. Les règles n'étaient certes pas les mêmes en haute montagne, mais ce réflexe était ancré profondément en moi ; c'est d'ailleurs pour cela que je m'étais juré de toujours avoir de l'oxygène.

« Allez, on descend ce pauvre bougre. »

J'enlevai mon masque pour le plaquer sur le visage de Kuntal, heureux de m'être fait cette promesse lors du sauvetage de Seema à l'Everest en 2016. Même si j'avais utilisé les bouteilles pendant les dernières étapes de notre ascension, mes organes vitaux ne réagirent pas violemment à cette privation soudaine d'oxygène. Aucun bruit rauque ne sortit de mes poumons, les battements de mon cœur accélérèrent à peine au contact de la dure réalité de la zone de la mort. Mon organisme se détériorerait lentement, mais il tiendrait encore quelques heures, probablement jusqu'à l'arrivée d'une équipe de secours.

Je me rassurai aussi en pensant à l'Everest, où mon corps avait résisté plusieurs heures malgré un OPHA dont je savais qu'il ne me serait pas fatal. De plus, j'avais ensuite récupéré très rapidement, au point de pouvoir regrimper une dizaine de jours plus tard. C'était encourageant. Ici, en revanche, j'étais perturbé de voir que j'avais de moins en moins de chance de m'en sortir vivant. Lors du sauvetage de Seema à l'Everest, nous l'avions redescendue au camp 4 depuis sa position initiale en seulement une heure, grâce à l'oxygène.

Six individus tentaient à présent d'échapper au Kangchenjunga. Trois d'entre eux n'étaient plus autonomes; les autres pouvaient se mouvoir mais avaient cédé leurs bouteilles d'oxygène aux victimes. Arriver au camp 4 s'annonçait épique. Je me dis que si l'aide se faisait attendre, l'un de nous au moins allait mourir.

Et où étaient ces grimpeurs qui étaient supposés nous porter assistance?

Je lançai à nouveau un appel au secours. On me répondit de ne pas m'inquiéter, que les sauveteurs étaient en route et que tout allait pour le mieux. *Était-ce la même voix que tout à l'heure?* Avec les crépitements de la radio, impossible d'en avoir la certitude. Je scrutai le camp 4 en contrebas à la tombée du jour : aucun signe d'activité. Peut-être l'équipe de secours s'était-elle réunie dans une tente pour organiser la mission. Si tel était le cas, il fallait qu'ils se bougent, et vite, car nos réserves s'amenuisaient à vue d'œil, et on s'en prenait plein la gueule.

Nous progressions à la vitesse d'un escargot; pourtant, une heure après nous être remis en route, Gesman n'avait plus aucune force. Il avait déjà souffert de gelures aux orteils lors du sauvetage du docteur Chin à l'Annapurna trois semaines auparavant, et il ressentait un picotement aux pieds, le signe indubitable que le froid s'attaquait à nouveau à ses chairs. À un moment, son comportement m'inquiéta sérieusement. M'étant retourné pour surveiller le groupe, je remarquai qu'il avait arraché les lunettes de Kuntal et qu'il pointait un doigt vers ses yeux.

Kuntal avait-il passé l'arme à gauche? Gesman souffrait-il d'OCHA?

« Putain, qu'est-ce que tu fabriques?

— Il ment! cria Gesman comme un fou. Ce type n'a pas perdu la vue. Regarde! »

Sa main se leva, prête à frapper la victime en plein visage. Kuntal recula une première fois, puis à nouveau. Gesman avait remarqué qu'à une ou deux reprises, Kuntal avait réagi lors de passages délicats – *comme s'il voyait le danger et hésitait à faire un pas de plus.* Lorsqu'à mon tour, je me penchai sur Kuntal et renouvelai l'expérience, il esquiva toutes mes attaques.

Gesman avait raison!

J'étais furax. Si Kuntal nous avait dit la vérité, on aurait avancé beaucoup plus vite et couvert une distance bien plus grande. Terrorisé, il nous avait menti pour qu'on le prenne en charge car il n'osait plus avancer tout seul. À présent, l'imbécile était démasqué, et en plus, il n'avait pas les idées claires. Je sortis de mes gonds, l'empoignai par la capuche de sa combinaison d'altitude pour lui crier au visage :

« C'est quoi ce bordel ? Écoute, y'a trois personnes, là, qui risquent leur vie pour sauver la tienne et te trimballent comme un corps-mort. Pourquoi tu nous fais croire que tu es aveugle ? Pourquoi ? »

Kuntal était trop faible pour répondre. Résigné, Gesman le souleva par les épaules et nous poursuivîmes la descente dans l'obscurité, des ombres immenses enveloppant la montagne. Inutile de gaspiller plus d'énergie à se mettre en colère quand tant de vies étaient en jeu. Très vite, je me calmai.

◆

On aurait dit qu'on nous avait abandonnés. Il n'y avait personne en vue.

J'ai contacté le camp 4 ou le camp de base une centaine de fois ; chaque communication se révélant plus décourageante que la précédente. J'essayai de passer outre ma frustration croissante et de garder mon sang-froid, me persuadant que le secours était *bien* en route, qu'on nous apportait *bien* de l'oxygène.

Au moins cinquante personnes dormaient dans les tentes en aval. La quasi-totalité avait été au sommet du Kangchenjunga ce jour-là, et il ne leur faudrait que deux heures pour nous rejoindre. Parmi eux se trouvaient des alpinistes expérimentés, dont certains faisaient du solo. J'en connaissais quelques-uns pour leur avoir parlé ou avoir fait la fête avec eux au camp de base ; il y avait des types dont les performances en Himalaya étaient incontestables.

Quand même, parmi tous ces grimpeurs, il y en aurait bien quelques-uns qui se sentiraient obligés de nous venir en aide.

À chaque appel radio, le malaise était plus pressant. Les heures passaient et notre situation était de plus en plus désespérée ; pourtant, la réponse que nous transmettait la radio ne changeait pas d'un iota.

« Une personne est en route, Nims. »

« Ils arrivent. »

« Ils ne vont pas tarder... »

Ce que je voyais, c'était que personne n'avait quitté le camp 4, à moins d'être parti sans frontale, ce qui aurait été complètement stupide. Aucune lumière n'était à l'approche.

Il était 20 heures. Ma montre m'indiquait que notre mission de sauvetage durait depuis des heures. Grâce à Dieu, la météo était relativement calme et il y avait très peu de vent ; mais il faisait très froid. Gesman, Mingma et moi avions la capacité de nous en tirer. Le plus inquiétant était que l'oxygène que nous avions donné aux victimes commençait à manquer et que l'absence de l'équipe de secours affectait le moral des troupes.

Kuntal, affaibli par le stress et le mal des montagnes, était incapable de s'exprimer ; l'état de Biplab se détériorait. Quinze minutes plus tard, lorsque nous reprîmes notre pénible marche vers le salut, je remarquai que quelque chose avait changé dans la manière dont son corps réagissait tandis que nous le faisions descendre pas à pas sur un terrain mixte. Il ne gémissait plus de douleur. Les spasmes musculaires qui accompagnaient chaque avancée avaient disparu.

Biplab était mort.

Je cherchai frénétiquement un signe de vie. « De grâce, faites que tous ces efforts servent à quelque chose », soupirai-je.

Il n'avait plus de pouls, il ne respirait plus. J'enfonçai un doigt dans son orbite, le seul geste auquel réagit une personne gravement blessée, mais en vain. En voyant que sa bouteille était vide, je pris conscience de la dure réalité. Dès que l'oxygène s'était tari, son corps avait lâché. La vitesse à laquelle sa santé s'était dégradée montrait que ses allers-retours entre les camps inférieurs du Kangchenjunga précédant l'assaut sommital ne lui avaient pas procuré l'acclimatation adéquate.

« Mon frère, je suis désolé. On a fait tout ce qu'on a pu », avouai-je tristement en rabattant sa capuche sur ses yeux.

Furieux, j'observai les lampes au camp 4. On s'était foutu de ma gueule, aucune assistance n'avait été envoyée, et tous mes appels avaient été ignorés – *pourquoi ?* Pourquoi avais-je été trahi ?

« Les gens sont méchants », me dis-je.

La montagne avait révélé ma vraie nature – à la fois dans l'ascension et dans la descente – tandis que je m'appliquais à maintenir en vie notre unité restreinte. Je pouvais garder la tête haute. Elle avait aussi dévoilé une vérité dure à avaler : ces membres de la communauté montagnarde que j'avais un temps respectés dormaient tandis qu'un homme mourait sur les cordes au-dessus de leurs tentes. Ces gens qui avaient répété que l'aide était en route.

Impossible d'échapper à cette douloureuse réalité.

◆

Gesman me regarda plein d'effroi. Ses gelures lui faisaient de plus en plus mal, et il pouvait à peine marcher. Il fallait absolument qu'il perde de l'altitude. Dans un premier temps, il refusa, arguant qu'il voulait se battre à nos côtés. S'il ne rejoignait pas un camp inférieur, il était probable que Mingma et moi aurions à nous occuper d'un blessé de plus. On ne pouvait pas se le permettre. Gesman disparut dans l'obscurité tandis que nous demandions pardon à Biplab ; dans un dernier adieu, nous le confiâmes aux bons soins de la montagne. Le porter nous aurait ralentis.

Faisant le point, j'estimai qu'en une demi-heure nous serions en sécurité, à la condition d'avancer rapidement. Avec deux victimes à prendre en charge, il nous faudrait deux bonnes heures, peut-être plus, mais nous n'avions pas le choix. En perdant mille mètres de dénivelé, nous avions quitté la zone de la mort et le sherpa de Biplab se déplaçait désormais avec plus d'aisance. Mingma et moi traînions Kuntal ; lorsque nous nous arrêtions pour récupérer de cet effort physique intense, toute mon attention allait au sherpa. Mais Mingma commençait à peiner lui aussi. Il présentait les premiers signes du mal des montagnes, et à la pause suivante, je sentis que ça n'allait pas.

« Dis, je n'ai plus de sensations dans les jambes, ni au visage et à la mâchoire, me confia-t-il. Je crois qu'il faut que je descende. C'est probablement un OCHA. Si je reste avec vous, tu auras un corps supplémentaire à porter. »

Mingma était le guide sherpa le plus costaud que j'ai jamais rencontré. Il n'était pas du genre à s'inventer des excuses ni à se débiner. Il avait assez d'expérience pour savoir quand il avait atteint ses limites, et il savait aussi qu'à présent, ignorer les avertissements de son corps le mènerait à une mort certaine. Je devrais m'occuper seul d'un alpiniste blessé et d'un sherpa, mais il m'était impossible d'accepter l'idée de perdre un membre de mon équipe.

Pour ne rien arranger, nous apprîmes par la radio qu'un autre grimpeur était porté disparu. « Si vous le voyez, merci de le redescendre », crépita la voix du camp de base. Je regardais avec colère vaciller les lumières du camp 4. Personne ne venait à notre rencontre. Après l'avoir serré dans mes bras, je renvoyai Mingma.

« Et dis-leur ce qui se passe ici », lui criai-je.

Mais qu'est-ce que j'étais en train de faire? Étais-je vraiment le mieux placé pour mener ce sauvetage? D'abord, je n'avais pas d'oxygène. Cela faisait vingt-quatre heures que j'étais parti, j'étais physiquement H.S. et je venais de passer cinq jours terribles au Dhaulagiri pratiquement sans repos – neuf heures de sommeil au total d'après mes estimations. Chaque muscle me suppliait d'arrêter là. Je portai le poids de Kuntal encore deux heures, avec l'aide intermittente du sherpa, puis me trouvai à la croisée de chemins, comme cela se passe souvent dans les opérations de sauvetage.

La première option était de rester dans l'équipe, d'attendre l'arrivée rapide de l'aide et de l'oxygène, bien qu'il n'y eût aucune agitation visible autour des tentes plus bas; et l'issue la plus probable était que nous allions tous mourir ici de froid et d'hypoxie. La seconde était de laisser Kuntal sur place et de redescendre au camp 4 convaincre des alpinistes de partir le secourir : cela me prendrait quinze minutes. Beaucoup auraient déjà récupéré ; il y avait plusieurs grimpeurs assez forts pour réussir cette mission, même après avoir fait le Kangchenjunga le matin. Si je pouvais les décider à se mobiliser, la probabilité était grande de pouvoir sauver Kuntal et le sherpa. Je choisis l'option numéro deux.

« Écoute, la bouteille sera bientôt vide. Si Kuntal réagit comme Biplab, on le perdra peu après. Mais au camp 4, il y a des alpinistes qui, j'espère, m'écouteront et viendront à son secours. Soit tu restes ici avec lui, soit tu viens avec moi. C'est comme tu veux. »

Le sherpa me suivit de près dès que j'amorçai la descente ; nous étions convaincus que nous sauverions Kuntal, lorsque je fus témoin d'une scène étrange. À moins de cinquante mètres de nous un type d'un certain âge déambulait dans la neige sans raison apparente, tel un hystérique. Il avait l'air au bout du rouleau. Sa barbe était couverte de glace et sa combinaison d'altitude réfléchissait la lumière de nos frontales comme des rayons laser.

Je crus d'abord que l'altitude faussait ma perception. Était-ce un effet de l'OCHA ? Non. Il s'agissait de l'alpiniste disparu – dont j'appris plus tard qu'il s'appelait Ramesh Ray. Derrière lui, nous eûmes une vision rassurante ; après des heures d'attente, des frontales vacillaient en aval. Une équipe de secours s'était enfin mise en branle. Nous fonçâmes sur l'alpiniste en perdition, le soutenant jusqu'à voir les points lumineux se transformer en silhouettes, et les silhouettes se mettre à crier.

« Il faut le descendre, dis-je lorsque nous nous retrouvâmes. Vous êtes mieux placés que moi pour l'emmener. Et l'autre mec, Kuntal, est là-bas. »

Je leur indiquai du doigt l'endroit où nous l'avions laissé avec une bouteille d'oxygène presque vide. « Il n'est pas loin. Prenez de l'oxygène et partez le sauver. »

La mission était terminée. On avait perdu Biplab, mais au moins, son guide et Kuntal seraient bientôt en sécurité. Et avec un peu de chance, l'autre alpiniste s'en sortirait. Arrivé au camp vers 1 heure, je trouvai la tente de Mingma et de Gesman, m'y engouffrai et m'enroulai dans le sac de couchage pour me réchauffer. Mais je n'arrivais pas à me reposer. Que nos appels à l'aide aient été ignorés me mettait hors de moi. *Pourquoi, lors des communications radio, n'avait-on pas cessé de nous mentir ?*

L'idée de côtoyer ces gens un moment de plus me cassait le moral ; il me serait difficile de les regarder dans les yeux à leur réveil. Je me suis fait du thé et, assis, j'attendis en silence que sonne l'heure de quitter cette montagne.

◆

Je récupérai une paire de chaussettes propres, fis mon sac et décidai de réveiller Gesman et Mingma avant de descendre au camp de base. Je comptais éviter le regard des alpinistes que je croiserais et ignorer leurs saluts. Mais avant cela, j'appelai Suchi.

J'étais dévasté par la mort de Biplab.

Je fis le numéro de mon domicile en Angleterre. Suchi sut immédiatement que quelque chose n'allait pas, car je l'appelais très rarement quand j'étais en montagne. « Nims, qu'est-ce qui se passe ? » demanda-t-elle d'une voix apeurée.

« J'ai échoué, dis-je en retenant mes larmes. J'ai échoué. »

En lui racontant les événements, ma tristesse se changea en colère. « Les grimpeurs qui étaient là-haut ne pensaient qu'à eux. Ils se présentent comme des durs à cuire, ils se vantent d'avoir gravi tel et tel sommet… mais où sont-ils quand on a besoin d'eux ? Si seulement l'un d'entre eux avait apporté de l'oxygène, on s'en serait sortis. Ce type serait vivant. »

Suchi tenta de m'apaiser, mais j'étais trop énervé pour l'écouter. Après avoir réveillé Mingma et Gesman, j'appris que Rodrigo aussi était mort. J'étais totalement démoralisé.

Coincé en amont du camp 4 pendant le sauvetage, je ne pouvais pas voir le sommet du Kangchenjunga. La nouvelle était parvenue à Mingma que la frontale du Chilien avait été aperçue par quelqu'un qui se trouvait un peu plus bas. La lumière tremblante avait brillé toute la nuit au sommet, au même endroit, jusqu'à épuisement des piles. Son corps n'était plus à présent qu'un bloc de glace, un témoin sinistre de ces vingt-quatre heures passées en altitude.

Heureusement, Kuntal, lui, avait été sauvé. Il était en chemin vers l'hôpital de Katmandou – du moins c'est ce que je croyais. Tandis que nous descendions, un hélicoptère était passé au-dessus de nos têtes à la recherche d'un endroit où récupérer le blessé. Et je pensais qu'il y était parvenu.

C'était un soulagement de savoir que nos efforts avaient servi à quelque chose ; je désirais tant que tout le monde s'en sorte. Mais en arrivant au camp de base, j'appris que seul Ramesh Ray avait été héliporté. D'après les informations, Kuntal était toujours là où nous l'avions laissé ; pourtant, arrivée à son niveau, l'équipe de sauvetage aurait très bien pu établir un contact avec lui.

Cela me rendait malade de savoir que le pauvre Kuntal était encore là-haut, probablement mort faute d'oxygène. J'éclatai de rage devant Mingma et Gesman.

« Ces mecs me dégoûtent ! Ils se gargarisent de leurs exploits sur les réseaux sociaux, mais sur le terrain, il n'y a plus personne. Ils sont où, quand on est dans la merde ? Je sais, moi, où ils sont : dans leurs putains de tentes ! »

À la guerre, j'avais appris qu'il existe deux manières d'affronter la mort. Les soldats meurent au combat en défendant une cause – et les alpinistes, en haute altitude, en cherchant à tester leur endurance dans un environnement sans merci. Parfois, en revanche, la mort arrive bêtement, lors d'incidents qui auraient pu être évités ; sur un champ de bataille, des hommes et des femmes, perdent parfois la vie sous un tir de leur propre camp.

En montagne, lorsque ça tourne mal, des grimpeurs en perdition décèdent à cause d'une défaillance matérielle ou humaine : aucun des acteurs présents n'est plus capable de faire les bons gestes. Dans une certaine mesure, ces disparitions, causées par une erreur humaine ou un accident, sont certes tristes mais compréhensibles. Celles de Biplab et Kuntal, en revanche, étaient absolument inadmissibles, parce qu'elles résultaient d'un choix. Quelqu'un aurait pu faire l'effort de nous aider. *On aurait pu les sauver.*

J'ignore encore aujourd'hui pourquoi personne n'a bougé.

Il n'y a aucune excuse valable. Pour ce qui est des deux grimpeurs indiens, les types qui dormaient dans les tentes en aval de notre position auraient très bien pu agir s'ils l'avaient voulu. Après avoir fait le sommet, ils avaient eu le temps de récupérer quelques heures. Ils s'étaient acclimatés progressivement, passant d'un camp à l'autre en plusieurs jours, et étaient plus reposés que moi qui n'avais quasiment pas fermé l'œil cinq jours d'affilée, et avais été au sommet du Kangchenjunga d'une seule traite. Et c'est moi qui m'étais occupé du sauvetage.

De par mon travail de guide, je savais que dans une expédition commerciale, la vie des clients passe avant toute chose, quelle que soit leur détermination à atteindre le sommet. Lorsqu'ils s'entêtent, mon devoir est de les ramener à la réalité et d'assurer leur sécurité. D'autres ne voient pas les choses de la même manière et, comme je l'appris à mes dépens, le monde de l'himalayisme est fou et sans pitié.

Lors du vol qui nous conduisait au camp de base de l'Everest, d'où nous gravirions les trois derniers sommets de la Phase Un – le toit du monde, le Lhotse et le Makalu –, ma priorité était de me concentrer de nouveau sur nos objectifs. Trois hommes avaient perdu la vie, mais ma mission principale était toujours en cours.

Il me fallait tenir les fantômes du Kangchenjunga à bonne distance.

14
La fièvre du sommet

Les plaisanteries et les commentaires sarcastiques se calmèrent un peu. Sur Facebook, Twitter et Instagram, mes expéditions attiraient l'attention des internautes, et les investisseurs potentiels se manifestaient toujours plus nombreux. Mais je ne devais pas baisser la garde. Si, grâce au record du monde que j'avais battu l'année précédente, je me sentais chez moi à l'Everest, au Lhotse et au Makalu, ces sommets n'étaient pas faciles pour autant. Chaque 8000 est une épreuve, et le fait que les ascensions sur le toit du monde sont de plus en plus dénigrées m'agaçait profondément.

C'est vrai, l'Everest n'est pas aussi dangereux que l'Annapurna, le Kangchenjunga ou le K2 ; et un certain nombre de grimpeurs, pas toujours compétents, en réussissent l'ascension grâce au soutien de sherpas chevronnés. Mais c'est loin d'être une promenade de santé. Lorsque le temps est calme et dégagé, on peut atteindre le sommet sans trop de stress, mais que se passe-t-il lorsque les conditions se détériorent dans les camps supérieurs et que ça tourne à la débandade? Eh bien, les chances de survivre se réduisent drastiquement. Des gens meurent.

La montagne se transforme instantanément en un piège mortel. Des avalanches dévalent les pentes et dévastent tout sur leur passage – jusqu'aux tentes du camp de base où dorment les alpinistes, comme en témoignent les tragédies de 2014 et 2015. Au début de l'itinéraire, la cascade de glace du Khumbu, qui mène au camp 1, est tout aussi perfide: elle avance au rythme du glacier, soit environ un mètre par jour; les séracs se fracturent et chancellent.

L'endroit est de toute beauté; il donne l'impression d'être sur une planète inconnue, dans un film de science-fiction, mais cet univers magique est trompeur. Un grand nombre de grimpeurs y ont perdu la vie ou ont été gravement blessés pour s'être trouvés dans l'axe d'un bloc de glace qui s'était détaché en amont. Si pour moi, la prise de risques associée à la traversée de la cascade a quelque chose d'exaltant, elle reste impressionnante, et on s'y sent toujours un peu en sursis. De plus, elle précède les morceaux de bravoure que sont le ressaut Hillary et la descente fastidieuse vers la sécurité. L'Everest, c'est du sérieux.

Malgré ses dangers objectifs, l'ascension de l'Everest est dévalorisée. Lorsque, au cours de *Project Possible,* je tentai de le gravir une nouvelle fois, bien des gens le réduisaient à un terrain de jeu pour milliardaires sans expérience de la haute altitude. La vieille garde des alpinistes, ayant conquis l'Everest il y a trente ou quarante ans, considère que ces nantis doivent tout à leurs guides et sherpas, et ne méritent pas le sommet.

D'autres voient d'un mauvais œil les droits perçus par le gouvernement népalais. Selon eux, le coût du permis est trop bas, et n'importe qui, indépendamment de ses compétences, peut se le payer. Il faut admettre pourtant que le prix est loin d'être à la portée du commun des mortels. À titre d'exemple, en 2019, il fallait débourser environ 10 000 dollars – sans compter le budget pour l'équipement, la nourriture, les billets d'avion, l'hébergement et le service des guides.

Bien que les dépenses engagées soient importantes, l'Everest est surfréquenté. La rampe menant au ressaut Hillary ressemble parfois à un carrefour routier aux heures de pointe : des dizaines d'alpinistes transitent sur les cordes fixes ; il y a ceux qui attendent pour vivre leur moment de gloire et ceux qui redescendent prudemment, pas à pas. Tous ressentent une certaine frustration. Certains grimpeurs doivent renoncer pour avoir attendu trop longtemps que ceux qui les devancent aient fait le sommet. Pire, ils accumulent parfois tellement de retard qu'ils rentrent à la tombée du jour dans des conditions de plus en plus périlleuses. Tous ces va-et-vient ne sont pas sans générer des tensions.

J'ai pour habitude d'ignorer les polémiques autour de l'Everest et de ne pas verser dans la négativité. Même si certaines plaintes sont légitimes, cette montagne reste la plus haute de la planète et doit être respectée. L'engorgement de la voie est un vrai problème, mais des solutions existent. Si un itinéraire est encombré, un bon grimpeur peut toujours trouver un autre plan d'attaque : les voies historiques, à explorer ou à répéter, ne manquent pas.

J'ai remarqué que les personnes privées de sommet – parce qu'elles sont épuisées ou affectées par le mal des montagnes – ont tendance à imputer leurs échecs à leurs collègues qui ont profité de la même fenêtre météo : les guides, les compagnons de cordée, et même les gens qui gèrent l'Everest. Cela me rend fou. Dans la vie, on m'a toujours appris à reconnaître mes erreurs. S'il a pu m'arriver de cafouiller pendant une opération militaire, je l'assumais ouvertement auprès de mes coéquipiers. En mettant en lumière mes travers, je pouvais m'améliorer – jamais je n'aurais utilisé l'excuse de la fréquentation sur un sommet pour dire qu'il était impossible à gravir. J'aurais cherché et trouvé un autre itinéraire.

La dégradation de l'environnement en Himalaya est un problème beaucoup plus grave à mes yeux. En 2015, Ang Tshering, le responsable de l'Association d'alpinisme du Népal, affirma que les excréments laissés sur la montagne représentaient un risque sanitaire majeur. Avec la surfréquentation, la propagation des maladies est préoccupante – tout comme le changement climatique, dont les effets sont de plus en plus visibles et inquiétants. Le Népal fait partie du tiers-monde ; il se développe, certes, mais lentement, car il ne dispose pas des mêmes ressources que les pays riches.

La chaîne des Himalayas est un atout majeur pour le pays, car les revenus du tourisme de montagne sont énormes. Le caractère humble et accueillant de ses habitants est un autre atout, mais le peuple népalais souffre des effets du réchauffement climatique. Il n'est pas nécessaire d'être météorologue pour se rendre compte que les chutes de neige sont beaucoup moins fréquentes qu'avant. Au printemps, le dégel est précoce, et la fonte – plus importante – provoque des inondations et des coulées de boue dans toute la région.

En 2014, lorsque j'ai gravi l'Ama Dablam, on faisait fondre de la neige pour boire et cuisiner au camp 1 ; il était inutile d'apporter des bouteilles d'eau. Lorsque j'y suis revenu en 2018, la neige avait disparu et nous étions obligés de porter à dos d'homme, en plus de notre charge, des litres et des litres d'eau pour approvisionner les camps supérieurs. J'ai constaté le même phénomène au Dhaulagiri en 2019. En observant la montagne, je vis que le glacier avait quasiment disparu. Le spectacle était désolant.

Un an plus tard, alors que je me préparais à gravir les trois derniers 8000 de la Phase Un, je compris que *Project Possible* pouvait désormais constituer une formidable tribune pour parler du changement climatique, ce que j'avais espéré dès son lancement. Puisque les internautes suivaient ma progression, il me fallait les alerter sur les dégâts subis par la planète. Je publiai quelques commentaires sur les réseaux sociaux, mettant à chaque fois en exergue mes inquiétudes sur le sujet.

À cette époque, j'avais vraiment l'impression de parler dans le vide. Certes, je touchais de plus en plus de monde et j'étais suivi par plusieurs dizaines de milliers d'abonnés, mais c'était insuffisant – j'étais encore loin des centaines de milliers qui seraient atteints lors des dernières phases du projet. Indépendamment de ces chiffres, ce qui est certain, c'est que je montrais déjà qu'avec un peu d'imagination et beaucoup d'efforts, on peut réaliser des tâches apparemment impossibles.

J'avais gravi ma première montagne en 2012, et à peine sept années plus tard, j'étais sur le point de couronner les quatorze 8000 en sept mois. Je venais de prouver au monde entier qu'il n'est jamais trop tard pour changer radicalement de vie. Si, par la réalisation d'un tel projet, je parvenais à montrer que la pensée positive suffit pour obtenir des résultats ambitieux, c'était de bon augure pour trouver les moyens de préserver la planète, non ? Je lisais avec humilité les réactions des internautes à mes commentaires sur le changement climatique. Ils étaient avant tout une réelle source d'inspiration.

J'interagissais en ligne avec des gamins, des adolescents et de jeunes adultes qui étaient sur le point de prendre leurs premières grandes décisions – pour qui voter, quel métier choisir, quel sommet sélectionner pour une première ascension –, tous passionnés par l'environnement et l'avenir de l'Himalaya. Je voulais leur montrer ce qui se passait vraiment en haute altitude, les bons comme les mauvais côtés.

J'avais décidé de commencer par mon pays natal. Mes expéditions devaient être aussi respectueuses de l'environnement que possible. En tant que leader, c'était à moi de faire bouger les lignes : tout ce que nous acheminions en montagne devait être redescendu, y compris les bouteilles d'oxygène, qui jonchent tous les sommets himalayens. Avant chaque ascension, mes clients savaient à quoi s'en tenir. « Bon, vous venez ici parce que vous adorez la nature, mais si vous ne la respectez pas, vous n'avez pas votre place au sein de mon équipe. Si vous ne suivez pas mes règles, vous pouvez reprendre votre argent et rentrer chez vous. » Comme ils étaient en général passionnés d'environnement, je n'avais aucun problème.

Comme je le rappelle souvent, les effets du changement climatique touchent le monde entier. Depuis trop longtemps, nous sommes tous coupables de considérer notre maison comme notre seule demeure, mais c'est une erreur d'appréciation. Nous ne sommes pas faits pour vivre enfermés. Nous sommes des animaux conçus pour le plein air, et nous devrions investir notre argent et notre temps à entretenir les étendues naturelles qui se déploient aux abords des villes. Car lorsque la nature se déchaîne, rien ne l'arrête. Au Népal, j'ai vu disparaître des villages entiers après le passage d'une coulée de boue ou suite à une inondation. Un tel carnage ressemble à celui d'un bombardement.

En 2018, plusieurs grands incendies ont détruit environ deux millions d'hectares en Californie. Une année plus tard, une catastrophe similaire s'est produite en Australie. *Que faut-il de plus pour que les gens se sentent concernés ?* Actuellement, le plus gros problème de l'humanité est son incapacité à penser à long terme. Notre planète est surpeuplée. Nous sommes préoccupés par ce qui va se passer dans les jours, les semaines et les mois qui viennent, mais dès que l'on évoque l'état de notre environnement dans vingt ou trente ans, nous avons tendance à fermer les yeux. Cette perspective est peut-être trop effrayante ; toujours est-il qu'elle donne à réfléchir.

Je pris conscience que *Project Possible* pouvait attirer l'attention des gens sur l'état de notre planète si je criais ma colère du sommet des montagnes. L'occasion de mettre en lumière un des conflits entre la nature et l'homme se présenta plus tôt que prévu.

◆

J'étais impatient de battre le record mondial de vitesse que j'avais établi lors de l'ascension du trio Everest-Lhotse-Makalu. En 2017, j'avais mis dix heures et quinze minutes pour aller du sommet de l'Everest à celui du Lhotse, et pendant la G200E, j'avais gravi ces trois 8000 en cinq jours. Dans le cadre de *Project Possible*, lors de la marche d'approche au camp de base de l'Everest, je me sentis capable de réduire ce temps de moitié. Je croyais en mes capacités physiques et mentales. Je n'ignorais pas les dangers de ces mastodontes, mais ils m'étaient devenus familiers.

Le 22 mai, accompagné de Lakpa Dendi – un des guides qui avaient aidé les Gurkhas de la G200E en 2017 –, je décidai de partir après d'autres expéditions. Une fois passé le ressaut Hillary, le spectacle des lueurs de l'aube jaillissant dans le ciel, mêlées aux lumières des flashs et des frontales, s'offrit à ma vue. Devant nous, quelques groupes d'alpinistes progressaient lentement, épuisés par l'effort déployé. Nous les doublâmes sans tarder. Depuis le sommet, que nous avons atteint trois heures après avoir quitté le camp 4, la vue était stupéfiante.

Le soleil se levait au-dessus de la chaîne des Himalayas. Un ou deux grimpeurs nous rejoignirent sur la cime. Tout le monde se sentit instantanément revigoré ; les mecs qui, quelques secondes auparavant, paraissaient lessivés sur la corde fixe, débordaient de vie. C'était comme si, malgré le froid polaire, le soleil naissant nous avait rendu notre optimisme et notre détermination. *Si seulement je pouvais baigner dans cette lumière toute la journée.* Je sentis que quelqu'un tirait sur ma combinaison. C'était Lakpa.

« Nims, il faut y aller, dit-il. Si tu veux battre ton record, il faut descendre maintenant. »

J'acquiesçai et pris quelques photos avant de partir. Au bout de quelques mètres, j'assistai à une scène chaotique. Une chenille humaine serpentait le long de la crête étroite menant au ressaut Hillary. Au début, je ne vis qu'une trentaine de bonshommes se diriger vers nous. À y regarder de plus près, ils étaient bien plus nombreux. Plus de cent cinquante grimpeurs étaient agglutinés sur la corde et se déplaçaient lentement dans les deux sens. Prudemment, nous tentâmes de descendre, en saluant les gens que nous croisions ; je sentis très vite la panique gagner la foule.

Quelques-uns étaient furieux : ils avaient investi beaucoup d'argent, de temps et d'efforts pour gravir l'Everest et ils se retrouvaient à l'arrêt, comme dans un bouchon sur une autoroute. Je craignais de voir certains, dont les bouteilles étaient quasi vides, s'entêter à monter, et mettre non seulement leur vie en danger, mais aussi celle des autres.

D'autres grimpeurs s'inquiétaient du caractère explosif de la situation. Un gars se plaignait de gelures aux pieds et aux mains, et dans son état, devoir se cramponner à la rampe menant au ressaut

Hillary était anxiogène, surtout en pleine tempête de vent. De part et d'autre, l'arête est bordée d'à-pics menaçants, 2400 mètres à gauche, et 3000 mètres à droite. Une chute et c'est la mort assurée.

La situation des grimpeurs pris dans ce chaos m'inquiétait car ils s'enlisaient dans une spirale émotionnelle, submergés par la peur. L'angoisse ressentie en haute altitude ressemble à celle d'une noyade. En plein milieu de l'océan, pour se maintenir à flot, celui qui pense qu'il va couler s'agrippe à n'importe quoi, voire à n'importe qui – proches inclus. Le sinistré panique et gesticule, et dans un élan désespéré de survie, il entraîne avec lui toute personne qui se trouve à sa portée. Au-dessus de 8000 mètres, ceux qui pètent un plomb ont un comportement similaire : ils s'affolent et prennent des décisions insensées qui affectent souvent la sécurité des grimpeurs à proximité.

L'angoisse et la fièvre du sommet croissaient au sein des différents groupes, et je vis le moment où tout allait exploser. Autour de moi, les gens se disputaient ; tout était réuni pour que quelqu'un craque et commette des imprudences. Plusieurs personnes avaient déjà perdu la vie sur l'Everest cette année-là ; il fallait absolument intervenir pour éviter de faire grossir les statistiques.

Je grimpai sur une petite vire rocheuse qui surplombait cette procession. Le spectacle était affligeant. Au début, quand je tentai de guider les alpinistes qui montaient et descendaient, très peu dans cette marée humaine me prêtèrent attention. Chaque file réclamait son droit de passage ; aucune ne voulait céder. Les collisions étaient innombrables. À chaque manœuvre de dépassement hâtive, un grimpeur risquait de perdre l'équilibre. De temps à autre, les plus rapides se mettaient à insulter les plus lents qui entravaient leur descente.

« T'as besoin d'une demi-heure pour faire cinq mètres. Si tu nous laisses passer, le bouchon va se résorber! » hurla un alpiniste à un mec qui était indéniablement en grande difficulté au-dessus de lui. Je remarquai aussi qu'un sherpa, conscient de l'anarchie ambiante et craignant pour la santé de ses clients, suppliait ces derniers de rebrousser chemin. Certains acceptaient avec réticence. D'autres ignoraient le conseil. Une pure folie!

Il fallait que j'impose mon autorité.

Comme personne ne prenait les choses en main, je décidai d'organiser la circulation; j'endossai ce rôle avec fermeté, conscient de devoir composer avec des personnalités bien particulières: une meute d'alpinistes, rien que des mâles et des femelles alpha, de ceux qu'on trouve dans les forces spéciales. En opération, j'avais appris que la meilleure manière de travailler avec de tels individus était de leur montrer que j'étais le meilleur et le plus fort. Mais je n'ignorais pas non plus que, dans une situation critique, où la réussite repose sur la bonne gestion de groupes et d'individus interdépendants, les gens ont tendance à écouter celui qui exerce l'autorité. *Personne ne veut mourir.*

Je fis passer en premier les grimpeurs qui attendaient leur tour depuis plus longtemps. À bien des égards, j'étais un agent de la circulation, à cela près que je ne dirigeais pas des véhicules mais des alpinistes. Certains étaient si épuisés qu'ils en avaient oublié les techniques de base pour progresser en haute altitude. Ils étaient terrassés par le mal des montagnes. Je conversais avec les sherpas dont les clients étaient visiblement en grande difficulté, pour décider s'ils pouvaient continuer. Si ce n'était pas le cas, je suggérais aux guides de les redescendre.

Au total, je passai environ deux heures sous le ressaut Hillary. À chaque intervention, je savais que la probabilité de battre mon propre record se réduisait. Une fois le bouchon résorbé, 90 % des gens étaient arrivés au sommet et avaient assez de temps pour faire demi-tour, ou descendaient déjà l'arête en direction du camp 4. Je devais en faire autant. Je remis le cap sur mon objectif principal : le Lhotse.

D'après mes calculs, j'avais au moins trois heures de retard si je voulais battre mon record Everest-Lhotse, mais cela ne me préoccupait pas trop. Réduire d'environ une heure le temps de mon précédent record suffisait pour tenir ma promesse. La fatigue jouerait probablement en ma défaveur, car le Lhotse est très raide. La remontée de plusieurs longueurs de cordes fixes est éprouvante et met en feu les quadriceps et les mollets à chaque pas. Pour éviter l'épuisement musculaire, je variais les techniques et progressais en crabe afin de solliciter la partie ilio-tibiale de mes cuisses.

Deux mots caractérisent cette ascension du Lhotse : beauté et violence. L'étroit couloir qui mène à la cime était piqueté de roches noires qui brillaient au soleil. Devant moi, se dressait l'imposant Everest enveloppé de nuages ; la file qui descendait vers le camp 4 était toujours là. En chemin, je croisai au moins trois cadavres : sinistre rappel que la haute altitude peut être dure et impitoyable.

Le plus dérangeant était un gars vêtu d'une combinaison jaune vif, la mâchoire figée dans un rictus. Apparemment, il était là depuis des années.

J'atteignis le sommet en dix heures et quinze minutes, répétant mon temps de 2017 ; à la descente, je gardai en tête l'image de l'homme mort comme une piqûre de rappel : *ce pourrait être toi si tu n'es pas prudent.* Le chemin du retour serait long et difficile.

Je pus rapidement enchaîner avec le Makalu : héliporté au camp de base, je profitai d'un repos de quelques heures avant de me lancer dans l'ascension avec Geljen. Les cordes fixes étaient en place ; il avait peu neigé. Nous étions rapides et légers. Nous atteignîmes le sommet le 24 mai en dix-huit heures.

La Phase Un était bouclée ; nous avions tenu nos promesses. J'avais battu l'un des deux records, comme prévu : l'ascension Everest-Lhotse-Makalu en quarante-huit heures et trente minutes, pulvérisant mon temps de 2017.

Malheureusement, le retard pris à l'Everest m'avait empêché d'améliorer le chrono de l'enchaînement Everest-Lhotse. Mais il m'en restait de plus importants à battre. La Phase Un avait duré trente et un jours. Cela me rendait fébrile.

Qui, désormais, douterait de moi ?

15
Politique d'un sommet

J'étais encore secoué par ce qui s'était passé au ressaut Hillary. Là-haut, c'était de la démence. On avait frôlé la catastrophe. *Aujourd'hui, les gens comprennent-ils vraiment que l'Everest n'est pas à la portée de tous?* La veille, en faisant défiler mes photos, j'étais retombé sur celle de ces alpinistes qui attendaient patiemment leur tour. Je m'étais alors connecté à Facebook et Instagram et avais publié quelques images, sans me douter une seconde de l'imbroglio politique qui s'ensuivrait.

Très vite, le cliché que j'avais pris des cent cinquante grimpeurs agglutinés sur l'arête étroite en aval du ressaut Hillary fit le tour du monde grâce à des milliers de clics et de « j'aime » sur les réseaux sociaux; le chaos qui régnait ce matin-là, servi par la qualité de la photo elle-même, était éloquent.

Tout himalayiste sait combien il est difficile de prendre une bonne photo au-dessus de 8000 mètres. À cette altitude délétère, le corps et l'esprit sont si diminués que le simple fait de retirer ses gants, chercher un appareil photo dans une poche, faire la mise au point et prendre le cliché demande un sacré effort. Lever le bras pour faire un *selfie* relève de l'exploit. De plus, les sherpas sont rarement de bons photographes. Au mieux, les images prises dans la zone de la mort sont floues ou mal cadrées. *Mais j'avais eu de la chance.*

Après avoir plié la Phase Un de *Project Possible* en un temps record, je comblais l'attente de notre départ du camp de base du Makalu en m'affairant sur mon ordinateur portable, informant par courriels investisseurs et sponsors potentiels que ma mission était déjà bien engagée. Puis un ami, photographe professionnel, eut une idée de génie. *Pourquoi ne pas vendre la photo de l'Everest?* Beaucoup l'avaient commentée et partagée; deux ou trois alpinistes en avaient même demandé un exemplaire. *N'était-ce pas là un bon moyen de récolter de l'argent?*

J'annonçai en ligne la vente de reproductions et d'un nombre limité de tirages signés au prix de 300 livres. Je ne savais pas trop ce que cela allait donner, mais je voulais absolument lever les fonds qu'il me manquait pour la Phase Deux. Chaque centime comptait.

Vivre au Népal m'avait appris que l'Everest était une vache à lait. Or où règne l'argent, règne aussi la politique. Et politique rime avec problème. Le gouvernement népalais avait reçu des plaintes de personnes s'opposant à la diffusion sur les réseaux sociaux de la photo du ressaut Hillary. Elles m'accusaient de ternir l'image du pays. C'était n'importe quoi. La réalité était que suite à l'annonce d'une petite fenêtre météo de trois jours, une centaine de personnes s'étaient lancées dans l'ascension simultanément, espérant toutes arriver au sommet.

Comme par hasard, certaines de ces plaintes émanaient d'individus qui étaient, de près ou de loin, liés à des concurrents d'Elite Himalayan Adventures. Certains demandaient même qu'on m'interdise de grimper en Himalaya, ce qui m'aurait empêché de mener *Project Possible* à son terme.

Lorsque les autorités apprirent que cette photo me servait à récolter des fonds, elles me convoquèrent. Cela venait un peu après la bataille. Depuis notre départ du camp de base, il y avait eu quatre mille contributions sur Instagram et la photo circulait partout sur Internet et dans la presse. Mais la version des événements du ressaut Hillary qui l'accompagnait était biaisée. Comme les commentaires laissaient penser que c'était tous les jours comme ça à l'Everest, le public exigea tout d'un coup l'instauration d'un quota.

Ce fut un tollé général. Sur les réseaux sociaux, certains doutaient de l'authenticité de la photo ; ils prétendaient qu'il s'agissait d'un montage destiné à donner un coup de projecteur sur les questions politiques et environnementales concernant l'Everest, ou un moyen de faire du battage autour de ma mission, mais tous ignoraient ma version de l'histoire. L'agressivité vint aussi de personnalités du milieu montagnard.

Un de mes bons amis, le grimpeur népalais Karma Tenzing, expliqua dans le *Nepali Times* qu'il était allé au sommet une semaine avant moi, et qu'il n'y avait pas eu foule durant son ascension. Il avait aussi publié une photo de l'arête vierge d'alpinistes et affirmait, à juste titre, que j'avais été témoin d'un événement unique dans l'année – bien qu'une fois dans l'année fût déjà trop étant donné les risques afférents.

« Partout dans le monde, on a cru que c'était comme ça tous les jours », se plaignait-il dans un article intitulé « La plupart du temps, on n'est pas si nombreux à l'Everest ».

Karma ne s'en prenait pas personnellement à moi ; ce qui l'énervait, c'était la réaction épidermique des gens – générée par ma photo devenue virale – de vouloir limiter le nombre d'alpinistes à l'Everest. Il précisa plus tard sur Twitter pourquoi il était opposé aux restrictions :

> *Bizarre de voir des gens qui ne connaissent rien à l'alpinisme s'exprimer sur l'embouteillage à l'#Everest. Non, pas de quota ! Tous ces gens sont des « vrais » grimpeurs, qui ont payé leur dû & sont qualifiés pour & le restent. Avec seulement trois ou quatre jours de beau pour aller au sommet, ça sera le même topo chaque année. Les seuls qui ont la légitimité pour s'exprimer, ce sont les alpinistes qui ont risqué leur vie en traversant la cascade de glace du Khumbu sous la menace des chutes de glace, qui ont atteint le camp 3 en se tirant au jumar à la force des bras pendant des heures, puis le camp 4, où il n'y a quasiment pas d'oxygène. Et qui sont arrivés au sommet complètement épuisés après douze heures d'une ascension pénible – après trois jours de marche sans fermer l'œil – sans rien manger d'autre que des barres au chocolat. Puis qui ont regagné le camp de base deux jours plus tard, pas à pas pour ne pas glisser & chuter. Ceux-là, oui, j'écouterai ce qu'ils ont à dire. PS : Même les 15 et 16, alors qu'il y*

avait peu de monde, il y a eu des morts au camp 4 et au-dessus. Au bout du compte, contrairement à ce que suggèrent les photos, aller au sommet n'est pas une banale promenade de santé. #Stupidité.

Il avait raison. De retour à Katmandou, je rencontrai des politiciens, dont des représentants du ministère du Tourisme, préoccupés par la situation. Ils voulaient connaître ma version de l'histoire et les raisons qui m'avaient poussé à vendre cette photo. Ça m'énervait un peu. La veille, j'avais cherché sur Google Images des photos similaires prises le même jour ou les années précédentes. Il y en avait un paquet. Je me sentais humilié. *Putain, mais qu'est-ce qu'ils avaient à s'acharner sur moi ?* Je me pointai au rendez-vous avec un Powerpoint et une flopée d'images d'embouteillages à l'Everest.

« C'est parce que j'essaye de faire quelque chose de nouveau ? demandai-je en m'installant. Jusqu'ici, j'ai tenu mes promesses. Avec ce projet, ce sont aussi les sherpas qui sont mis en avant. Je ne suis pas votre ennemi ! Il y a des dizaines de photos de ce type sur le Net, mais il se trouve que c'est la mienne qui a retenu l'attention. »

Je vis un ou deux de mes interlocuteurs opiner du chef. L'un d'eux déclara que suite aux plaintes qu'ils avaient reçues concernant la mise en vente en ligne de ma photo, ils étaient tenus d'enquêter sur ce qui s'était passé à l'Everest.

« OK. Je comprends, répondis-je, mais la vérité, c'est que la file, elle existe bel et bien. Si vous estimez que cette situation ne peut pas durer, pourquoi ne pas essayer de s'attaquer au problème de fond au lieu de l'ignorer ? Et puisque maintenant, tout le monde sait à quoi s'en tenir, quelle solution proposez-vous ? Ça fait des années que ça dure et ça coûte des vies. Mais ce n'est pas une fatalité. C'est peut-être le moment de changer la donne. »

Je craignais qu'ils ne proposent de résorber les embouteillages à l'Everest par une augmentation du prix du permis, comme l'avaient suggéré des internautes. Moins d'alpinistes mais autant de profits pour le gouvernement, car seuls les plus déterminés et les plus riches pourraient se payer cette aventure. Mais l'idée que certains, au Népal et au-delà, veuillent réduire l'Everest à un produit de luxe pour les plus fortunés me révoltait.

« Quelle que soit votre décision, est-ce que vous pouvez écarter une augmentation du prix du permis ? La nature n'est pas à vendre. Tout le monde doit pouvoir profiter des montagnes », déclarai-je.

Je leur expliquai que oui, il fallait contrôler qui pouvait gravir l'Everest et quand ; mais de manière équitable. On pouvait facilement résoudre le problème en mettant en place un système de qualifications, dont le but, à l'instar de celui de la sélection des aspirants Gurkhas, était d'éliminer ceux qui n'en avaient pas les capacités.

Par exemple, un alpiniste pourrait obtenir un permis pour l'Everest s'il apportait la preuve qu'il avait gravi un 8000, comme le Manaslu ou le Cho Oyu – ou plusieurs 6000 ou 7000 au Népal, ce qui présentait l'avantage de générer plus de revenus pour la population locale. On pouvait aussi modifier le calendrier des expéditions à l'Everest.

La situation que j'avais vécue en 2019 était due au fait que les cordes fixes avaient été installées très tard dans la saison. Pendant la mise en place de l'équipement, la liste des prétendants s'était allongée ; tout le monde était parti ensuite du camp de base en même temps, créant l'embouteillage dont j'avais été témoin au ressaut Hillary. Changer d'approche logistique permettrait d'éviter un tel engorgement.

« Pourquoi ne pas poser les cordes fixes un mois plus tôt, en avril, en début de saison ? Les ascensions pourraient ensuite s'étaler sur un mois. »

Autour de la table, ils acquiescèrent d'un mouvement de tête, m'assurant qu'ils tiendraient compte de mes suggestions. La pression qui pesait sur eux était de plus en plus forte. Onze alpinistes étant déjà morts à l'Everest cette année-là, de nouvelles restrictions seraient mises en place avant la fin 2019. Le ministère du Tourisme demanderait aux alpinistes de prouver qu'ils avaient escaladé au moins un sommet de 6 500 mètres au Népal ; ce n'était pas aussi ambitieux que ce que j'avais proposé, mais c'était un bon début.

Pour être guides à l'Everest, les sherpas devaient prouver qu'ils avaient assez d'expérience, et leurs clients qu'ils étaient en bonne santé. Ces propositions présentaient bien sûr certains inconvénients. Selon ces nouveaux critères, la plupart des sherpas pouvaient être guides. De plus, il n'était pas difficile de se procurer de faux certificats médicaux. Mais, encore une fois, c'était un pas en avant.

Certes, c'était imparfait. Mais pour avoir été témoin de plusieurs accidents dans les Himalayas au cours de la Phase Un, je considérais que c'était mieux que rien.

◆

La santé de notre mère se détériorait avec l'aggravation de sa cardiopathie.

Au cours de sa convalescence à l'hôpital, elle était tenue informée des progrès de *Project Possible* par Binesh, un ami de la famille. Il gravitait dans notre entourage depuis 2003, l'année où j'avais rejoint les Gurkhas. À l'époque, nos parents étaient seuls, car nous étions tous partis du foyer. Je ne pris conscience de leurs tracas quotidiens à Chitwan qu'au cours d'une de mes permissions où je leur rendis visite.

Un après-midi, tandis que j'attendais le bus avec notre mère, je vis arriver un véhicule bondé ; le trajet s'annonçait cauchemardesque. Aux heures de pointe, les conducteurs, pour des raisons purement vénales, n'acceptaient que les voyageurs qui faisaient un long trajet. Comme ce jour-là, nous n'allions qu'à six kilomètres, nos chances étaient maigres de pouvoir monter à bord et il nous faudrait certainement attendre le bus suivant.

Cela n'a pas manqué, le chauffeur tenta de nous décourager : « Je ne peux pas vous prendre », lança-t-il.

Imperturbable, Maman monta dans le bus, mais un autre conducteur la repoussa et ferma la porte brutalement. Je n'y croyais pas. Et tandis que ces connards s'éloignaient, je perdis mon sang-froid et courus à la maison chercher ma moto. Après une course-poursuite dans les rues, je rattrapai le bus, m'arrêtai devant lui, et montai à bord engueuler le conducteur.

« Ne refais jamais ça ! criai-je, tandis qu'il se recroquevillait sur son siège. Et surtout pas à une femme âgée. » Le type était terrifié.

« Maman, ça n'arrivera plus, lui dis-je lorsque je la retrouvai enfin. Je vais t'acheter une voiture, comme ça, tu n'auras plus besoin de prendre le bus. »

Mon plan avait deux inconvénients. Le premier était qu'il me faudrait obtenir à Katmandou un crédit bancaire pour payer les taxes sur l'achat de véhicules qui, au Népal, pouvaient atteindre 288 %. Le second était que mes parents n'avaient pas le permis de conduire. Une fois la voiture achetée, j'employai donc Binesh pour les mener faire leurs courses; il les accompagnait aussi lorsqu'ils étaient invités chez des amis, pour dîner par exemple. Rapidement, Binesh fit partie de la famille et, en 2019, onze ans plus tard, il s'occupa de mes parents quand ils se retrouvaient seuls à la maison.

Depuis mon départ dans les Himalayas au mois de mai, Binesh était au chevet de ma mère à l'hôpital de Katmandou. Il lui lisait les articles de journaux sur mes expéditions et mes records, lui montrait des vidéos sur Facebook, sans lui épargner le sauvetage du docteur Chin ni la tragédie au Kangchenjunga.

La réunion au ministère du Tourisme terminée, je lui rendis visite à l'hôpital dès que je le pus et, la main dans la sienne, lui racontai mes aventures. Au bout d'un moment, elle me regarda en souriant et me dit: « On dirait que rien ne peut arrêter mon garçon. »

Notre mère savait combien *Project Possible* me tenait à cœur. Elle craignait pour ma vie, mais me laissait vivre ma passion. Elle savait aussi que je ferais tout pour lui trouver un appartement qu'elle partagerait avec mon père une fois ma mission achevée. La voir ainsi dans un lit d'hôpital, reliée à des tubes par des machines qui bipaient, était très déstabilisant. Pendant notre conversation, des larmes roulèrent sur ses joues. Ma mère était tout pour moi. C'est elle qui avait fait de moi l'homme que j'étais devenu et l'idée de l'abandonner m'était insupportable. J'eus un moment de doute.

L'état de santé de Maman se détériorant, y avait-il encore des raisons de poursuivre Project Possible *?*

Si j'abandonnais en cours de route, que nous arriverait-il, à Suchi et à moi ?

Et qu'adviendrait-il de ma réputation si je ne tenais pas mes promesses ?

Maman sentit mon inquiétude. « Nims, tu as commencé une mission, dit-elle, maintenant, termine-la. Nous sommes avec toi du fond du cœur. »

Je lui serrai la main et promis de rentrer sain et sauf le plus rapidement possible. C'est là que j'eus un flash.

Abandonner n'était pas dans nos gènes.

◆

Fin juin 2019, en passant à la Phase Deux de *Project Possible* – qui me conduirait au Nanga Parbat, aux Gasherbrums I et II, au K2 et au Broad Peak –, les débats autour de mes objectifs n'avaient que très peu évolué dans la communauté himalayiste. Bien sûr, après avoir eu connaissance de la vitesse à laquelle j'avais gravi les six premiers sommets, certains m'encourageaient, mais beaucoup s'efforçaient de minimiser mes réalisations.

Le plus souvent, on arguait qu'au Népal, je jouais à domicile : je connaissais la culture locale et le terrain mieux que tout alpiniste étranger, bénéficiant ainsi d'un avantage incontestable. Ce n'était pas faux, même si cela ne prenait pas en compte le fait que je ne grimpais que depuis sept ans. D'autres encore prétendaient que le succès de *Project Possible* reposait sur les héliportages d'un camp de base à l'autre, et qu'au Pakistan, les infrastructures nécessaires étant inexistantes, je ne pourrais pas compter dessus.

« OK. Attendez, les gars, pensai-je, un peu agacé. Vous êtes à côté de la plaque… »

D'un autre côté, je savais qu'au Pakistan les enjeux seraient complètement différents. La région était plus instable : la météo au K2 était exécrable et, aux Gasherbrums I et II, des tempêtes imprévisibles transformaient en un éclair un beau ciel bleu en jour blanc. Le soutien logistique dans le massif du Karakoram, tels les communications et l'hébergement, n'était pas aussi développé qu'au Népal. Impossible de recourir à l'hélicoptère pour aller d'un camp de base à l'autre : il me faudrait marcher.

Mais le risque majeur auquel s'exposait un alpiniste au Pakistan, c'était de voir son équipe liquidée par un groupe de terroristes au Nanga Parbat. J'aimais bien les Pakistanais, et avais toujours eu d'excellents rapports avec eux lors de mes expéditions ; mais dans les mois qui précédèrent *Project Possible,* une attaque talibane était un danger bien réel.

Les tensions avaient commencé le 22 juin 2013. Seize combattants talibans en tenue paramilitaire, armés d'AK-47 et de couteaux, firent irruption au camp de base et traînèrent douze alpinistes hors de leurs tentes avant de les ligoter. Ils confisquèrent ensuite tous les passeports, brisèrent les téléphones portables et les ordinateurs à coups de pierre, et prirent des photos de chacun. Les victimes furent conduites dans un champ près du camp et exécutées. Seul le grimpeur chinois Zhang Jingchuan réussit à s'enfuir, après avoir dénoué ses liens au début de la fusillade.

Le pauvre Zhang partit pieds nus, en sous-vêtements thermiques, dans le noir et sous une pluie de balles. Il se cacha derrière un rocher où, souffrant d'hypothermie, il attendit une accalmie pour ramper jusqu'à sa tente récupérer son téléphone satellite et des vêtements chauds. Autour de lui, onze personnes, amis ou collègues, avaient été massacrées. Soupçonnant les terroristes d'être toujours dans les parages, il savait qu'il devait agir vite ; il s'empressa d'appeler les autorités à son secours. Plus tard ce matin-là, un hélicoptère survola le camp de base et Zhang fut évacué.

J'avais entendu parler de cette histoire lorsque je me battais pour les forces spéciales ; l'atrocité dont elle témoigne avait conforté le bien-fondé de nos interventions armées. Plusieurs années plus tard, l'éventualité d'être attaqués par des talibans au cours de *Project Possible* me rendait nerveux, d'autant plus que j'avais été en opération sur leur terrain au Pakistan. Les combattants pouvaient se pointer rapidement. En effet, contrairement au Karakoram, le massif du K2 et des Gasherbrums I et II, accessible en dix jours à pied par un chemin jalonné de plusieurs postes de contrôle, le district de Diamer (situé dans la région de Gilgit-Baltistan où se trouve le Nanga Parbat), était à seulement un jour de marche des villes les plus proches. De plus, je ne serais pas armé et donc incapable de riposter au cas où il me faudrait défendre ma peau au camp de base.

J'avais peur pour moi, mais aussi pour mes coéquipiers, qui n'avaient aucune expérience militaire. L'image que je m'étais construite en organisant *Project Possible* était une source d'inquiétude supplémentaire. Pour trouver des financements, je n'avais rien caché de mes objectifs et j'étais très présent sur les réseaux sociaux. Résultat : j'étais une cible de choix pour tout terroriste voulant se faire un nom. Mon passé militaire était connu de tous, et quiconque avait maille à partir avec mon implication dans la guerre contre le terrorisme savait où me cueillir sans défense : au Nanga Parbat. La plus grande prudence était de mise.

Côté finances, au moins, les nouvelles étaient bonnes. En planifiant mes ascensions au Pakistan, j'étais conscient qu'il manquait gros pour finir la mission dans le temps imparti. La Phase Un avait englouti tout ce que j'avais récolté jusque-là ; j'avais donc un énorme besoin de trésorerie. Heureusement j'avais un plan de sauvetage.

Des frères d'armes issus des forces spéciales s'étaient mis au service de Bremont, un fabricant britannique de montres. Grâce à l'entremise d'un ami commun, la société avait proposé de me donner quatorze cadrans de montre au moment de quitter Londres pour les Himalayas lors de la Phase Un. L'idée était de les porter sur les quatorze sommets. Ces pièces, devenues uniques, seraient ensuite mises aux enchères, et les gains investis dans l'expédition. La bonne nouvelle, c'était qu'au terme de la Phase Un, Bremont annonça qu'ils avaient l'intention d'augmenter leur participation.

« Nous souhaitons sponsoriser et promouvoir *Project Possible* avec une avance de 200 000 livres, sans intérêts », annoncèrent-ils.

J'étais aux anges. Il n'y avait aucune autre offre sur la table, et sans apport financier, il était impensable de mener le projet à son terme. Le soutien de Bremont, qui s'occupait également de communiquer autour de la mission rebaptisée « Bremont Project Possible », couvrait une grande partie de mes dépenses au Pakistan. Ajouté à cela les revenus de quelques expéditions commerciales et la collecte de fonds à partir de ma page GoFundMe, et le budget de la Phase Deux était presque bouclé. Mais il y avait un hic.

« Nous souhaiterions rendre public notre rôle de sponsor avant l'ascension du Nanga Parbat », m'annonça Bremont.

Je réfléchis. Leur contribution était considérable, et je serais fier de m'afficher avec Bremont, mais uniquement après avoir gravi cette montagne, pour ne pas attirer l'attention des talibans.

« Écoutez, mon passé militaire m'interdit de prendre le moindre risque, leur expliquai-je. Il suffirait qu'un seul type lance : “OK. Ce mec, on va se le faire. Qui est prêt à le buter pour 200 dollars ?”, pour qu'en un claquement de doigts, quelqu'un le prenne au mot. »

Bremont comprit l'enjeu. Personne n'avait intérêt à ce que *Project Possible* ne termine dans un bain de sang. C'était sans compter que le Nanga Parbat m'avait aussi dans le collimateur.

16
Abandonner, ce n'est pas dans nos gènes

Je travaillai d'arrache-pied pour que la mission au Nanga Parbat se déroule en toute sécurité. Afin de brouiller les pistes d'éventuels terroristes désireux de nous faire la peau, des réservations avaient été faites sur trois vols différents en juillet à destination du Pakistan, grevant notre budget global de quelque 2 000 livres. C'était le prix à payer pour se prémunir contre une embuscade ou un kidnapping. De plus, je ne fis aucune publicité de nos itinéraires sur les réseaux sociaux jusqu'au jour où nous quittâmes, indemnes, le district de Diamer.

Enfin, ultime précaution, je voyageai séparément de notre cliente privée, une alpiniste expérimentée que nous emmenions faire le sommet du Nanga Parbat. Par mesure de sécurité, nous avions convenu de nous retrouver au camp de base. En cas d'incident, je voulais être le seul à en subir les conséquences.

Mes coéquipiers durent, eux aussi, modifier légèrement leur manière d'opérer et, en particulier, se départir de la décontraction dont ils étaient coutumiers en montagne. En effet, pendant les treks d'approche, nous aimions bien picoler et écouter de la musique à fond ; et aux camps de base – où les occupations se résument à dormir, manger et papoter –, nous avions l'habitude de mettre une ambiance d'enfer. Grâce à une petite enceinte Bluetooth, l'équipe de *Project Possible* transformait la tente mess en boîte de nuit dès la tombée du jour ; on chantait des tubes de pop népalaise en buvant de la bière et du whisky jusqu'au petit matin.

Les festivités avaient commencé à l'Annapurna. Elles avaient repris après les événements effroyables au Dhaulagiri où nous avions frôlé la mort : faire la fête en musique avait été notre exutoire. C'était également un moyen infaillible de souder l'équipe : après quelques bières, les individus les plus réservés partageaient leurs impressions sur la mission, d'autres trouvaient le courage de parler de leur peur de la haute altitude et de leurs projets une fois gravis les quatorze sommets. Faire la fête ensemble permettait à tous de se sentir partie intégrante du projet, de communiquer et de créer des liens ; le groupe en sortait renforcé et tout le monde voyait que, oui, on travaillait dur, mais qu'on déconnait aussi beaucoup. Pour autant, le je-m'en-foutisme n'avait pas sa place. Lorsqu'on passait toute la nuit à danser, je mettais un point d'honneur à être le premier debout. Je ne plaisantais pas avec ça, exigeant que tout le monde soit irréprochable. Et je le faisais savoir.

Ce rituel se poursuivit à notre arrivée au Pakistan. Le conducteur du fourgon qui nous embarqua à Islamabad avait mis la radio ; on augmenta le volume, et tout le monde se mit à chanter et à parler bruyamment dès qu'il démarra, direction les montagnes. Puis nous reçûmes un appel téléphonique de l'alpiniste pakistanais Muhammad Ali Sadpara, qui eut l'effet d'une douche froide.

Ali avait gravi le Nanga Parbat plusieurs fois déjà. Il connaissait très bien la région et je l'avais embauché comme responsable du camp de base. Lorsqu'il entendit la musique et les chants en arrière-fond de notre conversation, il nous passa un savon : pendant la semaine à venir, il ne fallait surtout pas se faire remarquer.

« Nims, je sais que tu es un bon vivant, que toi et ton équipe vous aimez bien danser, boire et écouter de la musique toute la nuit. Mais au Pakistan, c'est hors de question. On n'est pas au Népal. Déconne pas ! »

Cet avertissement me fit un peu flipper, mais il avait raison. À cause de mon statut, mieux valait, autant que possible, faire profil bas et rester sur nos gardes. Pendant le trek vers le camp de base, l'équipe traversa donc les villages de nuit, en silence, et restait très concentrée chaque fois qu'on passait devant un *lodge* de trekkeurs. Au camp de base, dès la nuit tombée, j'adoptai les tactiques de défense apprises lors des entraînements militaires : toujours sur le qui-vive, je surveillais les tentes et les membres de l'équipe tandis qu'ils discutaient tranquillement.

L'atmosphère était étrange. Régulièrement, je scrutais l'horizon pour détecter d'éventuelles lampes qui se dirigeraient vers nous, ou des signes d'activités suspectes. Mis à part ce travail de sentinelle, comme j'avais pris conscience que les membres des autres expéditions pouvaient dévoiler ma localisation via Twitter ou Instagram, je réunis leurs chefs pour les convaincre de l'extrême importance de rester discrets, tout particulièrement sur les réseaux sociaux. Je ne pouvais pas prendre le risque qu'un groupe terroriste présent sur le territoire pakistanais intercepte l'information et vienne nous attaquer.

« Pour des raisons de sécurité, je dois rester sous les radars. Depuis le carnage de 2013, l'endroit n'est pas sûr, même aujourd'hui », leur dis-je.

L'un d'entre eux trouvait ma réaction disproportionnée, mais je n'étais pas de son avis.

« Une cellule terroriste peut rejoindre le camp de base en vingt-quatre heures. Et s'ils débarquent, je ne serai pas le seul à morfler. Donc, ne dites pas que je suis ici, *s'il vous plaît.* »

J'en faisais peut-être trop, mais mieux valait ne prendre aucun risque, d'autant plus qu'il s'agissait seulement d'un danger parmi tant d'autres. Et je préférais mourir dans une avalanche que sous les feux d'un peloton d'exécution.

◆

Quelques expéditions nous avaient précédés au Nanga Parbat, parmi lesquelles des Jordaniens, des Russes, des Français et des Italiens. Quelques-uns avaient commencé le travail et prétendaient avoir posé les cordes fixes du camp 2 au camp 3. Une équipe internationale avait apparemment fait de même entre le camp 1 et le camp 2, et ses membres s'étaient vantés sur Twitter que tout était en place. Tout le monde considérait que l'information était fiable, et nous en tînmes compte dans notre stratégie d'ascension : comme nous n'avions pas à équiper le début de la voie, nous pouvions profiter des sorties d'acclimatation pour faire des portages de quelque trente kilos de matériel chacun.

L'usage était de faire confiance aux grimpeurs présents, et dès que nous fûmes installés, j'organisai des rotations du camp de base au camp 1, espérant passer le mur Kinshofer – une paroi exposée de glace et de rocher où nous aurions besoin de nos piolets – situé avant le camp 2. Nous étions dans la montée quand une perturbation s'abattit sur nous. La montagne fut prise dans une tempête de neige, et la situation empira après le camp 1, car aucune trace des cordes posées par l'expédition internationale n'était en vue.

J'avais la vague impression que le travail d'équipement n'avait été fait qu'à moitié, tout en espérant que les cordes étaient simplement dissimulées sous la neige. Tels des damnés, nous brassâmes les paquets de poudreuse qui s'accumulait, nous épuisant à creuser et chercher tous azimuts. De plus, le terrain étant très raide, le moindre amas en amont pouvait déclencher une avalanche et balayer les rochers telle une coulée de lave.

Très vite, un *woumpf* ô combien familier se fit entendre : une vague de poudreuse partie de plus haut nous prit de biais et nous mit à terre. À ce moment-là, j'avais le regard posé sur Mingma affairé à dégager une corde. Je vis la déferlante l'emporter en un éclair.

Je paniquai. Étais-je sur le point de le perdre à jamais ?

Recouvrant mes esprits, je rampai dans la neige fraîche et le brouillard qui nous enveloppaient, à la recherche d'un signe de vie ; heureusement j'aperçus sa silhouette. Mingma avait enfoncé ses deux bras dans des monticules de neige, évitant ainsi d'être balayé de la vire où il se trouvait vers une chute fatale. Mais il était en situation délicate. Dans la bataille, ses pieds avaient perdu leur assise sur une pente qui menaçait de céder. Un mouvement de travers, et il partait sur plusieurs centaines de mètres.

L'inclinaison de la pente n'était pas suffisante pour le tuer, mais s'il butait contre un rocher, il risquait d'être grièvement blessé. Lentement, nous nous approchâmes de lui. Nous plantâmes deux piolets dans la neige en guise de prises de main, où il put se tenir fermement pour se remettre d'aplomb, avant de reprendre l'escalade et rejoindre un endroit moins exposé. Putain, il avait du bol de s'en sortir indemne.

J'avais eu ma dose. Les cordes n'étant pas en place, nous reprîmes nos affaires, abandonnant l'idée de passer le mur Kinshofer, et descendîmes au camp de base. J'étais déterminé à en découdre avec l'équipe internationale qui nous avait induits en erreur par leur *tweet.* J'étais furieux, dégoûté et fatigué de tous ces gens qui n'arrêtaient pas de mentir, surtout après ce qui était arrivé au Kangchenjunga ; et cette fois, avec toutes ces conneries, on avait manqué y rester. Je m'en voulais aussi d'avoir trop compté sur eux. Lorsque je retrouvai les alpinistes incriminés, ma colère monta d'un cran ; à cause de leurs cordes fantômes, Mingma était passé pas loin de la mort. J'entrai dans leur tente comme une furie.

« Putain, mais qu'est-ce qui vous a pris ? criai-je. Pourquoi dire que vous avez équipé la voie alors que c'était pas vrai ? J'ai failli perdre un de mes meilleurs éléments à cause de vous. »

À ma grande surprise, ils n'essayèrent même pas de se disculper.

« Nims, on est désolés, dit l'un d'entre eux. Les lignes avaient été fixées *en partie.* On a mis l'info sur Twitter, mais peut-être qu'on n'a pas été assez précis. On ne pensait pas que vous alliez lire le *post.*

– Ouais, mais c'est à cause de ce *post* que nous avons changé notre plan initial. Si on avait su, on serait partis légers plutôt que de nous coltiner des sacs super lourds. »

Je secouai la tête. C'était vraiment n'importe quoi. Le plus inquiétant était qu'ils avaient publié ce message pour impressionner leurs sponsors et leurs *followers* sur les réseaux sociaux. Je compris alors qu'au Nanga Parbat, les seules personnes de confiance étaient les gars de *Project Possible.* Je compris également que si nous commencions à nous bagarrer avec tout le monde au camp de base, cela ne nous faciliterait pas la tâche le jour de l'assaut sommital.

Je me calmai, estimant que c'était le moment de faire retomber la pression. On pouvait encore négocier et cela valait mieux que d'en venir aux mains.

« Écoutez les gars, on a intérêt à jouer cartes sur table, dis-je en baissant le ton. À partir de maintenant, on s'échange uniquement des informations fiables. Pour réussir l'ascension, il nous faut un plan béton. »

Quelqu'un sortit une bouteille de vodka et des boîtes de thon pour marquer la suspension des hostilités. Je proposai le compromis suivant : les différentes expéditions se partageraient l'équipement de la voie lors de la tentative sommitale, prévue le 3 juillet puisque la météo devait s'améliorer.

Comme une partie des cordes étaient en place entre le camp 1 et le camp 2, je suggérai que l'équipe de *Project Possible* fasse la trace dans la neige fraîche et complète l'équipement, avant de se reposer une nuit au camp 2. Si la corde laissée par les Jordaniens l'année précédente était toujours en place, les différentes équipes se relayeraient pour aménager les pentes jusqu'au camp 3. Mes hommes poursuivraient le travail jusqu'au camp 4 au profit de toutes les expéditions présentes, puis feraient la trace jusqu'au sommet.

L'équipe internationale acquiesça. *Nous avions un plan d'attaque.* La nouvelle fit le tour des équipes stationnées au camp de base. L'imbroglio avait été étouffé dans l'œuf, du moins temporairement.

Le jour suivant, lorsque commença l'ascension proprement dite, l'équipe de *Project Possible* fit la trace jusqu'au camp 2 et dégagea les cordes enfouies sous la neige avant de se reposer dans les tentes. La nuit fut courte mais salutaire. Les Jordaniens se révélèrent très efficaces ; ils étaient forts et ne rechignaient pas à la tâche. Le lendemain matin, ils firent la trace jusqu'au camp 3. Une partie des cordes qu'ils avaient posées l'année précédente était accessible, le reste était sous la neige. Il fallait les libérer, mais comme la poudreuse n'était pas trop épaisse, ce fut relativement facile.

Tandis que nous progressions, des membres de deux expéditions différentes ne purent s'empêcher de se bouffer le nez. On reprochait à certains d'être trop lents et de manquer d'ardeur. Deux équipes au moins avaient prévu de redescendre à skis du sommet du Nanga Parbat, et elles se tiraient la bourre car un Français était monté en style alpin et les avait devancées quelques jours plus tôt.

Tout bascula lorsqu'un alpiniste expérimenté refusa de participer à l'effort collectif. Son excuse ? Il tournait un documentaire et avait mieux à faire, c'est-à-dire piloter son drone. À nouveau la moutarde me monta au nez. Tous, nous voulions nous occuper de notre drone, le faire voler pour rapporter de belles images. Moi aussi. Mais puisqu'on avait décidé de collaborer, il n'était pas convenable de se soustraire à nos responsabilités. Le travail d'équipe et la réalisation de la mission prenaient le pas sur nos objectifs personnels.

Bien que nous ne fussions pas directement pris à partie, ces bisbilles nous contrariaient. Au cours de ma carrière, la reconnaissance personnelle et la course à la célébrité ne m'ont jamais intéressé. En tant que soldat, ce n'était pas mon truc ; je préférais le travail d'équipe. Et il en allait de même pour les gens qui m'entouraient, ce qui fait que tous les membres de l'escadron se vouaient implicitement une confiance mutuelle. Au sein de l'élite militaire, mes priorités étaient claires : la mission et le groupe avant tout. Je n'aurais laissé personne me marcher sur les pieds ni mettre en péril la vie de mes frères d'armes pour sa réussite personnelle.

Malheureusement, le Nanga Parbat corrobora les leçons que m'avait apprises le Kangchenjunga. Certains étaient de purs égoïstes.

Mon ressentiment envers les autres expéditions monta d'un cran le lendemain matin quand, après une nuit passée au camp 3, nous fîmes la trace dans une pente de neige profonde menant au camp 4, ce qui rendait la pose des cordes d'autant plus éprouvante. Les cordées décidèrent de se reposer quelques heures au camp 4 en préparation de l'assaut sommital, même si les chances de pouvoir fermer l'œil étaient maigres. Six alpinistes se tassèrent dans une tente car nous n'avions pris que le strict nécessaire.

Au moment de partir, j'entendis parler dehors. Les autres équipes s'étaient regroupées et attendaient qu'on passe à nouveau devant, alors qu'elles auraient pu prendre l'initiative de le faire. Tous comptaient sur l'équipe de *Project Possible* pour faire le boulot à leur place. Nous avons attendu un moment dans la tente sans broncher, nous demandant si quelqu'un allait s'y coller, mais personne ne bougea d'un iota. Une fois encore, c'était à nous d'ouvrir le passage. J'étais contrarié, d'autant plus que les infos qu'on m'avait données pour l'assaut final étaient légèrement erronées.

Certains tronçons d'accès aux camps inférieurs présentaient des longueurs de glace dure qui nécessitaient une bonne technique de cramponnage en plus de l'utilisation de la corde. Encore fallait-il qu'il y eût une corde en place. Sans cette sécurité, un alpiniste risquait de glisser tel un palet de hockey sur une patinoire. Avec un peu de chance, et de dextérité, il pourrait réduire sa vitesse de chute ; mais sur une neige compacte ou sur la glace, la pesanteur l'expédierait dans un autre monde.

S'attaquer à ce type de terrain sans corde fixe n'était donc pas recommandé. Et pourtant, nous étions là, proches du sommet du Nanga Parbat, traversant, sans corde, un éperon délicat plaqué d'une substance aussi glissante qu'une patinoire. Tout ça parce que les informations que j'avais recueillies en préparant cette expédition indiquaient qu'aucun équipement n'était nécessaire entre le camp 4 et le sommet. Cela avait peut-être été le cas pour une ou deux expéditions qui nous avaient précédés, mais pas pour la nôtre.

Quelques jours plus tôt, l'imposture de l'expédition internationale concernant les cordes fixes m'avait scié. Et ça recommençait tandis que nous traversions cette pente approchant 50 degrés. J'aurais dû vérifier et revérifier mes infos. Et vérifier encore une fois.

En baissant le regard, je distinguais le camp de base à travers les nuages ; c'était hyper exposé. Mon cœur battait la chamade. J'avais les mains moites. D'un commun accord, nous décidâmes de traverser la pente de glace ; au moindre faux pas, les équipes qui nous suivaient me verraient passer en trombe, puis mes chairs exploser en contrebas sur un rocher. J'observai mes compagnons ; ils progressaient d'un rythme régulier. J'interpellai Geljen en criant. Il avait fait une bonne partie de la trace entre le camp 3 et le camp 4, et au réveil ce matin-là, le jour du sommet, on aurait dit un zombie tellement l'effort de la veille avait été violent. Son visage était livide ; il avait l'air H.S.

Il devait avoir peur lui aussi.

« Dis, c'est un peu limite, non ? lui criai-je.

— Putain, t'as pas tort. Ça craint, Nimsdai. Faut faire super gaffe », répondit-il en rigolant.

Rassuré de ne pas être le seul à flipper, je laissai échapper un soupir de soulagement. Cet unique moment de peur me poussa à réévaluer immédiatement notre situation. Je mis le turbo pour tailler des marches : je tapais les pointes de mes crampons jusqu'à ce que le métal brise la glace, puis je creusais la suivante avec mon piolet, et ainsi de suite.

« Les gars, taillez des marches pour les autres, criai-je, sinon quelqu'un va y passer. »

Le sommet fut atteint à 10 heures le 3 juillet, après avoir sculpté un chemin bien visible dans la glace. En contrebas, disputes et confrontations impétueuses continuaient, mais le travail d'équipe et la conscience d'un même enjeu collectif avaient propulsé l'équipe de *Project Possible* sur son premier 8000 pakistanais.

◆

Je décrochai. À peine une ou deux secondes. Et cela suffit pour passer à deux doigts de la mort.

Dans la hâte de regagner le camp de base, j'étais parti tôt le matin après une nuit au camp 4. Le mur Kinshofer derrière moi, je marchais avec beaucoup de précaution dans la poudreuse légère qui avait failli ensevelir Mingma quelques jours auparavant. J'étais clippé aux cordes fixes dans une pente très raide, autour de 60 ou 70 degrés, ce qui aurait dû m'inciter à faire deux fois plus attention.

Je ne sais pas pourquoi je me suis laissé distraire. Lorsqu'un grimpeur en aval me cria de me déclipper, j'enlevai mon mousqueton et fis un pas en arrière, puis vers le bas, sans réfléchir. Le gars voulait probablement que je soulage la corde de mon poids – ce qui n'était pas très prudent –, mais comme il avait l'air un peu défait, ça ne me dérangeait pas. En attendant, je faillis y passer.

Le parallèle que j'ai utilisé précédemment pour décrire la concentration mentale la définit comme le fait de rester attentif et opérationnel sans être pour autant pleinement conscient du moment présent, un peu comme lorsque l'on discute en conduisant. Mais lorsque j'ai reculé après m'être déclippé, je me suis relâché un moment, et mon attention a diminué. C'était un comportement irresponsable, comme si j'envoyais un texto au volant, à 150 kilomètres par heure. Je trébuchai, tombai sur le dos, avant de dévaler la montagne de plus en plus vite en tournoyant. Les mètres défilèrent dans une sorte de flou au fur et à mesure de l'accélération de la chute.

J'avais déjà fait des chutes dans des situations pour le moins délicates, mais j'avais toujours su garder mon calme. Dans l'armée, lors d'un saut en parachute, je vis partir au loin ma voile en tirant la poignée. Au lieu de paniquer, j'appliquai ce qu'on m'avait enseigné à l'entraînement et déclenchai la réserve, qui heureusement se déploya et se gonfla d'air.

C'était un peu la même chose ici ; chaque seconde comptait. Je tirai d'un coup sec sur la dragonne pour libérer mon piolet et enfonçai le manche dans la neige pour me ralentir et enrayer la chute. Une fois à l'arrêt, je pourrais me remettre sur la corde. Mais le piolet n'avait aucune prise. *Il y avait eu un dysfonctionnement.* Il était temps de passer sur la réserve. Je plantai à nouveau mon piolet, mais la surface était trop pulvérulente et il était impossible de freiner.

Cette fois, j'avais de bonnes raisons de paniquer : j'étais en chute libre. Je pris conscience que j'avais une petite chance de m'en sortir en voyant la corde à côté de moi. Je parvins à l'attraper et m'arrêtai. Par miracle, je n'étais pas mort. Ma trajectoire m'aurait éjecté des pentes du Nanga Parbat et ça aurait été un carnage ; tout cela parce que j'avais manqué d'attention pendant une fraction de seconde. En me reclippant sur la corde, les jambes en coton, je me fis la promesse suivante : *toujours rester concentré, toujours redescendre prudemment.* Cette devise était aussi valable que n'importe quelle autre. Dans la lente descente jusqu'au camp de base, je ne cessai de me répéter ces mots.

Nous n'avions pas le temps de célébrer notre victoire et quittâmes le Nanga Parbat sans tambour ni trompette.

J'avais de la chance d'être encore en vie.

17
Dans la tourmente

À chaque étape, *Project Possible* me donnait une bonne leçon, que ce soit en montagne ou au retour. Au niveau de la mer, je me perfectionnais tous azimuts : collecte de fonds ; relations publiques (j'étais une vraie machine de propagande à moi tout seul) ; défense de l'environnement ; et combats politiques. Au-dessus de 8 000 mètres, j'avais découvert jusqu'où je pouvais aller quand j'étais sous pression. Je savais garder mon calme et restais un bon meneur d'hommes, même lorsque j'avais à gérer des situations de mal aigu des montagnes, d'avalanches, ou de secours, qui pouvaient facilement dégénérer en catastrophe. Quand la mort entrait dans mon champ de vision périphérique, comme lors de ma chute au Nanga Parbat, je l'affrontais, trouvais une solution puis poursuivais mon objectif.

Jamais je ne me suis plaint que c'était trop dur. Comme à la guerre, l'exemplarité était l'un de mes principes. Je maintenais le moral des troupes par l'effort et la pensée positive. Dans la vie civile, qui comporte moins de dangers, il était facile d'appliquer cette manière de travailler. En montagne, où la météo change constamment et transforme rapidement une situation de survie en hécatombe, ces qualités de leadership étaient mises en exergue.

Parfois, l'une de nos équipes partie en éclaireur installait le camp de base dans le déchaînement d'une perturbation météo. Nous recevions un appel radio désespéré : « Nimsdai, il neige beaucoup. L'ascension va être compliquée. » Plutôt que de pester contre l'adversité, je me targuais d'un petit commentaire pour remonter le moral des troupes, du genre : « Allez les gars, vous vous attendiez à quoi sur une montagne pareille ? À une vague de chaleur ? » Je me délectais de guider mes hommes dans la bataille, sur des terrains où nous étions mis à l'épreuve et où le temps était souvent pourri. Travailler dur était gratifiant et stimulant.

Lorsque le poids des responsabilités était trop lourd à porter et que j'étais au bout du rouleau, je passais en revue mes accomplissements du temps où j'étais Gurkha et opérateur des forces spéciales, ainsi que les records mondiaux de mon palmarès d'himalayiste. En général, cela suffisait à balayer tout embryon de pensée négative. Pour surmonter certains épisodes d'épuisement extrême, je me remémorais les raisons pour lesquelles j'avais mis sur pied ce projet. Ce qui m'aidait le plus, cependant, c'était que j'y croyais. Je n'étais pas à l'aise sur le plancher des vaches, ça n'était pas mon élément. Mais en haute montagne, je me sentais invincible.

Je me disais : « C'est *toi* le meilleur. Tu peux y arriver. » J'avais entendu des anecdotes de la vie de Mohamed Ali, qui rapportaient que même à la fin de sa carrière de boxeur, il n'avait jamais envisagé la défaite. Usain Bolt était dans la même disposition d'esprit lors des

Jeux olympiques qui lui valurent une médaille d'or. Chaque fois que nous arrivions à un camp de base, je les prenais pour exemples : j'étais toujours convaincu qu'on irait au sommet, qu'il était d'ailleurs là pour être gravi.

« Tu vas y arriver. C'est toi le chef », me disais-je.

Certains voyaient peut-être dans mon attitude une manifestation dangereuse d'orgueil ou de mégalomanie, mais pour moi, ce n'était pas une question d'ego – la mission allait bien au-delà. Il ne s'agissait pas non plus de minimiser ni de mépriser la majesté des montagnes. J'avais simplement la conviction intime et quasi absolue que j'étais capable de réussir – et cette confiance me permettait d'avancer comme une fusée. Les Gasherbrums I et II – respectivement onzième et treizième plus hauts sommets du monde – étaient les prochains sur la liste de la Phase Deux. Nous n'avions pas le temps de nous reposer.

Malgré les difficultés financières qui plombaient la mission depuis ses débuts, j'arrivais à rester concentré sur l'objectif. Je tentais de gérer au mieux la tension nerveuse liée à l'hospitalisation de ma mère à Katmandou et à mon épuisement extrême. Le trajet du Nanga Parbat à Skardu, puis au camp de base commun des GI et GII, devait nous prendre huit jours, et traversait deux régions où patrouillaient des combattants talibans. Il était important que tout le monde se tienne en alerte jusqu'à notre arrivée dans le massif du Karakoram. Pour brouiller encore un peu les pistes, nous campions loin des *lodges* qui jalonnent la route.

Nous n'avions pas le luxe de lambiner. Le voyage commença par vingt-quatre heures de route non-stop, tous entassés avec notre matériel dans un minibus. Face à un glissement de terrain qui barrait la route et promettait de nous ralentir sérieusement, nos sacs furent chargés à bord d'un véhicule de l'autre côté de l'éboulement. Se reposer alors que des forces hostiles étaient à nos trousses était, je le savais, une tactique suicidaire.

Avant d'entamer la marche d'approche, nous louâmes des mules et des porteurs pour acheminer la plus grosse partie de notre équipement jusqu'au camp de base. Craignant que, sur les sentiers, les mules ne fussent trop lentes et nous ralentissent, je demandai d'entrée à nos interlocuteurs de doubler leur nombre. Le temps jouait contre nous : la saison d'himalayisme touchait à sa fin, et après l'ascension du Nanga Parbat, j'avais décidé de ne pas me contenter de battre le record mondial d'enchaînement des cinq 8000 de la région – qui était de deux ans –, mais de le pulvériser. J'avais le feu sacré et mon objectif était de les gravir en quatre-vingts jours. Le problème, c'était que mon équipe était au point mort.

« Écoutez les gars, on ne peut pas se permettre de progresser à une vitesse normale. On va doubler le nombre de porteurs et de mules. Si on arrive au GI en trois jours, vous serez quand même payés pour huit. »

Le muletier n'était pas d'accord.

« Nims, que les mules portent trente ou quarante kilos, elles avanceront toujours à la même vitesse.

— On essaye, lui répondis-je. Je te donne une chance. Je ne veux pas plomber la mission. »

Ma requête tomba dans l'oreille d'un sourd. Le lendemain matin, au moment de quitter Askole – le point de départ de nombreux treks du Karakoram –, le muletier arriva avec le nombre de bêtes initialement prévu, persuadé qu'il était inutile d'en prendre plus. Le premier soir, nous arrivâmes au campement avec quatre ou cinq heures d'avance sur la caravane. Idem le lendemain. Le troisième jour, je perdis mon sang-froid.

« Putain, laisse tomber. Vous savez quoi, les mecs ? Vous avez peur de sortir de votre zone de confort, lançai-je d'un ton cassant. Nous, faut qu'on accélère. »

Je consultai Mingma, Geljen, Gesman et les autres. « Si on porte notre matos de grimpe nous-mêmes, on va gagner un sacré temps. OK pour vous ? »

Tous acquiescèrent. On était sur la même longueur d'onde. Nous levâmes le camp à 4 heures et arrivâmes au pied du GI à 17 heures, après avoir parcouru cinquante-quatre kilomètres en treize heures avec plus de trente-cinq kilos sur le dos. On était crevés mais le moral était bon.

Malgré cet effort herculéen, j'étais prêt pour le volet Karakoram de la mission, confiant dans notre capacité à affronter les épreuves qui nous attendaient, sans les minimiser pour autant. Le Gasherbrum I faisait rarement les gros titres dans les médias, car il n'avait pas la funeste réputation du K2 ou de l'Annapurna ; mais il avait quand même fauché plus de trente alpinistes depuis 1977. Il n'était pas à prendre à la légère, surtout après l'incident au Nanga Parbat qui avait failli me coûter la vie.

Ma relation à la mort était étrange. On dit souvent qu'un Gurkha ne ressent jamais ni terreur, ni anxiété ; mais la réalité est bien différente. La peur participe de la nature humaine. Plutôt que de laisser des émotions négatives le paralyser, le soldat la transforme en énergie positive, en moteur. En d'autres occasions, je l'instrumentalisais pour bien me remettre en tête l'importance de la mission et la nécessité de garder mon calme. « Si j'ai peur, c'est qu'il y a un enjeu louable », me disais-je.

À la guerre par exemple, l'une des attributions des forces spéciales était ce qu'on appelle *Deliberate Detention*, c'est-à-dire l'arrestation d'un individu recherché et dangereux. Lors d'opérations de ce type, capturer la cible était mon unique objectif. La fierté que j'éprouvais pour les institutions que je servais dépassait largement toute crainte que je pouvais avoir de me blesser ou de mourir. Cette posture faisait taire toute pensée négative qui surgissait à l'idée de ce qui m'arriverait si on me tirait dessus ou si je perdais un membre en sautant sur un EEI. Cette attitude mentale s'accordait parfaitement à l'alpinisme.

J'ai toujours pensé que la probabilité que je meure au cours d'une expédition était assez faible ; je pouvais me blesser gravement, mais ça s'arrêterait là. Je n'ai jamais réfléchi aux circonstances de mon décès, ni à la douleur que je pourrais ressentir dans mes derniers instants. Je me focalisais sur ma réputation d'alpiniste endurci, me rappelant qu'il était important de faire preuve de courage et de garder son intégrité dans l'action. Avec force et ruse, tout était possible, et avec le courage de dix hommes, rien ne pourrait me résister. Si la météo était mauvaise, ou si le risque d'avalanche était élevé, je canalisais mon sang-froid pour rester concentré, abordant les dangers objectifs comme une unité militaire s'applique à déjouer les plans de l'ennemi. Après avoir fait l'état des lieux des ressources à notre disposition et des forces adverses, j'identifiai la tactique la plus efficace pour les neutraliser.

Une fois installé au camp de base commun du GI et du GII, je me consacrai à anticiper tous les pièges que la montagne pourrait nous tendre. Écartant les pensées négatives occasionnées par ma chute au Nanga Parbat, j'engageai une nouvelle conversation avec le sommet.

Allez, viens, fils de pute. Ça sera toi ou moi.

Des nuages se formaient autour de la cime. Un orage se préparait, mais ce n'était pas très grave car mon équipe saurait se soustraire aux dangers imminents. Après tout, en Himalaya, le mental est aussi important que la force physique.

Tu es sur ton terrain, Nims. C'est là que tu rayonnes.

Je ne disais pas cela par manque de respect. Après le Kangchenjunga, j'adoptai délibérément une attitude neutre devant les montagnes que je projetais de gravir. Une confiance excessive peut mener au casse-pipe, car elle incite à se laisser aller et à transgresser les règles de l'art. Tel était le gentil avertissement que j'avais reçu au Nanga Parbat pour avoir été un peu cavalier dans ma recherche de renseignements et avoir trop compté sur autrui. Être sans cesse sur le qui-vive n'était pas bon non plus, car trop de ruminations empêchent un individu d'atteindre l'état de *flow*. Par conséquent, avant une ascension, je me mettais systématiquement dans un mode intermédiaire, ni trop inquiet, ni trop désinvolte. J'étais résolu à rester combatif coûte que coûte. *Quand je m'attaque à une montagne, je m'y attaque à cent pour cent.*

Plus que quiconque, je savais que la nature se tape de la renommée, de l'âge, du sexe, et de l'origine sociale. Elle n'est pas non plus sensible à la personnalité des alpinistes : elle n'en a rien à battre qu'ils soient moralement méritoires ou indignes. La seule latitude dont on dispose est de se mettre dans la bonne disposition d'esprit, celle qui nous permet de surmonter les épreuves qui nous attendent.

Neige poudreuse ? *Je ferai la trace comme une centaine d'hommes.*

Avalanche ? *Je peux limiter les dégâts.*

Blizzard d'enfer ? *Vas-y, approche.*

Sur chaque montagne, il me fallait construire une puissance de frappe capable de briser le moindre obstacle. Puis foncer.

◆

L'auteur américain Mark Twain écrivit un jour que si votre boulot est de manger une grenouille vivante, alors mieux vaut vous acquitter de votre tâche de bon matin ; et s'il est d'en manger deux, mieux vaut commencer par la plus grosse. En d'autres termes : *mieux vaut se débarrasser en premier du travail le plus ardu*. Au camp de base, un plan de bataille fut dressé. Le GII, c'était du menu fretin ; nous comptions le prendre à un rythme assez débonnaire, en nous reposant dans des camps inférieurs. Le GI, en revanche, était un gros poisson bien moins amène ; l'idée était d'y aller d'abord avec Mingma et Geljen, et d'une seule traite si la chance nous souriait.

L'entreprise était éreintante. Comme aucun dépôt d'oxygène n'avait été fait au préalable, il nous fallut porter des bouteilles, en plus des provisions, du matériel, et de toutes nos affaires de montagne. Nous étions partis après deux jours de repos, mais nous nous rendîmes rapidement compte que nous n'avions pas complètement récupéré de l'ascension du Nanga Parbat. Dans la partie inférieure, la remontée d'un couloir strié de crevasses – plus long que la cascade de glace du Khumbu mais moins imposant – nous vida complètement de nos forces. Heureusement, les cordes fixes étaient en place jusqu'en haut, m'incitant à croire que l'ascension serait achevée en un temps plus que raisonnable.

J'avais gravi le Makalu, la cinquième montagne la plus haute du monde, en dix-huit heures, après être allé à l'Everest et au Lhotse, et avec une dette de sommeil de quatre ou cinq jours; nous étions allés au sommet du Kangchenjunga, le troisième plus haut 8000, dans des conditions similaires, après l'ascension éprouvante du Dhaulagiri. Je me disais donc qu'on pouvait plier la face nord-ouest du Gasherbrum I, dont l'altitude est de 8 080 mètres, d'une seule traite, pour arriver au sommet autour de midi.

Le passage clé de la voie est un couloir à 70 degrés – dit « des Japonais » –, séparant le camp 2 des camps en amont. Une fois franchi, il ne nous restait qu'à nous hisser jusqu'en haut après une dernière traversée sur une pente très raide. C'était une putain de montée. Le passage du couloir, en particulier, nous prit beaucoup plus de temps que prévu, si bien que nous arrivâmes au camp 3 la nuit tombée. Dans l'incapacité de continuer, nous fûmes contraints de revoir notre stratégie.

Poursuivre dans l'obscurité était du suicide: nous ne savions pas exactement où se trouvait le sommet, aucun balisage n'était en vue, et nous allions vite perdre nos repères en cherchant l'itinéraire, même avec l'aide de nos GPS. La mission GI finirait très probablement en tragédie ; l'un de nous, atteint de confusion mentale, tomberait dans une crevasse ou basculerait dans le vide.

Dans l'immédiat, il nous fallait résoudre le problème de l'équipement. Comme notre plan initial avait été d'aller au sommet d'une seule traite, et que c'était cuit, l'opération était compromise. Pour terminer l'expédition dans les temps, nous dûmes nous arrêter au camp 3 et nous abriter dans une vieille tente afin de nous reposer quelques heures avant de repartir vers le sommet le lendemain matin. Nous étions partis légers – mis à part les bouteilles d'oxygène –, et n'avions rien à nous mettre sous la dent. À nous tous, nous n'avions qu'un seul sac de couchage et nos combinaisons intégrales pour nous tenir chaud.

Pour nous protéger du froid mordant, nous nous serrâmes les uns contre les autres, la chaleur corporelle compensant un peu la chute drastique de la température. Mais à 3 heures, plus possible de fermer l'œil : nous étions gelés. Nous nous préparâmes pour l'assaut sommital, ce qui nous prit une heure et demie à cause de la fatigue.

Suivit une longue bavante. Nous progressions sans cordes, hésitant à virer à gauche ou à droite dans la pâle lueur du jour naissant. *Le point culminant se trouvait-il à notre gauche ou à notre droite ?* C'était difficile à dire ; pourtant, il fallait absolument que je sache si nous étions dans la bonne direction. Nous avions entendu trop d'histoires tragiques d'alpinistes pensant avoir gravi un sommet, mais qui apprenaient, de retour au camp de base, qu'ils n'avaient atteint qu'une antécime. Je ne voulais pas qu'une erreur d'orientation, ou l'épuisement qui nous guettait à chaque pas, nous coûtât la victoire. J'appelai donc le camp de base et fus mis en relation avec un grimpeur qui avait fait le sommet quelques semaines auparavant.

Ses indications nous permirent de trouver l'itinéraire. Épuisés, nous progressâmes péniblement, tout en admirant le GII et le Broad Peak en arrière-fond, jusqu'à une arête rocheuse aiguisée comme une lame de rasoir, marquant le point où nous devions faire demi-tour. Nous étions rattrapés par la dure réalité de cette montagne. *Malgré la promesse que je m'étais faite de rester neutre devant les épreuves à venir, j'avais légèrement sous-estimé la difficulté de cette ascension.*

Mes premières incursions en très haute altitude, comme le jour où je partis pour le sommet du Dhaulagiri ou de l'Everest, furent des expériences étranges ; j'y appris à mes dépens combien il était important de prendre la bonne décision au bon moment. Il m'était parfois arrivé de pousser le bouchon tellement loin lors d'une ascension que j'en étais sorti exténué et vaincu par le mal des montagnes – comme à l'Everest en 2016. J'avais aussi observé avec effarement des alpinistes progresser trop lentement le jour J, ou partir trop tard, puis ne plus être en capacité de descendre, terrassés par la fatigue ou le manque de discernement. Parfois, ces erreurs de jugement leur avaient été fatales ; en d'autres occasions, ils avaient pu être secourus.

Lors de mes premières expéditions, je m'appliquai à ne pas commettre les mêmes erreurs. J'étais descendu en toute hâte des sommets du Dhaulagiri et de l'Everest, sans prendre le temps de profiter de la vue ni de l'instant présent, pour éviter de me retrouver en situation délicate avant d'avoir pu rejoindre le dernier camp. Avec le recul, je pense qu'à cette époque, je n'avais pas encore pleinement conscience de mes points forts. Un alpiniste doit savoir exactement jusqu'où il peut aller. En montagne, c'est crucial. Et à cette époque, cette confiance en moi n'était pas parvenue à maturité.

Tout cela a progressivement changé avec l'expérience. En 2017, après avoir mis pied sur l'Everest avec les Gurkhas, je suis resté deux heures au sommet. Au cours de la mission, après avoir empoché un Annapurna ou un Makalu, je mettais un point d'honneur à rester là-haut une heure ou deux pour contempler mes dernières réalisations et fêter notre succès avec le reste de l'équipe. Je prenais des photos, tournais des vidéos, brandissais des drapeaux et remerciais les gens, en Grande-Bretagne, sans qui rien n'aurait été possible. Je prenais un peu de bon temps car je savais que je pouvais redescendre rapidement au camp de base, en quelques heures à peine si les conditions étaient potables.

Pour beaucoup, ce même trajet aurait requis huit à dix heures de marche, la peur au ventre et l'esprit en alarme. L'aventure n'était pas toujours facile pour autant. Souvent, les conditions météo qui nous attendaient à la descente étaient épouvantables. Le vent soufflait à nous arracher de la montagne, ou bien, pris dans un jour blanc sur des pentes vertigineuses, nous devions prendre garde à ne pas tituber dans le vide. Jamais pourtant nous ne sommes rentrés en nous traînant sur les genoux. Avec l'expérience, mon attitude a changé. Je finis par comprendre que lors de toute ascension, c'est l'acharnement qui prévaut, ce qui ne m'empêche pas de toujours m'imprégner profondément du paysage.

À ces altitudes, la nature est à la fois beauté et violence. En voyant les Himalayas se déployer devant mes yeux du sommet du GI, me revint le souvenir du moment où je touchai le sommet de l'Everest pour la toute première fois. Je me revis debout avec Pasang. Soulagé. Mes jours avaient été mis en danger par un épisode d'OPHA, et un froid d'acier menaçait de me priver de mes doigts et orteils. Mais lorsque la première lueur de l'aube balaya les montagnes, ce fut une métamorphose. L'énergie noire de l'Everest se mua en lumière, le spectre de la mort en élan vital, et j'eus la conviction intime que je m'en sortirais.

J'éprouvai à présent, sur le GI, le même renversement psychologique ; tous nos efforts me parurent soudain lointains, comme les souvenirs d'une autre vie. Les sommets environnants s'enflammaient d'une douce lumière, dissipant les sombres nuages alentour. Un nouveau jour se levait. Tout allait bien se passer.

Puis brusquement, la pesanteur me sortit de ma zone de confort.

La peur me saisit dès que nous tournâmes le dos au sommet et commençâmes à descendre. Je regardai le vide en dessous. La raideur de la pente me sauta au visage, faisant resurgir en un flash le souvenir de ma chute au Nanga Parbat. Sans la sécurité des cordes fixes, j'étais soudain un être vulnérable en situation de grand danger. Inquiet, je regardai Geljen et Mingma perdre de l'altitude à reculons, enfonçant leurs piolets dans la neige, comme si ce n'était qu'une descente de plus. *Mais l'était-ce vraiment ?* Rien de moins sûr. Mes jambes flageolèrent et, pris d'une poussée d'adrénaline, pour la première fois de toute la mission, j'eus peur de mourir. Le doute me frappa comme un éclat d'obus.

Une glissade était si vite arrivée. *J'allais y passer?*

Nous n'étions pas encordés. *Pourquoi n'avais-je pas pris de corde?*

Au moindre déséquilibre, c'était la chute libre. *Ma technique de blocage serait-elle, ici encore, inopérante?*

J'étais dans un état de choc émotionnel, et je savais très bien pourquoi. J'étais en danger car j'avais oublié une règle élémentaire: j'avais sous-estimé la montagne. Ce fut comme une grosse claque. J'étais aux prises avec une autre réalité intérieure, insolite et terrifiante: la confiance que j'avais en moi était en lambeaux. Je me retournai et fichai mes crampons dans la glace, puis lentement, pas à pas et avec une précaution infinie, je commençai à descendre; mon cœur battait la chamade. Lorsque la pente s'adoucit, la confiance revint et j'avançai d'un pas plus assuré vers le camp 3, priant pour ne jamais revivre ce moment de doute.

Je me souvins plus tard des grands sportifs que j'admirais: le secret d'un vrai champion était souvent à chercher dans ses réactions face à l'échec ou à la blessure. Avant de gagner, Mohamed Ali avait essuyé plusieurs défaites. Usain Bolt avait pris un faux départ et perdu plusieurs championnats secondaires avant les Jeux olympiques. Mon vol plané de la semaine précédente pouvait aussi être considéré comme un déboire mineur; c'était un événement certes troublant, mais isolé. Avec le temps, et de l'application, il ne serait plus qu'un mauvais souvenir, surtout si je réactivais en moi la posture des Gurkhas face à la peur. Pour l'heure, il me fallait faire un peu de ménage dans mon esprit avant de retourner dans l'arène.

◆

Le pire n'est jamais sûr.

Tandis que je vérifiais notre position avec le camp de base en descendant vers le camp 2, je reçus une notification d'une autre expédition sur mon téléphone satellite.

« Nimsdai ! Au camp 2, il y a un grimpeur, Mathias. Tu peux aller le voir et le descendre ? »

Je laissai échapper un soupir. Il était 15 heures et nous étions tout proches ; impossible de le laisser là. Après l'avoir localisé, nous attendîmes patiemment que Mathias fasse son sac. Cinq minutes s'écoulèrent. Puis dix. À un moment, il nous annonça qu'il serait fin prêt « dans une seconde » ; Geljen poursuivit donc vers le camp inférieur, pensant que nous le rejoindrions assez rapidement. Passa encore un quart d'heure puis, heureusement, nous reprîmes notre chemin. J'étais gelé et épuisé ; cette perte de temps nous avait coûté cher.

Venue d'on ne sait où, une perturbation s'abattit sur nous. En quelques minutes, les nuages nous enveloppèrent et nous fûmes couverts de neige. La visibilité se réduisit à zéro et dans la confusion générale, me parvint un cri. *Mingma !* Suite à un faux pas, il avait été happé par une crevasse dérobée. Craignant le pire, je partis en rampant le chercher, faisant attention de ne pas tomber dans un autre abysse. Arrivant à un trou de taille humaine, je croisai le regard de Mingma. Il avait eu un bol incroyable : son sac, coincé sur le bord du trou, l'avait retenu. À force de contorsions délicates, Mingma put libérer ses bras, saisir une prise dans la glace et nous aider à le tracter. C'était son deuxième tête-à-tête avec la mort, sur deux montagnes différentes.

Depuis ma chute au Nanga Parbat et l'accident dont Mingma venait d'être victime au Gasherbrum I, tout indiquait que les dieux des montagnes avaient décidé de nous engloutir tout cru. *Et si Mingma pouvait tomber dans une crevasse invisible, est-ce que Geljen pourrait y échapper?* Le camp 1 étant dans les nuages, il n'était pas impossible qu'il s'écarte de l'itinéraire et disparaisse dans les entrailles de la montagne, comme Mingma. J'empoignai la radio pour le rappeler, mais il ne répondit pas. Suivirent un léger bip et un grésillement, sortis du fond de mon sac. Oh non. *Geljen était parti sans son poste!*

Je m'accordai quelques minutes pour réévaluer notre situation. Impossible de monter, car la voie était noyée dans le brouillard. Les chances étaient maigres de pouvoir s'échapper par le bas car la neige tombait dru et on ne voyait rien. Au début, nous creusâmes un trou dans la neige avec nos piolets. Si nous parvenions à nous protéger du blizzard et du vent qui forcissait, nous pourrions espérer conserver notre chaleur corporelle en nous collant les uns aux autres. Tandis que nous frappions et taillions la glace, il devint clair qu'on ne pourrait dégager assez de place pour protéger tout le monde. Si nous restions trop longtemps sur place, nous mourions très certainement. Le moment était venu de faire un pari encore plus hasardeux.

« Et merde, faut qu'on remonte au camp 2 », déclarai-je.

« Tu crois qu'on rentre tous dans ta tente? » demandai-je à Mathias.

Il acquiesça en silence. Ça nous laissait au moins une chance de nous en sortir, mais c'était risqué: à en juger par les mésaventures de Mingma, la probabilité était grande de tomber dans une crevasse. Nous remontâmes prudemment au camp 2. De temps à autre, je contactais les expéditions en aval, avec l'espoir d'entendre que Geljen était bien arrivé au camp 1 ; mais personne ne l'avait vu.

Quelle merde! Geljen est-il toujours vivant?

Je craignais le pire. Je ne me sentis en sécurité qu'une fois sortis des nuages, les sautes de vent glacial derrière nous, et tous blottis dans une tente deux places. La radio émit un bip et toussota.

« Nimsdai ! Je suis bien rentré ! »

C'était Geljen. Il était entier et avait emprunté la radio d'un autre alpiniste. Pendant un bref moment, nous pûmes souffler un peu.

18
La montagne sauvage

Nous avons grelotté jusqu'au bout de la nuit, mais au lever du jour, nous étions toujours vivants. Au fur et à mesure de la descente, je retrouvai de l'assurance ; j'avais récupéré suffisamment de forces pour braver les intempéries. En arrivant au camp de base, les tremblements qui m'avaient assailli au sommet du GI n'étaient plus qu'un mauvais souvenir ; du moins c'est ce que j'espérais, même si je sentais que tout n'était pas complètement revenu à la normale. Mon objectif était de me préserver pendant l'ascension du GII, car seul un capital émotionnel intact me permettrait de survivre à celle, bien plus exigeante, du K2. Pour le moment, il fallait se concentrer sur la mission centrale, et s'appuyer sur un précepte militaire vieux comme la nuit des temps.

Se préparer au pire, et espérer le meilleur.

Scrutant le GII depuis le camp 1, je me préparai à une vraie bataille, bien que la montagne fût considérée comme relativement clémente. J'étais enthousiaste à l'idée d'adopter, pour une fois, une stratégie d'ascension classique. Nous n'allions pas atteindre

8 034 mètres d'une traite, mais nous reposer au camp 2 et au camp 3. Notre ascension se déroula sous le signe de l'apaisement ; nous arrivâmes au sommet le 18 juillet, dans un état d'euphorie teinté de crainte et de respect. La silhouette effilée du K2 se dressait au loin, pittoresque, telle une dent de requin pointée vers le ciel, rosie par les feux de l'aurore.

Bientôt je serai là-haut. Je me hisserai sur cette cime, et montrerai au monde entier comment il faut s'y prendre.

Tous ne partageaient pas mon optimisme. En effet, en redescendant du GII, nous apprîmes que le K2 était d'humeur exécrable. Plusieurs expéditions – ainsi que des grimpeurs aguerris – attendaient une fenêtre météo au camp de base ; certains avaient déjà passé plusieurs mois sur place. Cette année-là, le gouvernement pakistanais avait délivré environ deux cents permis – dont ceux des sherpas. Quatre-vingt-quinze pour cent des alpinistes qui espéraient gravir le K2 avaient déjà plié bagage, et les autres m'attendaient pour les mener au sommet.

Plusieurs équipes croisées au cours du trek vers le camp de base prirent le temps de s'arrêter pour nous raconter les atrocités que le K2 leur avait fait subir. Il y avait eu au moins deux tentatives sommitales, mais chaque fois, les courageux qui s'étaient attelés à poser les cordes fixes avaient dû abdiquer face à des conditions impitoyables. Ils avaient tout juste réussi à atteindre le Bottleneck, un étroit couloir au-dessus du camp 4, situé à 8 200 mètres d'altitude. L'itinéraire était ponctué de pentes de neige prêtes à partir en avalanches à la moindre surcharge. Même les sherpas n'étaient pas à l'aise.

Lorsque je rejoignis le camp de base, mon ami Mingma Sherpa, qui avait une grande expérience des géants himalayens, me prit en aparté. Par deux fois les années précédentes, il avait équipé le K2, et les guides le considéraient comme un alpiniste redoutable. Mais cette fois, la montagne l'avait terrorisé.

« Nimsdai, c'est vraiment trop dangereux cette année », me confia-t-il en sortant son téléphone pour me montrer les vidéos qu'il avait prises quelques jours plus tôt lors d'une tentative pour aller au sommet. « Regarde… »

Ça faisait froid dans le dos. Dans certains passages, les alpinistes avaient de la neige jusqu'à la poitrine. Je savais que, physiquement, nous avions la capacité de progresser dans de telles conditions, mais cela voulait dire risquer nos vies à chaque pas. D'après Mingma Sherpa, le chef de cordée des grimpeurs partis équiper la voie avait été emporté par une avalanche. Par chance, il avait survécu, mais la vidéo était édifiante.

Je rassemblai mon équipe. « Bon, ce soir, on arrose ça, déclarai-je en allumant une cigarette après avoir donné une tape amicale à Mingma Sherpa. On se fait une grosse bringue. Et demain, on définit un plan d'attaque. »

Le moment était venu de se préparer au pire.

◆

Ma mission était en péril.

Tandis que je consultais les autres expéditions pour définir la meilleure stratégie d'attaque du K2, je reçus des nouvelles officielles de ma demande de permis pour le Shishapangma, la quatorzième montagne la plus haute du monde, dernière étape du projet. Jusque-là, les complications avaient été de nature géopolitique. Comme le Shishapangma se trouve au Tibet, l'autorisation de le gravir est du ressort du gouvernement chinois, et il avait décrété d'en interdire l'accès pendant toute la saison d'himalayisme 2019.

J'avais espéré bénéficier d'une exception, vu l'envergure de ma mission, mais les nouvelles me firent déchanter. La *Chinese Mountaineering Association* – la Fédération chinoise de l'alpinisme – avait débouté ma demande, invoquant des problèmes de sécurité ; le Shishapangma resterait interdit, il n'y aurait aucune exception. La probabilité de pouvoir gravir la dernière montagne de la Phase Trois était de plus en plus ténue.

Dans ces conditions, difficile de ne pas se sentir découragé. J'avais jusqu'ici réussi tous les sommets au programme dans le temps imparti et dans le style que je m'étais imposé dès le départ. L'équipe s'était montrée autonome, performante et rapide. Et voilà que l'administration me mettait des bâtons dans les roues ; je n'allais pas me laisser faire. Il fallait trouver un moyen de finir le travail. *Il le fallait.* Dans l'immédiat, la priorité était d'analyser les renseignements sur la situation au Tibet et la politique chinoise de délivrance de permis, puis de ranger tout ça dans la boîte noire des émotions, le temps de l'ascension du K2 au cours de laquelle nous devions écarter toute pensée négative. La politique et la paperasse attendraient.

Avec le recul, c'était la meilleure chose à faire. Gravir le K2 était un test de résistance psychologique et physique exigeant un engagement absolu. Oui, cette montagne était un morceau de bravoure et les conditions étaient souvent extrêmes, mais je croyais en mon équipe, je savais que grâce à leur moral d'acier, ils sauraient s'acquitter du travail qui leur incombait – même si les nouvelles concernant le Shishapangma pouvaient les affecter. C'est pourquoi il était primordial d'entretenir un état d'esprit positif ; l'épuisement grandissait dans nos rangs, mais nous demeurions motivés et enthousiastes.

Jusqu'ici, sur les géants himalayens, ma tactique avait consisté à amener des grimpeurs népalais expérimentés sur un sommet qu'ils n'avaient pas encore gravi, afin qu'ils puissent y retourner plus tard à titre professionnel et enrichir la palette de leurs services. Lorsqu'un client envisage de faire un 8000 pour la première fois, il préfère employer un guide qui, pour y être déjà allé, en connaît l'itinéraire et les dangers. Tel était le moyen que j'avais trouvé pour à la fois leur mettre un pied à l'étrier au sein d'Elite Himalayan Adventures, et entretenir leur motivation pour le bénéfice de la mission en cours ; une fois réalisée, elle leur vaudrait d'être dûment respectés.

Il restait à définir la meilleure stratégie pour attaquer le K2. Avant d'arriver au camp de base, j'avais un temps envisagé de commencer par le Broad Peak – une expédition restreinte l'ayant gravi quelques jours plus tôt, la trace était faite, et les cordes fixes installées. Mais en discutant avec les alpinistes stationnés au K2, je pris conscience qu'ils m'avaient attendu pour voir si mon équipe finirait d'équiper l'itinéraire, avant de décider de quitter définitivement les lieux ou pas. Nous avions donc une pression supplémentaire sur nos épaules, mais l'idée me plaisait de les aider à réaliser leur rêve de se hisser sur cette montagne, la plus dangereuse de la planète.

Il me fallait mobiliser toute l'expérience et la main-d'œuvre à ma disposition. Les prévisions météo au K2 étaient mauvaises ; des vents violents et un froid polaire étaient annoncés pour les prochains jours. En cas d'échec, il me faudrait tenter ma chance au moins une deuxième fois avant le Broad Peak, ce qui, en termes de calendrier, nous menait à la fin de la saison d'alpinisme pakistanaise.

Le planning était super serré, et je m'organisai en conséquence : c'était à nous de poser les cordes fixes du camp 4 au sommet. L'idée était d'y aller avec Gesman et Lakpa Dendi Sherpa ; vu la réputation du K2 et les conditions du moment, tout fut préparé avec une précision quasi militaire.

« Écoutez les gars, c'est dangereux. Ça va être rude. On refera le point au camp 4. Gesman et Lakpa Dendi, vous serez avec moi. Si ça devient trop expo, on redescend, vous permutez avec Mingma et Geljen, et on retente le coup. On va faire un roulement, comme ça, vous pourrez vous reposer. Mais moi, je resterai toujours devant. On n'abandonnera qu'après avoir tenté le sommet six ou sept fois. »

Il y avait un autre problème pressant à régler au camp de base. De nombreux alpinistes étaient en panique, ils avaient peur, et certains semblaient avoir déjà capitulé. Ils venaient d'apprendre que Mike Horn, l'explorateur suisse originaire d'Afrique du Sud qui avait gravi les Gasherbrums I et II, le Broad Peak et le Makalu sans oxygène, avait été coincé par une mauvaise météo.

Qu'une grosse pointure du milieu montagne n'ait pas réussi à gravir le K2 en faisait réfléchir plus d'un. Ils étaient prêts à déclarer forfait et rentrer chez eux. Pour ne rien arranger, d'autres avaient vu une avalanche emporter un équipeur, et en étaient profondément choqués. L'incident avait laissé des blessures psychiques.

Un après-midi, une Tchèque dénommée Clara, dont je savais qu'elle était très bonne alpiniste, vint me trouver dans ma tente. Elle avait peur.

« Écoute, Nims, je crois que c'est pas pour moi. Y'a trop de pression. »

Au camp de base, le moral était manifestement au plus bas ; il fallait que je fasse quelque chose. Je rassemblai tout le monde lors d'un briefing où j'expliquai le plan d'attaque : avec mes guides, nous tracerions un itinéraire jusqu'au sommet, après quoi les autres expéditions pourraient marcher dans nos pas. Pour chasser l'énergie négative et le pessimisme ambiants avant et pendant l'opération, je m'attelai ensuite à reconstruire la confiance en soi de chacun de nous, sans quoi le volet psychologique de la bataille était en passe d'être perdu. Mais si tous les acteurs en présence mettaient du cœur à l'ouvrage, ils pourraient réussir l'ascension du K2. Insuffler un nouvel élan de positivité était une nécessité.

Nombreux sont ceux qui se demandent pourquoi j'attache tant d'importance à la confiance que les alpinistes des autres expéditions ont dans la réussite de leur projet. En vérité, j'aurais très bien pu me comporter de manière égoïste, partir escalader le Broad Peak, puis revenir au K2 un peu plus tard, une fois les autres équipes rentrées chez elles. Mais je tenais à leur montrer que l'impossible était à leur portée.

« Vous êtes déjà montés au camp 4, mais vous avez rebroussé chemin parce que les cordes fixes n'étaient pas installées au-delà et que les conditions n'étaient pas bonnes. Vous avez eu le temps de vous reposer et de récupérer toutes vos forces, leur dis-je.

— Oui, mais c'est l'enfer là-haut, lâcha un grimpeur.

— Faut pas que ça te décourage. Regarde, je viens d'enchaîner plusieurs ascensions sans avoir rien dormi. Et au Népal, je suis reparti grimper le lendemain d'opérations de secours. Vous êtes en bien meilleure posture, bien mieux préparés que je ne l'étais à l'Everest, au Dhaulagiri et au Kangchenjunga. On passe devant, et un jour après, vous marcherez dans nos pas jusqu'au sommet. »

Je leur décrivis le parcours de sélection des forces spéciales britanniques, auquel se soumettent chaque année deux cents personnes, tout en sachant qu'il n'y aura que cinq ou six heureux élus. « Oui, c'est sûr, la probabilité d'être éliminé est élevée, mais ces deux cents gars, ils partent gonflés à bloc. Aucun ne déclare forfait avant même d'avoir commencé », leur expliquai-je.

Je leur rappelai aussi que le courage, la discipline et la capacité à positiver étaient les clés de la survie ; a contrario, s'attaquer au K2 avec une mentalité négative les mènerait droit à l'échec ou à la mort.

« Dans la jungle, en cas de fatigue, on peut se reposer sans se mettre en danger. Dans le désert, si on baisse les bras et qu'on passe quelques jours sans manger et sans boire, on ne meurt pas instantanément, on peut encore être secouru. Mais en montagne, la mort est très rapide. Lorsqu'on ne se donne pas à fond ou qu'on se relâche, on s'arrête. Et quand on s'arrête, on gèle et on meurt. »

L'ascension resterait difficile, malgré toute l'énergie que je mettrais dans cette aventure. Les pièges étaient nombreux. Des avalanches pouvaient se déclencher pour un rien. Le célèbre éperon des Abruzzes, la voie la plus empruntée pour arriver au sommet, était sous le joug de vents violents. Mais le pire, c'était le Bottleneck.

À partir de cette section, l'oxygène serait indispensable, même s'il ne réduirait pas directement les risques liés aux dangers objectifs. L'inclinaison du Bottleneck est d'environ 55 degrés, ce qui est très raide. Il est barré de remparts de séracs surplombants qui ne peuvent être escaladés avec cordes et piolets ; il faut donc les contourner par une traversée délicate tout en gardant un œil sur ces blocs de glace menaçant de s'effondrer.

C'est un passage très dangereux, mais il n'en existe pas d'autre. Passer par le Bottleneck est le moyen le plus rapide d'arriver en haut, même si, d'après certaines statistiques, c'est là que meurent la plupart des gens au K2. L'accident le plus meurtrier eut lieu en 2008 : onze grimpeurs perdirent la vie, la plupart victimes d'une avalanche de blocs de glace qui balaya l'itinéraire.

Respecter l'horaire était également crucial. Étant donné les conditions du moment, le jour du sommet, il était important d'attaquer le Bottleneck vers 1 heure du matin. Dans la nuit, le terrain se refroidit et la neige durcit, réduisant le risque de trébucher et de glisser en faisant la trace. Les alpinistes qui s'y engagèrent ensuite eurent plus de difficulté, car la neige était molle. Il y avait aussi un bénéfice psychologique à commencer si tôt : dans l'obscurité, les séracs impressionnants seraient invisibles.

Nous prîmes notre temps. Nous avancions lentement, réparant les points endommagés tout en poursuivant notre chemin vers le sommet. La voie était ponctuée d'épreuves physiques et d'émotions fortes. Nous croulions sous le poids des cordes, du matériel pour les ancrages et des bouteilles d'oxygène. Entre le camp 1 et le camp 2, se trouve la cheminée House, un mur rocheux d'une quarantaine de mètres tailladé de haut en bas d'une large fissure centrale – d'où son nom de « cheminée » –, Bill House étant le premier alpiniste à l'avoir franchi lors de l'expédition américaine de 1938. Fort heureusement, les cordes fixes déjà en place nous en facilitèrent l'ascension.

Au-dessus du camp 2 se trouve une section en mixte impressionnante et délicate, appelée « Pyramide noire », un contrefort rocheux triangulaire de trois cent soixante-cinq mètres que l'on passe en s'aidant des mains. Nous avancions lentement pour éviter une glissade fatale. Je me sentais patraque ; tout avait bien commencé, mais en approchant de « l'épaule » – une protubérance prise dans les glaces franchissable sans corde fixe –, mon estomac s'était mis à gargouiller. Ça n'avait pas arrêté. Vinrent ensuite crampes et douleurs, et je reconnus tout de suite les premiers signes d'une diarrhée aiguë. Je priai le ciel que ce ne soit qu'une crise passagère.

À 15 heures, lorsque nous arrivâmes au camp 4, je me sentais un peu moins brassé, mais j'appréhendais surtout la suite, car il nous faudrait équiper la voie dans de mauvaises conditions. Nous étions sous le Bottleneck et le sommet du K2. Quand le temps est beau, six heures suffisent pour finir l'ascension. Au-dessus du Bottleneck se trouve l'arête sommitale en glace, courte mais difficile. Les récits pullulent d'alpinistes qui y ont perdu la vie : assaillis par de puissantes bourrasques, incapables de tenir debout, ils titubent puis basculent dans le vide à jamais.

Il me semblait important de n'attirer l'attention des alpinistes sur ces dangers qu'au moment où nous y serions confrontés. Pour l'heure, la priorité était de contenir les spasmes de mes boyaux, car comme dans toute expédition, nous aurions certainement à faire face à des imprévus, que la montagne se montre clémente ou pas.

C'était le moment d'affiner notre tactique et de faire un peu de reconnaissance. Je sortis l'appareil photo ; en zoomant, nous pourrions identifier le meilleur itinéraire pour contourner le Bottleneck. En effet, je voulais trouver un itinéraire bis au cas où la voie normale serait plus coriace que prévu. L'équipe s'était regroupée autour de moi. Armés de nos piolets, crampons, pieux à neige, cordes et broches à glace, nous étions fin prêts. Le moment était venu de donner les dernières consignes avant la bataille.

« Bon, les gars. Nous sommes les meilleurs grimpeurs du Népal. C'est l'heure de montrer au monde de quoi nous sommes capables. Allons-y. »

Équipés de nos gros sacs et de nos masques à oxygène, nous partîmes pour le sommet, aussi forts qu'une armée entière.

19
L'esprit montagne

Partis à 21 heures, nous atteignîmes le Bottleneck à 1 heure du matin. L'adrénaline courait dans nos veines. Les séracs, telle une épée de Damoclès, nous surplombaient. Si un seul se détachait, il dévalerait la pente, nous percuterait, et ce serait une vraie boucherie ; ou bien un morceau de glace sectionnerait notre corde dans sa chute, et nous faucherait tous d'un seul coup. Nous progressâmes lentement dans cette section terrifiante. Je restai hyper vigilant et ne prêtai aucune attention aux spasmes qui secouèrent mon estomac lorsque nous remontâmes ensuite l'arête jusqu'au sommet.

Je luttais contre le vent, le cœur débordant d'énergie, mais étrangement, l'ivresse de la victoire fut de courte durée. Au matin du 24 juillet, nous étions en haut d'une des montagnes les plus meurtrières du monde, dont l'ascension est plus raide et plus risquée que celle de l'Everest. Je n'avais aucune envie de m'éterniser à contempler le panorama sur fond de ciel clair et dégagé, encore moins de profiter de l'instant présent.

Je ne pensais qu'à descendre parce que : (1) je souffrais toujours de crampes intestinales, qui me handicaperaient certainement autant à la descente qu'à la montée ; (2) je voulais m'attaquer au Broad Peak sans tarder ; et (3) plus vite j'en finissais avec la phase pakistanaise, plus vite je pourrais régler le problème pressant des autorisations pour le Shishapangma. Cette fois, il n'y avait pas de place pour les effusions, ni les spéculations.

En montagne comme au combat, j'adoptais souvent la même disposition mentale. Je considérais que je n'étais jamais sûr de revenir sain et sauf. Une fois la mission accomplie, mieux valait s'extraire du lieu avec efficacité et sans prendre de risques. Bien entendu, je ne partais jamais sans une bonne connaissance du terrain : avant toute opération militaire, nous analysions les renseignements dont nous disposions sur l'ennemi, sa position et ses moyens. En expédition, nous dépendions énormément de notre expérience du massif, des bulletins météo et du matériel. Dans les deux cas cependant, certains paramètres nous échappaient totalement.

À la guerre, l'adversaire, tapi dans les parages, peut surgir à tout moment. En montagne, une canonnade de pierres peut débouler de nulle part. Dès qu'une équipe se met en branle, l'imprévisibilité est l'ennemi numéro un. Pour le neutraliser, la meilleure approche consiste à agir méthodiquement, pas à pas, et sans aucun affect.

Je n'étais pas un robot pour autant. Parfois, j'étais dépassé par la tâche à accomplir en montagne. Quand j'étais épuisé rien qu'à l'idée de mettre un pied devant l'autre, il m'arrivait de prier que la mort me fauche, sans que cela ne me perturbe, ni ne m'effraie.

Ces moments étaient rares, ils survenaient en général au bout d'une vingtaine d'heures d'efforts, à faire la trace ou fixer les cordes. Si j'avais le malheur de fermer les paupières – ne serait-ce qu'une seconde ou deux –, je m'effondrais de sommeil. Au contact du sol, je me réveillais en sursaut sous le coup d'une décharge cérébrale, comme dans ces rêves de chute qui surviennent quand on s'endort trop vite. Tous les muscles se relâchent d'un seul coup, déclenchant une secousse hypnique ; le cerveau s'imagine qu'on trébuche ou qu'on tombe du lit. Sur certaines montagnes, résister à ces accès de somnolence était une lutte permanente.

Il m'arriva aussi de me sentir terrassé par les éléments. Lorsque je grimpais dans des conditions extrêmes, et que la température chutait brutalement, mes os et mes extrémités s'enflammaient. Des vents de la force d'un ouragan décochaient des *spindrifts* qui fouettaient ma combinaison. Parfois, bizarrement, c'était le grand beau temps qui me démoralisait. Au Kangchenjunga, c'est sous un ciel dégagé et calme que tous mes muscles se mirent à trembler de douleur alors que j'essayais de protéger des victimes.

Chaque pas me coûtait tandis que je les traînais comme un poids mort jusqu'au camp 4. Par intermittence, l'idée fugace qu'une avalanche puisse se déclencher en amont m'apaisait : je me voyais déjà happé dans les profondeurs de cette coulée blanche, assommé par une pierre ou un bloc de glace. Transi, je suffoquerais rapidement sans aucune douleur ; cela mettrait fin à mon calvaire. Heureusement, ces pensées n'étaient que passagères.

Je ne suis pas de ceux qui, en public, se plaignent de la douleur ou qui laissent transparaître leurs tourments émotionnels – du moins, pas souvent. D'ailleurs, je me sens bizarrement vulnérable en écrivant ces lignes. Il est vrai qu'une grande partie de ma force provient de ce que je suis un soldat, et cette culture du « mâle alpha » encourage à souffrir en silence.

Mes compagnons d'armes se plaignaient rarement du manque de confort. Ils n'évoquaient jamais les obstacles psychologiques qu'ils avaient dû affronter ; je faisais de même. Durant la sélection militaire, je pris l'habitude de gérer seul mes problèmes. Parfois, Suchi me demandait comment ça s'était passé ; je me contentais de marmonner quelques vagues descriptions très sommaires. Admettre que la souffrance fasse partie de mon travail, c'était l'accepter, et l'accepter, c'était risquer qu'elle prenne le dessus. Les forces spéciales britanniques recherchaient des individus capables de serrer les dents sans broncher. Je buvais le calice jusqu'à la lie, en tentant de garder le sourire.

La combativité développée sur le champ de bataille m'aida plus tard à surmonter les turbulences de la zone de la mort. Tout d'abord, j'étais capable de percevoir l'inconfort de manière positive : ce devait être un carburant, une source d'inspiration. Lors des rares moments de doute où j'envisageai de renoncer, je me disais : *OK, mais que va-t-il se passer si tu capitules ?* Certes, l'abandon m'aurait procuré le répit dont j'avais tant besoin, mais le crève-cœur de cette reddition minable aurait vite et durablement pris le dessus.

Ce qui me préoccupait le plus, c'était de ne pas arriver au bout de ma mission, à cause de la fatigue ou d'un accident mortel. Pour m'inciter à *ne pas abandonner*, j'imaginais les répercussions d'un échec, la déception des gens qui, à un moment donné, s'étaient nourris de mon projet, les sceptiques qui épancheraient leur fiel lors d'interviews ou sur Internet ; imaginer leurs visages me rendait fou. Le plus important, c'était quand même de revenir entier ; pour montrer que ma réussite ne devait rien au hasard, il fallait que j'écrive mon histoire sans omission, et de la manière la plus authentique.

Je n'oubliais pas non plus les risques financiers que j'avais pris. Je pensais à mes parents qui, bientôt, une fois ma mission achevée, pourraient enfin vivre ensemble. L'amour que j'avais pour eux suffisait à instiller du positif dans chacune de mes actions. Mon cœur et mes intentions étaient purs. Je ne voulais pas les souiller par un échec. À chaque fois que j'étais au creux de la vague, comme lors de ces journées passées à brasser dans la neige, la seule évocation de l'humiliation cuisante de la défaite suffisait à me faire oublier que j'avais mal aux jambes et au dos : je retrouvais immédiatement la force de faire un mouvement de plus dans la neige profonde, ou sur la corde. Puis deux, puis dix, puis cent.

Pour rien au monde, je n'envisageais de capituler ; je pensais donc à mes records, toujours inégalés. *J'ai atteint tous mes objectifs, j'ai intégré les Gurkhas, les forces spéciales, puis le monde de l'himalayisme. Ce n'est pas le moment de flancher.*

En fait, c'était une vieille astuce mentale que j'utilisais à la guerre quand j'avais mal. Je me créais une souffrance plus grande, sur laquelle j'avais une emprise, capable de faire taire la première. Bref, *je supplantais le supplice sur lequel je n'avais aucun contrôle.* Si mon sac Bergen était trop lourd, je m'efforçais de courir plus vite, pour masquer les élancements dorsaux par une douleur aiguë aux genoux. Au K2, je me mis à bomber pour ne plus penser aux crampes abdominales. Le même scénario se produisit un jour que je souffrais d'une rage de dents due à une barodontalgie[14].

Ce jour-là, je ne pouvais pas faire demi-tour car j'avais des clients ; je fis donc en sorte de ressentir une douleur plus vive, insupportable – que je pourrais abréger si nécessaire. Je grimpais vingt-quatre heures à un rythme soutenu. J'arrivai au sommet à bout de souffle et les poumons en feu. J'étais fourbu mais j'avais complètement oublié le mal de dents.

Souffrir me procurait parfois une satisfaction étrange. La force psychique de toujours être à cent pour cent, le simple fait de *savoir* que je me donnais tout entier suffisaient à me faire avancer un peu plus : j'étais fier de moi lorsque je venais à bout d'une mission.

Il m'arriva, au cours des Phases Un et Deux, d'être terrorisé à l'idée de quitter la chaleur de mon sac de couchage. À l'extérieur, la température serait insupportable et l'escalade ardue. Mais rester dans mon cocon douillet ralentirait la mission ; et puis surtout, je ne me donnerais pas à cent pour cent. Foncer avec détermination était le meilleur compromis. Le simple fait d'abaisser la fermeture Éclair de la tente et d'enfiler mes crampons me motivait pour la prochaine étape.

Dans le cadre d'une expédition, ces gestes ne représentent qu'un tout petit effort physique, mais psychologiquement, c'est un pas énorme qui incarne le désir d'en découdre. Si faire son lit

---

14 Cela se produit lorsque la pression barométrique, emprisonnée sous une carie ou un plombage, se modifie sous l'effet de l'altitude. Certaines personnes ont rapporté avoir perdu leur plombage en expédition.

au réveil est le stimulus qui indique au cerveau le début d'un nouveau jour, la tâche fastidieuse d'enfiler bottes et crampons me donnait le coup d'envoi de l'action à mener. Pendant cette mission, l'autodiscipline fut ma plus grande force. J'étais toujours le premier debout, même s'il m'en coûtait. Pour quitter le confort relatif de la tente, je ne comptais que sur moi-même, même si parfois j'aurais bien aimé que *quelqu'un d'autre* m'encourage.

Une fois dehors, il était beaucoup plus facile d'évaluer les conditions ; ce n'était pas en se repliant sur soi-même et en se fiant exclusivement aux prévisions sur Internet ou aux communications radio qu'on pouvait se faire une idée du temps qu'il faisait. En expédition, céder ainsi à la facilité donnerait l'impression à mes compagnons que je n'étais pas à cent pour cent. Ce mauvais exemple risquait de contaminer tout le groupe pendant l'ascension.

Pendant la campagne de collecte de fonds, savoir que je ne ménageais pas mes efforts était un moyen d'entretenir ma motivation. Je contactai de nombreuses personnes, dont certaines étaient *a priori* peu disposées à m'aider. Un exemple ? L'homme d'affaires milliardaire, sir Richard Branson. Je lui écrivis avant le début de la mission, en lui expliquant qui j'étais, ce que je faisais, et quelles étaient mes motivations. Je postai ma lettre, sachant que sir Richard recevait des centaines de requêtes similaires chaque semaine, et que la mienne avait toutes les chances de finir à la poubelle. Je cachetai donc l'enveloppe avec de la cire, et à l'aide d'un sceau acheté en papeterie, y gravais un « N ». Si, à la fin, je ne reçus aucun don, le fait de savoir que j'avais exploré toutes les voies possibles me permettait de mieux dormir la nuit. J'abattais toutes mes cartes. Il était essentiel de n'avoir aucun regret.

La tempérance était tout de même primordiale, et je m'efforçais de faire montre de patience en toutes circonstances. Le désir de réussir tant de choses en si peu de temps avait de quoi me rendre nerveux – c'était un piège dans lequel nous pouvions tous tomber. Nous grimpions depuis trois mois. Il était peu probable que nous terminions la dernière phase avant l'automne, à supposer que le feu vert pour aller au Shishapangma nous soit donné. Dans l'attente, il fallait garder son calme : inutile de se ruer en haute altitude et de prendre des décisions précipitées, sachant que nous étions tributaires d'événements indépendants de notre volonté, tels que ces demandes de permis. La montagne nous testait constamment, et l'impatience aurait pu nous être fatale.

Chaque jour qui passait apportait son lot de nouveaux défis. J'avais enchaîné les 8000 à toute vitesse, il était donc nécessaire d'évaluer régulièrement l'état des troupes – moi inclus –, et de faire le point. *Étions-nous d'attaque ? Quel est le meilleur moment pour lancer l'ascension sommitale ? Ne sommes-nous pas trop épuisés pour grimper ?*

Je ne perdais pas une seconde. Lorsque les conditions météorologiques nous clouaient sur place, je restais rarement les bras croisés. Au camp de base par exemple, j'en profitais pour ajuster mon plan d'attaque, travailler sur la collecte de fonds, ou m'entraîner, et aussi pour me calmer : l'environnement, le paysage, la haute altitude avaient sur moi un effet apaisant.

J'appris surtout à fonctionner efficacement dans l'adversité. Comme à l'armée on m'avait enseigné à survivre et à atteindre mon but dans n'importe quel type d'environnement, travailler en montagne ne présentait pour moi aucune difficulté. Tout alpiniste est capable de développer cet état d'esprit. Un novice peut s'adapter rapidement à la rusticité du camp de base ; quelques jours ou quelques semaines suffisent pour s'habituer à la vie dans les camps supérieurs. Et une attitude positive facilite grandement les choses.

Sur le champ de bataille, j'avais appris à vivre de manière spartiate. Comme je l'avais dit à Suchi dès le début de ma campagne de collecte de fonds, je trouverais toujours les moyens de subvenir aux besoins de la famille, même si je devais vivre dans une tente pendant des mois. J'avais travaillé dans la jungle, en montagne et dans le désert. Comparé à ce que j'y avais vécu, tout le reste, c'était Byzance. J'étais fait pour la haute altitude. En route pour le Broad Peak à la descente du K2, je me sentais fort mentalement. Dix sommets de la liste avaient été cochés. L'inconfort, c'était un super carburant.

◆

À la fin de la Phase Deux, je succombais une nouvelle fois au fantasme de la mort. Après un repos de trois heures au camp de base du K2, je retrouvai Mingma et Halung pour mettre le cap sur le Broad Peak, la douzième montagne la plus haute du monde qui culmine à 8 051 mètres. Je sentais la pression augmenter. J'avais pensé atteindre le dernier sommet de la Phase Deux en une journée, mais les problèmes s'accumulaient. Nous étions vannés physiquement et émotionnellement; je me sentais toujours patraque. Pire, mes affaires étaient trempées après l'ascension du K2. Lors de nos derniers préparatifs au camp de base, je fis mon possible pour les aérer, mais ma lourde combinaison n'eut pas le temps de sécher en si peu de temps.

Je fis toute la marche jusqu'au camp 1 trempé comme une soupe, entravé par mon pantalon et ma veste qui me collaient à la peau. Cette sensation désagréable n'augurait rien de bon. À une altitude plus élevée, si l'humidité se transformait en glace, je gèlerais immédiatement. Au camp 1, je profitai donc du soleil à son zénith pour sécher au mieux ma combinaison. Nous étions tous conscients de l'importance d'épingler le Broad Peak dans les meilleurs délais, mais les dieux de la montagne en avaient décidé autrement.

Le Broad Peak était voilé. Peu de temps avant notre arrivée, une importante chute de neige avait enseveli les cordes fixes. Deux grimpeurs avaient fait une légère trace jusqu'au camp 4 quelques jours plus tôt, mais elle avait été comblée: il fallait tout recommencer jusqu'au sommet. Mingma, Halung Dorchi Sherpa et moi nous chargerions de ce travail pénible. Tandis que nous brassions dans la poudreuse, je sentis que mon corps était à bout. Pour avancer, il nous fallait non seulement secouer violemment la corde prise dans une vingtaine de centimètres de neige, mais aussi lever les genoux très haut, à chaque pas.

Je respirais avec difficulté. Je n'avais plus de jus, et mon estomac gargouillait comme une canalisation bouchée. Jusque-là, j'avais réussi à contenir les crampes abdominales, mais je ne tenais plus. Je devais absolument satisfaire un besoin naturel.

« Oh, merde. C'est pas possible ! » pensai-je, cherchant désespérément du regard un endroit où vider mes tripes. Je me trouvais dans un endroit trop dangereux ; déféquer à 8 000 mètres n'est pas une mince affaire. Tripoter les fermetures Éclair et les bandes Velcro d'une combinaison de haute altitude en équilibre sur une pente abrupte par des températures négatives n'a rien d'une sinécure – qu'on soit encordé ou pas. Je serais à découvert, et je risquais de tomber dans une position peu avantageuse. Bien qu'à l'agonie, je décidai donc de continuer jusqu'à ce que je repère un endroit deux cents mètres plus haut.

« C'est mon jour de chance », pensai-je en fonçant, les poumons en feu.

Le trajet vers cet emplacement me sembla interminable, les contractures dans les jambes et la poitrine éclipsèrent les douleurs abdominales jusqu'au replat où je pus me vacher sans trop d'effort. Je tombai la combi et m'occupai de mes affaires « courantes », très personnelles et peu agréables.

Physiquement, j'étais près de m'écrouler. Pourtant, conscient que battre le record de vitesse d'ascension des 8000 pakistanais était encore possible, je mobilisais sans retenue mon esprit montagne. Obstiné, je redoublai d'effort, faisant taire le mal de ventre en avançant à grandes enjambées vers le sommet. À 7 850 mètres d'altitude, je payais la facture : mon dos et mes jambes étaient en vrac. J'étais mort, mais les crampes abdominales avaient disparu. Je me laissai tomber dans la neige, pris d'une douleur violente dans les muscles et les os.

À chaque expectoration, je crachais du sang. C'était le signe que la haute altitude affectait mon organisme. Tout le monde voyait bien que le Broad Peak m'avait détruit, et le moral de l'équipe était en berne. Dans des moments pareils, une mise au point – même si cela revenait à décrire des évidences – était essentielle, sans quoi un malentendu pouvait s'installer quant à nos priorités et nos attentes ; il était donc sage de redéfinir clairement notre tactique. La conclusion était la suivante : l'itinéraire était abominable ; l'accès à l'arête sommitale et à la vraie cime se faisait par un couloir raide. Nous atteindrions probablement le sommet du Broad Peak au lever du jour.

« Les gars, on est tous claqués, dis-je. Les conditions là-haut sont difficiles. Il faut qu'on se repose un peu, qu'on se regroupe, et ensuite qu'on se donne à fond jusqu'au sommet. »

Vu mon état, cette ascension promettait d'être l'une des plus épuisantes de la Phase Deux, mais quelques heures plus tard, nous étions de nouveau en marche, le visage caché par nos masques à oxygène. Aux abords de 8 000 mètres, ma respiration devint de plus en plus oppressée ; Mingma et Halung me confirmèrent que, eux aussi, trouvaient l'ascension plus rude que d'ordinaire. Depuis un bon moment, Halung ramait derrière nous, incapable de faire la trace.

Au début, je mis notre fatigue sur le compte des efforts déployés au K2, mais notre manque de peps était vraiment alarmant. Lorsque je vérifiai le niveau des bouteilles, je compris pourquoi nous étions si lents. *Merde, on allait manquer d'oxygène !* Pire, les cordes n'étaient pas fixées. Nous devions donc effectuer les cinquante derniers mètres de traversée jusqu'au sommet aussi vite que possible, en style alpin. Il m'incombait de faire un choix de vie ou de mort, comme souvent au combat ; d'évaluer la situation, puis de trancher.

Option un : retourner au camp 3 pour récupérer des bouteilles et retenter le sommet le jour suivant, malgré l'arrivée imminente d'une dépression.

Option deux : continuer, sans pouvoir suivre une trace évidente mais en s'aidant du GPS pour s'orienter, et éviter de tomber dans un précipice si on perdait notre chemin.

Ce fut donc l'option deux.

Nous longeâmes l'arête à pas comptés, jusqu'à atteindre ce qui nous sembla être le point culminant du Broad Peak. Mais une fois sur place, nous découvrîmes un promontoire plus élevé qui émergeait des nuages. Puis un autre. Gérer ce yo-yo émotionnel dans notre état de fatigue extrême était déjà éprouvant, quand soudain le GPS devint inutilisable.

Si le front de mauvais temps n'était pas encore sur nous, le froid et le vent s'intensifiaient, la visibilité était mauvaise. Nous étions pris dans un épais brouillard qui nous empêchait de voir plus loin que le bout de notre nez. Comme aucun de nous n'avait gravi le Broad Peak auparavant, nous n'étions pas sûrs du chemin à suivre – c'est d'ailleurs pour cette raison que les alpinistes s'entourent de guides expérimentés. La seule manière de connaître notre position exacte fut de communiquer avec nos contacts radio au camp de base, à Katmandou et à Londres, qui utilisaient le même réseau GPS pour nous localiser. Dans la brume, des voix nous disaient d'aller à gauche, à droite, ou tout droit.

L'effort n'en finissait jamais. Nous avions atteint nos limites. Nous étions exténués et de plus en plus confus. Nos vies ne tenaient qu'à un fil. À tout moment, l'un de nous pouvait trébucher ou prendre une mauvaise décision. Nous étions semblables à ces alpinistes hagards dont nous avions tous entendu parler, victimes d'hallucinations et de délires pour être restés trop longtemps dans la zone de la mort. En baissant la tête, je me rendis compte que nous progressions en style alpin, et n'étions pas encordés[15] – le b.a.-ba de la sécurité en haute montagne.

Je savais que si Mingma, Halung ou moi venait à glisser, la chute ne pourrait être enrayée et il s'ensuivrait probablement un terrible plongeon dans un à-pic. Si en revanche nous étions encordés, le poids et l'action des autres permettraient de freiner la chute. Cette négligence était le fruit de notre extrême fatigue. Je sortis mon brin, et nous nous encordâmes.

Lors d'une tentative sommitale, je ne transporte que le strict minimum en termes d'équipement et de nourriture. Mingma emportait souvent une ou deux petites gâteries. Durant une brève pause ce jour-là, je le vis fourrager dans son sac à dos et en sortir un paquet de café coréen moulu. Il déchira le sachet et avala la poudre, nous invitant à faire de même. La substance amère, pâteuse et âcre, nous fit tousser. Mais très vite le shoot de caféine se dissémina dans notre organisme.

Peu de temps après, le drapeau du Broad Peak apparut au loin. Nous restâmes le moins de temps possible au sommet, notre joie en partie gâchée par le fait que la montagne avait failli nous trucider. Nous ne prîmes que quelques photos. Je n'avais qu'une envie : descendre, et l'équipe avait été poussée à bout. Nous eûmes longtemps l'impression que le Broad Peak nous avait matés – même si nous avions réussi le sommet dans des conditions périlleuses.

15 Si l'on avait été encordés et si l'un de nous avait chuté lors d'une glissade, les autres se seraient jetés au sol et auraient planté leurs piolets dans la neige ou la glace. Cette manœuvre évite à la cordée de dévisser.

Mingma et Halung décidèrent de dormir quelques heures au camp 3. Impatient de rentrer au bercail, je poursuivis mon chemin, encerclé de nuages épais. *Grosse erreur.* Perdu, incapable de repérer les cordes fixes censées me ramener au pied du Broad Peak, je me trouvai au bout d'un moment au bord d'un précipice de plusieurs centaines de mètres. Je maudis mon manque de chance et ma mauvaise appréciation du terrain. « Pourquoi tu fais ces putains de conneries ? » pensai-je. Ma combinaison humide avait commencé à geler, j'avais froid, et j'étais incapable de me concentrer sur la pente. La seule chose qui m'intéressait, c'était dormir. J'envisageai soudain d'abdiquer.

Si je meurs ici, la souffrance s'arrêtera enfin.

Ça me reprenait. J'étais épuisé par l'effort fourni – mais pas encore vaincu. Avant une opération militaire, si on pense à la défaite, c'est l'échec assuré. La réussite repose exclusivement sur la pensée positive.

Je dois me botter le cul si je veux m'en sortir.

Je me reconditionnai, puis trouvai le carburant nécessaire : je me projetai un an plus tard, furax d'avoir flanché si près du but. Je pensai aux gens qui m'avaient fait confiance, aux amis que j'avais rencontrés en chemin – mais surtout, je pensai à Suchi et à ma famille. *Ils ont besoin de moi.* Enfin, je visualisai la ligne d'arrivée, l'ascension du Shishapangma et l'accueil à Katmandou, lorsque le monde aurait eu vent de mes réussites. La chape de plomb du désespoir se levait peu à peu.

Allez. Fais ton boulot. Tu ne peux pas capituler ici.

Le soleil s'élevait dans le ciel. Très vite, je compris que je m'étais écarté de notre itinéraire de montée. Nous étions partis de nuit, sans visibilité, et nous avions plus ou moins suivi les cordes fixes jusqu'au camp 4 ; ce ne fut qu'après avoir atteint l'arête que les problèmes avaient surgi. Lorsque les appareils satellites ne furent plus d'une grande aide, les communications radio avaient pris le relais jusqu'au sommet.

Avoir cru que je pouvais me diriger à vue, fatigué comme je l'étais et dans un brouillard aussi épais, avait été une erreur. Je devais me rapprocher de l'arête – c'était la seule manière de repérer les cordes. De là, je pourrais me mettre en pilotage automatique. Je devais absolument trouver des repères visuels. Je quadrillai le terrain à la recherche d'empreintes de pas dans la neige ; et miracle, une centaine de mètres au-dessus de moi, je discernai une ligne à peine visible, creusée dans la poudreuse : c'était notre trace de montée, le long de la corde fixe.

Je revins sur mes pas, puisant dans mes dernières ressources pour remonter, puis descendre une nouvelle fois, en me figurant les lauriers d'une victoire et la cruauté d'un échec.

20
Le projet de tous

Au retour du Broad Peak, plus je me rapprochais de chez moi au Népal, plus les difficultés s'amoncelaient, nombreuses et variées ; je décidai de les affronter l'une après l'autre. Le Shishapangma était au centre de mes préoccupations. Les atermoiements des autorités chinoises et tibétaines pour délivrer les permis perturbaient tout mon programme. Je devais trouver une solution sans tarder. Si j'ai toujours eu du mal à m'avouer vaincu, je devais reconnaître cette fois qu'il me fallait revoir ma copie, échafauder un plan B : trouver un exploit équivalent, en termes d'engagement et d'effort physique, à mon quatorzième 8000.

Étant donné l'envergure de mon projet, je songeai à escalader un 8000 que j'avais déjà fait – peut-être l'Everest, l'Annapurna ou le K2. Mais j'en vins à la conclusion que ce serait le Dhaulagiri ; son ascension était sacrément coton – et puis, c'était aussi le premier sommet que j'avais escaladé. J'envisageai aussi d'inclure l'Everest en bonus. Quinze montagnes dans la zone de la mort en sept mois, ce n'était pas exactement l'objectif que je m'étais fixé au départ, mais cela clouerait peut-être le bec aux *trolls* – ces internautes qui ne manqueraient pas de ternir mes exploits dans les semaines et les mois à venir.

J'avais battu de nouveaux records : les 8000 pakistanais en vingt-trois jours ; les cinq montagnes les plus hautes du monde – à savoir, l'Everest, le K2, le Kangchenjunga, le Lhotse et le Makalu – en soixante-dix jours au lieu des quatre-vingts prévus. Mais si je ne réussissais pas à accomplir la dernière mission, ce serait un sérieux revers.

J'envisageai aussi un plan C : aller au Shishapangma, mais par un autre point d'entrée au Tibet. Si je parvenais à passer la frontière clandestinement, par des chemins détournés, je pourrais peut-être gravir la montagne sans alerter les autorités. J'étudiai la carte. Depuis le Népal, on pouvait bien sûr arriver au Tibet à pied, mais cela comportait certains risques.

Tout d'abord, les autorités suivaient probablement l'avancée de ma mission sur les réseaux sociaux. Mon projet était devenu très médiatisé ; personne n'ignorait que je disposais d'un créneau très limité. Les soldats patrouillant à la frontière s'attendaient probablement à me voir débouler, et je ne tenais pas à être pris la main dans le sac, ni à causer un incident diplomatique. La capture d'un ex-opérateur des forces spéciales entré illégalement sur le territoire chinois donnerait lieu à un interrogatoire coton. De plus, mes compagnons de cordée courraient le même risque, et je ne voulais pas mettre leur sécurité en danger pour une cause qui n'était pas la leur. Si je devais me faufiler jusqu'au Shishapangma, ce serait seul.

Finalement, j'écartai l'idée – au moins temporairement. Le mieux était de convaincre les autorités chinoises et tibétaines de revenir sur leur décision. Si je jouais des coudes auprès des politiques, j'avais une chance de décrocher le permis. Il était inutile de recourir aux voies diplomatiques britanniques, étant donné que les relations entre les deux pays étaient glaciales, voire inexistantes. Mieux valait faire appel à un intermédiaire au Népal : ce pays partageait une frontière avec la Chine, et était en meilleurs termes avec elle.

En outre, la finalité de mon projet n'était pas de représenter une nation ou une institution. Je ne gravissais pas les quatorze 8000 pour rehausser le prestige de la Grande-Bretagne ou du Népal. Mon intention n'était pas non plus de faire de la publicité aux forces spéciales britanniques, ni au régiment Gurkha – même si, indéniablement, ma réussite rejaillirait sur eux. En fait, mon propos dépassait largement les questions de culture et de caste, de régiment et de pays. J'incarnais l'étendue des capacités humaines.

J'appelai des amis au Népal dont l'entregent me permettrait de rencontrer des personnages influents. À mon grand soulagement, je parvins à décrocher des rendez-vous avec plusieurs ministres, dont ceux de l'Intérieur, du Tourisme, et de la Défense, ainsi qu'avec des hauts responsables de l'office du tourisme et de l'Association népalaise de la montagne. Même Madhav Kumar Nepal, l'ancien Premier ministre népalais – un politicien ayant de nombreuses relations avec le gouvernement chinois – accepta de me rencontrer. *C'était une occasion unique.*

Lorsqu'il me reçut dans son bureau, je me sentis tout de suite à l'aise ; je n'étais pas intimidé par son statut. Dans ma carrière, j'avais appris à observer les règles protocolaires. Je faisais montre d'éducation, d'une bonne intégration culturelle, et de respect dans le moindre de mes gestes. Je n'abusais pas non plus du temps que les gens me consacraient. Fort occupé, M. Kumar ne disposait que d'un petit créneau pour que je lui expose mon projet et ses finalités. Je me doutais qu'il n'avait pas de temps pour les salamalecs – ça tombait bien, moi non plus.

Je lui présentai donc brièvement les raisons qui m'avaient poussé à planifier ces quatorze expéditions. Je précisai aussi à M. Kumar que je voulais redorer le blason de la communauté alpine népalaise.

« Je veux leur donner une visibilité », dis-je.

Puis, je lui expliquai que je cherchais à sensibiliser le public aux problèmes écologiques affectant les géants himalayens.

« N'a-t-on pas là une expédition qui peut réunir toute la communauté népalaise ? »

M. Kumar acquiesça. *Cette conversation prenait-elle mauvaise tournure ? Ou allait-elle dans le bon sens ?* J'étais incapable de le dire.

« Enfin, je souhaite que cette histoire inspire des générations d'êtres humains, quels qu'ils soient. Cette épopée est destinée à l'humanité entière. Et c'est pour cette raison que, chaque jour, je travaille dur pour qu'elle se réalise. Monsieur Kumar, je veux mettre en valeur le pouvoir de l'imagination. Même si les gens se moquent de moi, et me prennent pour un hurluberlu, ça ne m'empêche pas d'avancer. Si je peux obtenir ce permis des Chinois, rien ne m'arrêtera. Je terminerai ce que j'ai commencé. »

M. Kumar esquissa un sourire. « Nims, je vais passer quelques coups de fil, dit-il. Je ne vous promets pas que les Chinois vous accorderont les autorisations, mais je vais voir ce que je peux faire. »

Nous échangeâmes une poignée de mains. J'étais optimiste. J'avais le pressentiment que si un individu tel que l'ancien Premier ministre népalais soutenait ma cause, alors les autorités chinoises et tibétaines se montreraient plus conciliantes. J'avais besoin de rallier à ma campagne de communication le plus de monde possible. À ce moment-là, très peu de gens en dehors de la communauté montagnarde ou de ma sphère sur les réseaux sociaux accordaient de l'attention à mes exploits. Je souffrais d'un manque de visibilité dans les journaux et les magazines, à la radio et dans les émissions télévisées.

Si j'avais été américain, britannique ou français, il est fort probable que toutes les enseignes se seraient penchées sur mon cas. J'étais réaliste : les plus grands médias internationaux appartiennent principalement à des investisseurs occidentaux. Lorsqu'un grimpeur originaire de Chitwan annonce qu'il va gravir les montagnes les plus hautes du monde en un temps record, sa voix porte moins que s'il était né à New York, Manchester ou Paris. Bien que citoyen britannique aux yeux de la loi, je passe sous les radars du fait de ma nationalité népalaise.

Ma mission recueillait quand même de l'attention – certes, à un niveau modeste. Mon profil était bien suivi sur les réseaux sociaux : de plus en plus de gens laissaient des commentaires sous les photos et les clips vidéo que je mettais en ligne. En mai, le cliché spectaculaire du ressaut Hillary devint viral ; je déplorai cependant qu'il fût publié sans mention de mon nom, ni de mon projet de gravir les quatorze 8000.

Lorsque j'ai quitté l'armée, je n'avais aucune expérience en relations publiques, mais j'étais quand même parvenu à rassembler des centaines de milliers d'abonnés. Personnellement, j'en étais bluffé, mais c'était insuffisant pour générer les sommes astronomiques dont j'avais besoin. Les messages postés par les internautes ont cependant nourri mon inspiration : des gamins m'écrivaient qu'ils avaient rédigé des articles sur mes premières expéditions victorieuses, et les avaient illustrés de dessins représentant mon équipe en action. D'autres laissaient des commentaires sous mes photos ou promettaient d'organiser un projet scolaire de sensibilisation aux problèmes écologiques. Je reçus aussi un ou deux dons.

Ce projet – mon projet – devenait indubitablement le projet de tous.

◆

Cette fois, au moins, le temps jouait en ma faveur. J'avais tout le mois d'août pour trouver les fonds de la dernière phase. Je signai un contrat avec Osprey, un fabricant d'équipement de randonnée et d'alpinisme, ainsi qu'avec Silxo, une entreprise de technologie de l'information. Grâce à eux, quasiment 75 % des coûts logistiques de la Phase Trois étaient couverts. Lors de mon apparition au *Nepali Mela UK*, pendant ma campagne de promotion, je récoltai des fonds supplémentaires – c'était une opportunité en or. Un *mela* est un festival organisé par la communauté népalaise vivant au Royaume-Uni ; l'événement de 2019 avait lieu à Kempton Park au mois d'août.

Au début, l'idée d'y participer ne m'emballait pas. Chaque stand célébrait un aspect particulier de la culture népalaise, et je devrais passer de l'un à l'autre pour y rencontrer différentes personnalités. Et là, je leur demanderais de l'argent, ce qui me mettait terriblement mal à l'aise. Jamais dans ma vie je n'avais mendié, et rien qu'à cette idée, ma fierté en prenait un coup. J'étais un soldat d'élite, et faire la tournée des exposants, leur réclamer de l'aide et des fonds, c'était trop pour moi.

« Ce n'est pas mon truc », pensai-je tristement.

Mais avais-je le choix ? Depuis le début, l'idée même de cette expédition, c'était du jamais-vu. Il était donc logique qu'il en fût de même du processus de financement. Je changeai mon fusil d'épaule.

Bon, Nims, ça te gêne. Mais c'est ton ego qui parle, et ton ego n'est rien. Pense au résultat. Peu importe ce que tu ressens. Tu fais ça pour l'humanité.

Sur chaque stand, je serrai des mains, pris des contacts, récoltant des dons de 5, 10, 15 livres, jusqu'à tomber de fatigue.

Mon orgueil était blessé, mais j'avais le sentiment du devoir accompli à cent pour cent, comme lorsque j'avais écrit à sir Richard Branson et à d'autres hommes d'affaires, bien qu'aucun ne m'ait répondu.

La tension ne cessait de croître. J'avais consacré une bonne partie de l'année au projet, à échanger avec des agences de voyages et des associations d'alpinisme. Au cours de l'été 2019, j'avais aussi contacté les autorités chinoises et tibétaines – et c'était loin d'être simple. Organiser la logistique des trois dernières ascensions – le Manaslu, le Cho Oyu et le Shishapangma – fut très éprouvant. Malgré l'aide ponctuelle de Suchi, la plupart du temps je travaillais seul. Les démarches administratives et la planification étaient parfois aussi stressantes que l'ascension du Broad Peak et la nuit passée au Kangchenjunga. Mentalement, j'étais épuisé.

C'est alors que Maman tomba malade.

Son état se détériorait. Pendant toute la mission, elle avait été ma source d'inspiration. Dans les moments difficiles, elle m'avait donné la force de persévérer, et j'étais déterminé à la porter dans mon cœur au sommet des quatorze 8000. Je me retrouvai dans une situation ingérable. En cas de réussite, je pourrais m'investir dans des projets rémunérateurs et réunir mes parents à Katmandou. Mais je courais contre le temps, comme me le rappelaient les événements de la semaine. Maman était à nouveau hospitalisée, et d'après le médecin, ses chances de sortir indemne d'une nouvelle opération cardiaque étaient minces.

« Quatre-vingt-dix-neuf pour cent des gens de son âge ne survivent pas à ce type d'intervention », dit le chirurgien.

Elle fut mise sous assistance respiratoire. Craignant le pire, je demandai à ma famille de venir au Népal. À cette époque, mes frères vivaient en Angleterre et Anita, ma sœur, en Australie. Nous devions nous préparer à dire adieu à Maman.

Malgré nos différends au sujet de mes choix de vie, ma famille était tout pour moi. Avant de commencer la Phase Un, je me fis tatouer le profil des quatorze 8000 sur le dos, entre les omoplates et la nuque. Ce tatouage, telle une fresque, représente tout ce que je voulais accomplir, et durant sa douloureuse réalisation, l'ADN de mes parents, de mes frères et sœur, et de Suchi, fut mélangé aux encres. Je voulais qu'ils m'accompagnent durant ce long voyage, dans ces lieux qu'ils ne pourraient jamais atteindre par leurs propres moyens.

Âgés d'environ soixante-dix ans, mes parents ne se déplaçaient plus. Ils ne pourraient jamais contempler l'immense chaîne des Himalayas depuis le sommet de l'Everest, ni se lancer sur l'éperon des Hollandais à l'Annapurna ou traverser le Bottleneck au K2. Suchi, mes frères et ma sœur n'avaient jamais manifesté le moindre désir de faire de l'alpinisme avec moi, mais je souhaitais les emmener – par l'esprit du moins – sur quelques-unes des montagnes les plus belles et les plus inhospitalières de la Terre. Je les invitais à se joindre à un voyage spirituel.

J'avais une autre raison d'incorporer leur ADN au mien : c'était un moyen de tempérer mes excès d'enthousiasme et de me ramener à la raison. En montagne, la ligne entre une bonne et une mauvaise décision est ténue. Un accident mettant en danger ma vie ou celle de mes compagnons était si vite arrivé. Parfois, la fièvre du sommet me poussait à prendre trop de risques, à franchir la mince frontière séparant le courage de la stupidité. Porter ma famille sur le dos me rappelait constamment pour qui je me battais.

Dans les moments où je risquais de dépasser les limites, le tatouage me rendait humble et prudent. Lorsque j'avais tendance à jouer avec le feu, je pensais à Papa et Maman : ils auraient besoin de moi, une fois le projet terminé. Je me souvenais que c'était la solde de mes frères Gurkhas qui avait financé mes années de pensionnat. Je devais tout à ma famille ; tout ce que j'avais réussi jusqu'à présent leur avait été destiné.

Maman savait qu'elle était ma source d'inspiration. Elle me donnait l'impression de s'accrocher à la vie, comme si elle avait conscience que sa mort briserait mon rêve de gravir les quatorze 8000. Dans la religion hindouiste, lorsqu'un parent meurt, la famille se recueille dans l'isolement treize jours durant. Laisser ses émotions s'exprimer permet à ceux qui restent de reprendre le cours de leur vie et de se consoler de cette énorme perte. L'énergie du deuil est transformée en quelque chose de productif.

Si Maman venait à mourir, je devrais m'enfermer seul pour faire mon deuil, ne mangeant qu'une fois par jour, et exclusivement des légumes. Je n'étais pas croyant, mais Maman l'était. Je serais heureux de respecter ce rite pour rendre hommage à sa mémoire, même si cela signifiait l'annulation de mes trois dernières expéditions de l'année. Mais elle était bien plus forte que ce que l'on pensait. Elle survécut à une chirurgie cardiaque invasive.

J'étais assis à côté du lit de Maman, et je lui tenais la main, lui expliquant mes plans pour le mois à venir.

« Je n'ai plus que trois montagnes à gravir, dis-je. Laisse-moi y aller. »

Elle fit un hochement de tête et sourit. Elle n'avait pas besoin de parler, je savais qu'elle me soutenait. Elle l'avait toujours fait.

21
L'épopée

Enfin, ça avance.

Après un mois de paperasse et de manœuvres politiques, il était temps de passer à la Phase Trois. Je commencerais par le Manaslu, puis filerais sans tarder au Tibet pour gravir le Cho Oyu. Quant au Shishapangma, les autorités chinoises et tibétaines semblaient disposées à m'accorder l'indispensable permis.

N'ayant reçu aucune confirmation officielle, j'avais du mal à y croire, et plutôt que de lever le pied, je maintenais indirectement la pression sur les personnalités publiques : sur les réseaux sociaux, j'encourageai mes amis et mes abonnés à bombarder ces deux gouvernements de courriels et de lettres demandant l'ouverture du massif. En attendant, je me concentrai sur le Manaslu où j'aurais la charge de clients, et devrais donc redoubler d'attention, car ce 8000 népalais présente un des taux de mortalité les plus élevés au monde.

Je ne suis pas du genre à m'inquiéter de ces statistiques alarmantes, mais dès les premières rotations d'acclimatation au camp 2, il m'était quand même difficile d'y rester indifférent, émotionnellement du moins. J'étais si proche de finir la mission, et en même temps tout paraissait compliqué.

La santé de Maman, la pression de finir la Phase Trois dans le style et le temps que j'avais annoncés, les conséquences financières de mes choix professionnels – ni pension militaire, ni sécurité de l'emploi –, tout cela me pesait. Cependant, pas question de laisser transparaître l'étendue de mes problèmes existentiels. Au Manaslu, lorsque d'autres grimpeurs voulaient en savoir plus sur mes péripéties et sur ce qui nous restait à accomplir, je ne mentionnais jamais les difficultés psychologiques. Une fois de plus, je préférais refouler la souffrance.

Vu la pression ambiante, cette attitude se révélerait utile. Au bout d'une semaine environ, le bruit courut au camp de base du Manaslu que la saison au Cho Oyu se terminerait plus tôt que prévu. Pour une raison qui m'échappait, les autorités chinoises avaient décidé qu'au 1er octobre, tout le monde devait avoir évacué la montagne. Je jetai un œil à mon calendrier. *Merde!* Il ne restait que deux semaines en septembre. Je n'avais pas d'autres choix que d'interrompre mon expédition au Manaslu.

J'élaborai plusieurs plans. J'avais probablement le temps de gravir le Cho Oyu, puis de revenir au Manaslu pour profiter de la fenêtre météo avec mes clients. Il n'était pas question de les laisser tomber. Je tiendrais ma promesse. Ce serait un putain d'effort; ça augmenterait la pression, et je n'aurais pas droit à l'erreur. Après avoir fait nos sacs, Gesman et moi partîmes pour le Tibet en hélicoptère et en voiture. Passé plusieurs contrôles à la frontière, nous entrions enfin dans le pays. L'expédition prit soudain un rythme frénétique.

Sur le terrain, je m'impliquai sans relâche. Je devais tout d'abord trouver un moyen de parvenir au sommet du Cho Oyu le plus vite possible. J'appris que l'équipe qui fixait les cordes n'avait pas dépassé le camp 2. Je proposai immédiatement nos services pour la suite. Nous fîmes un premier portage de matériel au camp 1 avec des bouteilles d'oxygène, une tente et des cordes, avant de regagner le camp de base où les choses sérieuses commenceraient.

Comme la fenêtre d'ascension était étroite, un grand nombre d'expéditions affluaient au Cho Oyu, dont celle de mon ami Mingma Sherpa, un alpiniste doté d'un carnet d'adresses bien fourni. Il projetait de se rendre au camp de base avec des responsables de l'Association sino-tibétaine d'alpinisme (CTMA). Nous devions gravir le Cho Oyu quasiment en même temps. Je comptais sur lui pour mettre de l'huile dans les rouages de ma demande de permis pour le Shishapangma. Entre les sessions de portage, les sorties pour faire la trace et les différents points météo, je passais d'une tente à l'autre à sa recherche. La rumeur était prématurée ; il n'était pas encore là. Je lui laissai un message pour lui parler dès qu'il serait disponible.

Parfois, j'avais l'impression qu'il y avait une drôle d'ambiance entre les alpinistes. Il arrive que les agences spécialistes de l'Himalaya se jalousent les unes les autres. Elles occupent une niche commerciale, et la concurrence est sans pitié, particulièrement sur les montagnes les plus exigeantes et les plus isolées. Des tensions peuvent apparaître lorsqu'un opérateur s'installe, surtout s'il est compétent et emploie du personnel expérimenté.

Grâce à *Project Possible*, Elite Himalayan Adventures, forte de la présence de Mingma, Gesman, Geljen, Dawa et les autres, avait commencé à apparaître sur les radars. Notre prestige grandirait si je réussissais les trois derniers 8000 de la liste. Nous n'étions pas loin de devenir des champions, mais nos exploits n'étaient pas du goût de tous. Un après-midi, alors que je me préparais pour l'assaut sommital, un ami travaillant pour une autre agence entra dans ma tente, et me rapporta des ragots inquiétants.

« Nims, toute la communauté des grimpeurs népalais est extrêmement fière de tes exploits, dit-il. Ton nom est sur toutes les lèvres, et c'est vraiment bien que tu mettes en avant nos compétences… »

Je connaissais le bonhomme. Il était sympa, mais il n'avait vraiment pas besoin de me passer de la pommade. Pas de doute. *Ça sentait le roussi.*

Il poursuivit : « Fais attention parce que tu fais des envieux. Ça jase pas mal. Il suffirait qu'on te pousse pour que tu disparaisses à jamais en montagne. »

C'était donc ça. *Un avertissement.*

Quelqu'un avait évoqué l'envie d'en finir avec moi, soit pour plaisanter, soit pour dévoiler un plan plus sinistre. Et mon ami était venu me prévenir. Loin d'être parano, je ne suis pas non plus naïf. Les accidents mortels, fréquents en haute montagne, n'épargnent pas les alpinistes chevronnés. Si un ou deux guides concurrents, partis équiper la voie, voulaient nous pousser, Gesman et moi, à un moment où nous aurions baissé la garde, qu'est-ce qui les empêcherait de dire que nous étions tombés dans le vide lors d'une glissade ? L'alibi serait totalement crédible : difficile de prouver que cela avait été intentionnel. La conspiration serait encore plus solide si elle émanait d'un groupe, plutôt que de deux individus isolés.

La nouvelle ne m'atteignit pas, du moins émotionnellement. Ce n'était que deux grandes gueules qui déblatéraient sous le coup de la jalousie au camp de base. *Rien à battre !* C'était quand même un sérieux avertissement qu'il fallait rester sur nos gardes. Certes, c'était inquiétant, surtout dans des situations où la confiance est vitale – comme au sein d'une équipe qui pose des cordes fixes dans des conditions périlleuses. Je demandai à mon ami d'être mes yeux et mes oreilles pendant toute la durée de l'expédition. Puis, au camp 2, je partis avec un bon paquet de cordes et fis la trace sur quatre cents mètres sans m'arrêter.

Bam ! Bam ! Bam ! J'avançais à grandes enjambées sans chercher à prouver quoi que ce fût, ni à atomiser quiconque. Mais si certains se sentaient floués par les réussites d'Elite Himalayan Adventures, il semblait essentiel de leur montrer d'où venait notre réputation. Je foulai le sommet avec Gesman le 23 septembre. Le boulot abattu et notre rapidité parleraient d'eux-mêmes.

◆

J'avais rayé le Cho Oyu de la liste, et j'étais indemne, mais ce n'était pas le moment de faire la fête. Il était impératif de retourner au Manaslu dans les plus brefs délais. La fenêtre de beau se terminait bientôt. Je fis donc mon sac et déguerpis. La mission avait tout d'un marathon : si j'en avais accompli la plus grande partie, la distance qu'il me restait à parcourir était aussi redoutable que ce que j'avais affronté jusque-là – car les obstacles diplomatiques étaient colossaux. Je savais qu'une fois atteint le Manaslu, quatre jours après le Cho Oyu, j'aurais en poche treize des quatorze 8000. Mais le Shishapangma semblait encore inaccessible malgré tous mes efforts de lobbying.

Finirais-je un jour ce que j'avais commencé ?

À présent, j'étais sous le feu des projecteurs. Au début, beaucoup avaient douté de mes capacités, et de nombreux grimpeurs expérimentés pensaient que je ne survivrais pas aux montagnes pakistanaises. Tout ce que j'avais réussi en 2019 était donc considérable – et ce, même sans le Shishapangma. Le travail de mes compagnons de cordée népalais n'était pas non plus passé inaperçu ; ce qui était déjà une réussite en soi. Dès lors, il ne me restait plus que trois tâches à accomplir.

La première, venir à bout du Manaslu et de la quatorzième montagne – avec un peu de chance, ce serait le Shishapangma, sinon le Dhaulagiri et l'Everest. La deuxième, réunir à nouveau Papa et Maman sous un même toit. La troisième, sensibiliser le monde aux dégâts causés à la nature. Comme la communauté montagnarde avait les yeux rivés sur moi, je décidai que le Manaslu ne serait pas simplement un énième nom sur ma liste : ce serait une tribune.

De la cime, je fis une déclaration, filmée par Gesman.

« Nous sommes aujourd'hui le 27 septembre. Je me trouve au sommet du Manaslu. On ne va pas parler de *Project Possible.* [C'est de l'environnement] dont je veux parler. Durant la dernière décennie, on a observé des changements énormes en termes de réchauffement de la planète. La fonte des glaces est un vrai problème. À l'Everest, la masse et la longueur de la cascade de glace du Khumbu ne cessent de diminuer. La Terre est notre demeure. Elle devrait être le centre de nos préoccupations. Nous devrions être plus sérieux et prendre davantage soin de notre planète. En fin de compte, si elle disparaît, nous disparaîtrons aussi. »

Je n'avais pas préparé mon discours. Mes paroles venaient du cœur ; elles ne reflétaient que ce que je ressentais à l'égard de la Terre. Le problème du climat est le plus gros défi que va affronter l'humanité dans les prochaines décennies, et il ne pourra être relevé que par des changements drastiques. Nous ne sommes que d'infimes grains de poussière sur cette énorme planète, mais les actions individuelles peuvent indéniablement résoudre les problèmes les plus insurmontables.

Puisque j'étais capable d'escalader les montagnes de la zone de la mort en sept mois – à un sommet près –, qu'est-ce qui pourrait empêcher un autre individu de trouver son propre Everest dans le domaine des sciences de l'environnement, des énergies alternatives ou de la défense du climat ? Mes réalisations prouvaient que n'importe qui était capable d'accomplir des exploits jugés surhumains. J'avais voulu susciter une lueur d'espoir. À présent, je souhaitais que mes réussites et mes projets servent de modèles à d'innombrables actions positives. J'éprouverais une grande satisfaction si mon travail faisait jaillir une étincelle et provoquait un changement, aussi petit fût-il.

◆

Puis nous eûmes le feu vert pour aller au Shishapangma.

Pourquoi ? Comment ? Je ne me souviens plus très bien, mais nous fûmes pris dans un maelström d'appels téléphoniques, de courriels et de réunions. Toujours est-il qu'à la fin, une personne a suffi à faire pencher la balance en ma faveur : *Mingma Sherpa*. Mon combat était arrivé aux oreilles de l'homme que j'avais désespérément cherché au camp de base du Cho Oyu ; il avait été impressionné par tout ce que j'avais entrepris pour pouvoir gravir mon dernier sommet. Au Tibet et au Népal, l'humilité ouvre bien des portes.

Comme ma demande avait été rejetée par les institutions de la montagne et de l'escalade, dont la *Chinese Mountaineering Association* (CMA), et que, officiellement, elles n'étaient pas encore revenues sur leur décision, j'avais de bonnes raisons de leur en vouloir et de le faire savoir. Nonobstant, je cherchai à reprendre contact avec eux par l'intermédiaire de Mingma Sherpa ; sans arrogance, car je crois dur comme fer à la réciprocité en amitié. J'estime que tout le monde doit être traité de la même manière, sauf manque de respect flagrant. Si les gens se foutent de ma gueule, je les remets à leur place ; s'ils se montrent bienveillants, je leur rends la pareille. Tout le monde a droit à une deuxième chance. Tenir rigueur à des représentants de l'autorité d'une décision collective n'est pas dans ma nature.

Ce n'est qu'une fois au camp de base du Manaslu que la nouvelle de l'obtention du permis filtra grâce à un grimpeur bien informé. « Nimsdai, ça se précise », dit-il, tout excité. Mes gars étaient impatients de fêter ça autour d'une bière, mais j'avais du mal à partager leur enthousiasme. J'avais peur que ce soit une fausse alerte.

« J'attends de voir le papier avant de sauter au plafond », pensai-je.

Ce ne fut pas trop long. La CTMA me contacta ; elle voulait discuter. La conversation fut cordiale. Ils avaient tenu compte du caractère exceptionnel de mon projet : l'accès au Shishapangma serait autorisé durant une courte période afin que je puisse terminer ma mission. J'étais soulagé. Après tout ce stress, la ligne d'arrivée était enfin en vue.

Il y avait une condition. Mingma Sherpa nous expliqua qu'en contrepartie de l'autorisation d'accéder à la montagne, il devait nous accompagner au camp de base – la CTMA l'exigeait. Au début, je fus sceptique. Je craignais que ce ne fût un subterfuge pour s'immiscer dans mes affaires, voire une manière pour les Chinois de se mettre en avant. Finalement, mes inquiétudes s'évanouirent à l'idée des retombées positives que je pourrais tirer de la réussite de la mission.

Si la présence de Mingma Sherpa au camp de base était la condition pour venir à bout des quatorze 8000 et éviter un échec à la dernière minute, alors je m'accommoderais de devoir gérer un individu supplémentaire. A minima, il nous donnerait un coup de main. Cela dit, avec le recul, je n'aurais pas dû m'en faire. D'entrée, Mingma Sherpa se révéla être un atout.

Incontournable lors d'une fête bien arrosée, c'était aussi un expert des expéditions, capable de dénouer les situations les plus délicates. Il avait des relations dans tout le Tibet.

Une forte pression continuait de s'exercer de toutes parts malgré sa présence : les sponsors appelaient, cherchant à savoir pourquoi je n'avais pas publié plus de photos sur mes réseaux sociaux, ni inséré tel ou tel *hashtag;* de plus, ma dent de sagesse me faisait à nouveau souffrir. Mais le problème le plus épineux, *c'*était l'officier de liaison en chef qui nous avait été affecté. Nous vérifiions les prévisions météorologiques pour décider du jour de l'ascension, lorsqu'il nous lança un avertissement menaçant.

« La montagne est trop dangereuse, dit-il. Le temps est exécrable. »

Il n'avait pas tort ; il neigeait dru, mais il oubliait que j'avais grimpé dans des conditions bien pires. Au début, je tentai de détendre l'atmosphère. « Pas de souci, dis-je en lui tapant sur l'épaule. Je suis un vrai gourou en gestion des risques ! »

L'officier de liaison hocha la tête et répliqua : « Désolé, mais c'est impossible. S'il vous arrive quoi que ce soit, c'est ma responsabilité qui est engagée. Et le risque d'avalanche est énorme. »

« Putain, pensai-je. Ça ne va pas être de la tarte, ce mec. »

Finalement, je lui fis une démonstration de force. J'avais : fixé les cordes au K2 alors que tout le monde s'était désisté ; joué un rôle clé au sein de la G200E en 2017 pour sauver le projet ; dirigé au total dix-neuf expéditions victorieuses sur les 8000 – dont treize en 2019. Et sous mon leadership, il n'y avait eu à déplorer aucun mort, ni une seule amputation de doigt ou d'orteil.

Tandis que je lui expliquais tout ça, j'avais du mal à contenir ma frustration. Mais, si j'avais haussé le ton, j'aurais perdu la partie ; si j'avais laissé libre cours à mes émotions à un moment aussi crucial, cela aurait pu me coûter cher par la suite. L'officier de liaison finit par céder. La dernière difficulté était en vue. À la veille de l'assaut sommital, je m'assis en face du Shishapangma pour mettre de l'ordre dans mes pensées.

« Nims, pas d'imprudence. Tu y es presque. La seule chose que tu as à faire, c'est de rester en vie. Ne prends pas de risques inutiles, sauf si nécessaire. Vérifie tout. Reste calme. Sois cool. La mission ne sera achevée qu'une fois rentré, sain et sauf. »

J'observai la cime du Shishapangma. Des nuages étaient apparus, et un grondement de tonnerre menaçant résonnait au fond de la vallée ; les yeux tournés vers la montagne, c'était quand même difficile de ne pas être saisi d'effroi devant l'ampleur et la difficulté de la tâche qui m'attendait. Face aux tempêtes qui font rage dans la région, une montagne aussi massive que le Shishapangma est immuable, indestructible, indifférente à la furie des éléments qui l'assaillent. *Je voulais lui ressembler.*

Ce n'était pas le moment de porter un jugement sur les forces et faiblesses du Shishapangma, parce que le géant que j'avais en face de moi n'allait pas non plus me juger, *moi*. J'eus une illumination : si je pouvais canaliser l'esprit de la montagne, et devenir insensible à la douleur, au stress et à la peur, alors rien ne pourrait m'arrêter. Avant d'aller me reposer sous la tente pour la nuit, je posai encore une ou deux questions au Shishapangma.

Bon, tu vas me laisser mener ma mission ?

Je peux y aller ou pas ?

La réponse fut drue, comme la neige qui se mit à tomber.

◆

Le temps fut exécrable pendant toute la montée. C'était comme si la montagne cherchait à me refuser la dernière ascension, ou à savoir si je méritais vraiment de terminer mon projet. Des vents de 90 kilomètres à l'heure soufflèrent pendant que Mingma David, Geljen et moi peinions à poser les ancrages et les cordes fixes entre les camps inférieurs. Mais rien ne pouvait m'arrêter, même l'avalanche qui passa tout près de nous. Pendant la pause au camp 1, je sortis le drone de mon sac à dos. L'ascension du Shishapangma était indéniablement un gros morceau. C'était la fin de la mission ; elle serait forte en émotions, et j'espérais enregistrer un maximum de séquences. Lorsque les vents faiblirent un peu, je fis voler l'appareil, et filmai l'équipe qui progressait en file indienne.

Soudain, le sol se mit à trembler. J'étais à cinq ou dix minutes de marche derrière eux ; je regardais dans leur direction lorsque je vis qu'ils étaient juste au-dessus de la ligne de fracture d'une plaque qui se détachait lentement de la montagne. J'ignorai ce qui avait déclenché l'avalanche. Dans un soubresaut, elle dévala les flancs du Shishapangma. Je fus embarqué malgré moi ; je surfais sur la neige, et il était inutile de lutter contre cette force.

Je regardai le ciel, laissant les dieux de la montagne décider de mon sort. Tandis que le sol se disloquait sous moi, je débaroulai la pente. La poudreuse engloutit mon corps, pour le vomir l'instant d'après. Je m'attendais à être enseveli et étouffé pour de bon, lorsque le monde se figea. Je regardai en aval; l'avalanche continuait sa course folle. Elle s'écrasa sur les rochers en dégageant un énorme nuage de poudre blanche. Par miracle, le mouvement de la masse de neige sur laquelle je me trouvais s'arrêta. Les dieux avaient décidé de m'épargner.

« J'y crois pas, dis-je en riant. Nims, tu as fait tout ce chemin, et t'as failli crever pendant la dernière expé. »

Dès lors, le drone ne sortit plus du sac.

Depuis ma chute au Pakistan, j'avais peu à peu repris confiance. Après mon malaise au sommet du Gasherbrum I, j'avais survécu aux conditions dantesques sévissant cette nuit-là sur la montagne. Avoir installé les cordes fixes dans les sections supérieures du K2, alors qu'environ deux cents grimpeurs avaient capitulé, m'avait remonté le moral. Enfin, la douleur endurée au Broad Peak, lorsque mon corps s'était délabré, avait renforcé ma capacité à endurer les conditions les plus hostiles.

Nul doute qu'au Nanga Parbat, j'avais reçu un gros coup sur la tête, mais j'en avais tiré les leçons et j'avais réussi à me reconstruire. À présent, tandis que je remontais péniblement vers la corde de sécurité où Mingma et Geljen m'attendaient, j'étais surpris de constater que, si j'avais une fois de plus frôlé la mort, je n'avais pas de contrecoup psychologique. Ayant gravi presque quatorze 8000 en un laps de temps si court, j'avais l'impression que mes crampons étaient soudés à mon corps, et que mon piolet était un prolongement de mon bras. À ce stade de la mission, je me sentais souvent vulnérable sans ce matériel – comme à la guerre, les rares fois où je m'étais retrouvé sans arme.

Lors de l'assaut sommital au Shishapangma, nous empruntâmes un nouvel itinéraire. Nous nous sentions suffisamment en confiance pour grimper en style alpin : non seulement la pente n'était pas très raide, mais une fois passé le camp 2, il y eut une sorte d'accalmie. Les nuages se dissipèrent autour de nous, les bourrasques cessèrent, et tout devint paisible. Moi aussi, j'étais serein. La dernière moitié de l'ascension ressembla plus à un trek long et continu qu'à une escalade technique. Pourtant j'arrivai au sommet chargé d'émotions fortes. *C'était fait.*

Je pris conscience de tout ce que j'avais réussi jusque-là. L'ascension des quatorze montagnes les plus hautes du monde en six mois et six jours clouerait le bec aux sceptiques. Je venais de démontrer que tout est possible avec de l'imagination et de la volonté, sans compter que j'avais mis un coup de projecteur sur quelques-uns des défis qui attendent la planète et ses habitants.

L'impossible était devenu possible.

Au loin, je distinguais l'Everest, là où tout avait commencé. Les sentiments que j'avais jusque-là étouffés me submergèrent instantanément : la fierté, le bonheur et l'amour. Je pensai à Suchi, à mes amis et à ma famille. Mais surtout à Papa et Maman. Des larmes roulèrent sur mes joues.

La mission avait été un processus de découverte – non seulement sur les montagnes explorées, mais aussi sur un plan personnel. En gravissant les quatorze 8000, j'avais tenté de savoir qui j'étais vraiment, et jusqu'où je pouvais aller sur les plans physique et émotionnel.

Je savais depuis longtemps que j'étais doté d'une énergie peu commune. À l'école, je travaillai dur pour être le meilleur coureur de la région. Lorsque, plus tard, je pris conscience de l'aura du soldat Gurkha, je fis tout mon possible pour rejoindre leurs rangs. Puis, j'éprouvai le désir de servir autrement. J'en voulais plus. Je découvris le travail des forces spéciales britanniques, et l'exigence requise pour rejoindre leurs unités. Je ne ménageai aucun de mes efforts jusqu'à être accepté.

J'ignore d'où vient ce désir. Probablement de ma petite enfance. À Chitwan, j'allais chercher des crabes et des crevettes dans un ruisseau ; je passais des heures à soulever les pierres une par une, et ne rentrais jamais avant d'avoir tout retourné. Je ne comptais ni mon temps, ni l'énergie déployée. Une trentaine d'années plus tard, je n'étais guère différent. Mon esprit était le même, seuls quelques paramètres avaient changé. Plutôt que d'explorer la rivière du coin, je passais mon temps à évoluer dans la zone de la mort. Et avec cet exploit quasiment en poche, j'étais déjà en train d'imaginer la suite.

J'en voulais plus. *Mais quel serait mon prochain objectif ?*

Au sommet du Shishapangma, j'admirai la vue, sentant le froid glacial sur mon visage. J'appelai chez moi, et dis à Maman ce que je venais de réaliser et ce que j'allais faire ensuite.

« J'y suis arrivé ! criai-je au téléphone. Tout va bien. » La communication était mauvaise, mais je l'entendis rire.

« Rentre sain et sauf à la maison, mon fils. Je t'aime », dit-elle.

POSTFACE

Ni mon ego, ni ma réputation ne sauraient résumer qui je suis.

Ni mes souffrances, mes larmes ou les sacrifices que j'ai consentis.

Si j'ai pu surmonter toutes ces émotions et ces sentiments, c'est que l'objectif qui m'animait me dépassait, au point que le sens de ma personne, du « moi », du « je », devait s'effacer.

Je continuerai de braver l'adversité et d'outrepasser des limites. Et j'avancerai toujours plus loin.

C'est ce dont je pris conscience après avoir accompli *Project Possible*. Mais pour être franc, l'énormité de ce que j'avais réalisé ne m'apparut qu'au bout de quelques jours. Le lendemain même de la dernière ascension, je traversai la frontière pour rentrer au Népal, pas encore remis de la cuite de la veille. La nouvelle de nos exploits et records mondiaux s'était propagée et mon équipe et moi – *les forces spéciales de la haute altitude* – fûmes accueillis en héros.

Je n'avais pas seulement gravi les quatorze 8000, battant ainsi un nouveau record jugé jusque-là impossible. Je détenais aussi le meilleur temps de l'enchaînement Everest-Lhotse-Makalu. Les géants pakistanais avaient été bouclés en vingt-trois jours. J'avais gravi les cinq montagnes les plus hautes du monde – l'Everest, le K2, le Kangchenjunga, le Lhotse et le Makalu – en soixante-dix jours au lieu des quatre-vingts initialement prévus. Qui plus est, quasiment la moitié de ces ascensions avaient été faites en une seule saison : en trente et un jours, j'avais décroché l'Annapurna, le Dhaulagiri, le Kangchenjunga, l'Everest, le Lhotse et le Makalu. Bref, la mission était un énorme succès.

Une cérémonie était organisée à Katmandou et un vol en hélicoptère était prévu. Je rappelai Maman. Les médecins m'ayant assuré que ses problèmes de santé n'étaient pas un obstacle à son voyage, je lui proposai de m'accompagner. Elle hésita. Je lui confiai alors qu'elle était tout pour moi et qu'il s'agissait de fêter l'événement le plus important de ma vie.

« Je veux que tu en fasses partie », lui dis-je.

« D'accord, je veux bien y aller », finit-elle par répondre.

À l'aéroport Tribhuvan de Katmandou, la foule, dont une douzaine de journalistes et de photographes, s'était rassemblée sur les lieux. Il y avait même une fanfare. Je n'arrivais pas à y croire. Je pense que jusque-là, Maman considérait mes activités en montagne comme une occupation un peu folle et dangereuse, qui me permettait de m'éclater. Elle n'imaginait pas que mon projet puisse avoir des adeptes dans le monde entier, en tout cas, pas à une échelle pareille. Quand elle vit la foule et l'orchestre, elle resta bouche bée.

Tandis que le rotor de l'hélico au-dessus de nous décélérait, nous vîmes arriver une Range Rover blanche dont le capot arborait les drapeaux de la Grande-Bretagne et du Népal. Richard Morris, l'ambassadeur britannique dans le pays, en sortit et vint me serrer la main et me féliciter.

« Nous sommes si fiers de vous, dit-il. Ce que vous avez fait est incroyable. »

Nous partîmes ensuite rejoindre le lieu de la réception en ville, escortés par la foule.

Mais il y avait encore tant à faire.

Durant les mois qui suivirent la fin du projet des quatorze 8000, je fis tout ce qui était possible pour que Papa et Maman se retrouvent sous un même toit. J'empruntai à ma famille et contractai un prêt dans une banque népalaise. Pendant ce temps, Elite Himalayan Adventures organisa et réussit plusieurs expéditions ; bénéficiant de l'aura de mes succès, l'agence attirait de nombreux clients. Les séminaires de motivation que je proposais dans le monde de l'entreprise étaient aussi très prisés. Grâce à ces revenus, j'achetai une belle maison à Katmandou pour mes parents.

Pressés de les voir s'y installer, nous réglâmes les démarches administratives début 2020. Le déménagement de mon père depuis son ancienne demeure à Chitwan fut organisé. Le 25 février, Suchi et moi montions dans un avion pour le Népal pour installer mes parents dans la nouvelle demeure familiale. Mais à l'atterrissage, je reçus un appel dévastateur. *Nous arrivions trop tard*. Maman était décédée deux heures plus tôt. J'avais le cœur brisé. Depuis toujours, elle avait été ma source d'inspiration.

La douloureuse épreuve des funérailles hindouistes me permit de me recueillir et de grandir. Pendant ces treize jours d'isolement, je me concentrai sur les points positifs, et mon chagrin se mua en une puissante énergie. Grâce à l'amour et au soutien de ma famille, je m'étais surpassé pour montrer au monde entier qu'il était possible de réaliser des projets inouïs. Et j'en avais tant encore à mener à bien.

En particulier, je souhaitais que les gens s'inspirent de ma mission pour accomplir des choses qu'ils pensaient hors de leur portée, physiquement, mentalement, ou émotionnellement. Par exemple, pour de nombreux alpinistes, vouloir gravir les quatorze 8000 en si peu de temps, c'était du suicide. Mais je savais que je pouvais le faire. L'objectif atteint, la même question revenait sans cesse : D'où venait cette assurance ?

En guise de réponse, je racontais parfois une aventure qui m'était arrivée à l'âge de treize ans. Elle m'avait appris qu'il est donné à tous de relever n'importe quel défi si tant est qu'on s'y engage corps et âme.

Chitwan, le village d'où je viens, est situé au bord d'un des plus grands fleuves de la région. Loin d'être un bon nageur, je me mis au défi de le traverser. Je me déshabillai et entrai dans l'eau en sous-vêtements. Ballotté par les flots, je parvins sur l'autre rive. J'avais mal aux jambes et aux bras tellement l'effort avait été violent. J'étais vidé.

Mais une dure réalité me rattrapa. Merde, je devais à présent faire le trajet en sens inverse. Ce fut très difficile ; et tandis que mes muscles tremblaient sous l'effort, une terrible angoisse m'envahit soudain. Je me mis à repenser à ces histoires qui circulaient au village de baigneurs se faisant boulotter par un crocodile ; c'était déjà arrivé une ou deux fois.

Dépêche-toi, Nims, si tu ne veux pas être transformé en chair à saucisse.

L'effort devint insoutenable. À mi-parcours, mon corps était à bout. Les eaux m'attiraient vers le fond. Pourtant, j'avais toujours la tête et les épaules hors de l'eau !

Une fois redressé, je me rendis compte que l'eau m'arrivait seulement à la poitrine ; il ne devait guère y avoir plus d'un mètre de profondeur. Les courants étaient forts, mais d'un pas laborieux et les sens aux aguets face aux prédateurs rôdant dans les parages, je pus rejoindre le rivage.

J'étais épuisé. Cette aventure me fut salutaire. Je compris que la peur ne m'empêcherait jamais de poursuivre mes rêves (mais que parfois, mieux valait réfléchir avant d'agir), que je ferais désormais preuve d'une détermination sans faille et qu'aucune excuse ne me ferait mollir.

D'ailleurs, peu après cette expérience, je décidai de ne plus célébrer le jour de ma naissance. Je pris conscience que passer un cap pouvait susciter des sentiments négatifs – l'âge étant souvent considéré comme un facteur déterminant de ce qu'une personne peut faire, ou pas. *Mais tu es trop jeune ! Oh, mais tu es trop vieux !* Ces cogitations permettent de recourir à des excuses toutes prêtes et de renoncer à des défis qui auraient pu être relevés. Je décidai de ne plus accorder d'importance à ces petites phrases, ni à mes anniversaires.

Ma carrière d'alpiniste témoigne aussi de cette manière de penser. J'avais commencé à pratiquer l'himalayisme à trente ans ; beaucoup de gens considéraient que c'était trop tard, ou s'inquiétaient de leur manque d'expérience lorsqu'ils se lançaient à l'assaut de l'Everest ou de l'Annapurna. Mais je refusais de tomber dans ces pièges.

Une fois *Project Possible* terminé, je me doutais que je retirerais moins de satisfaction à gravir les 8000. Il fallait que je me renouvelle. Au cours de l'été 2020, je décidai de m'initier au vol en parapente pour décoller du sommet d'un 8000 en speed-flying et plonger dans le fond de vallée.

Mes amis pensaient que j'étais devenu fou, mais je partis m'entraîner pendant des mois au mont Blanc afin d'apprendre à faire des tonneaux et des vrilles avec une voile dans mon sac à dos. Lors d'un atterrissage un peu violent, je me fracturai le coccyx, mais ne renonçai pas pour autant. Après un jour de repos et de douleur intense, je volai à nouveau.

Un jour, j'ai même imaginé décoller d'une montagne comme le K2. Cependant, il y avait une chose que *Project Possible* m'avait enseignée, c'était que le dépassement physique ne me faisait plus autant rêver. Je souhaitais désormais utiliser mes compétences pour éduquer et inspirer d'autres personnes. Sur les réseaux sociaux, je médiatisai le projet *Big Mountain Cleanup* visant à réparer certains dégâts causés par la surfréquentation des massifs montagneux, notamment de l'Everest.

Lors d'une ascension, un grimpeur génère environ une dizaine de kilos de détritus : cette empreinte prend en compte le matériel abandonné, les tentes, les bouteilles d'oxygène et les matières fécales. Ces substances polluantes s'écoulent dans les lacs et les cours d'eau avoisinants, impactent la vie des riverains, et augmentent le risque de maladies au sein des communautés locales. Si nous traitons les déchets laissés sur les 8000, nous participons à la protection et à la restauration d'écosystèmes fragilisés. Au Manaslu, les travaux commenceront en 2021 ; ils se poursuivront l'année suivante à l'Everest et à l'Ama Dablam.

Ce projet occupe une place importante dans mon cœur. J'en suis venu à penser que toute personne qui explore les montagnes sacrées de l'Himalaya et du Karakoram est responsable des ordures qu'on y trouve – eu égard aux montagnes mais aussi aux communautés qui les considèrent comme leur demeure. J'ai l'espoir que le *buzz* généré par des missions telles que les miennes permettront de mettre en lumière des projets environnementaux similaires.

Dans d'autres domaines, mes quatorze ascensions de 2019 ont eu un impact encore plus direct. Certains grimpeurs expérimentés ne se contentent plus de gravir un ou deux sommets par an, mais entreprennent l'ascension de plusieurs 8000 en une année. Les frontières, les limites de nos capacités, ont bougé. Et j'en suis fier. Savoir que la réputation du guide sherpa népalais en sort grandie est aussi une énorme satisfaction. Mes compagnons de cordée sont mis sur un piédestal. À juste titre, on les considère comme les meilleurs grimpeurs du moment. Lors de *Project Possible*, nous avons fonctionné en petites équipes, de cinq éléments au plus, et avons avancé avec la force du taureau et le courage d'un escadron. Ils méritent toutes les récompenses qu'on voudra leur accorder, et en honneur de leur travail acharné, j'ai baptisé la voie que nous avions ouverte au Shishapangma « la voie de Project Possible ».

Par-dessus tout, j'ai pris conscience que les quatorze 8000 sont un tremplin phénoménal. *Mais vers quoi ?*

Les montagnes, je le sais aujourd'hui, sont là pour être gravies. Il me suffit de faire ma sélection, et de décider de quelle manière je souhaite les conquérir. De nombreux exploits de vitesse, de style et d'endurance restent à accomplir – et je suis prêt à relever les défis les plus extraordinaires. La probabilité que je perde la vie pendant ces missions sera plus élevée que lors de mes réalisations précédentes, mais c'est justement ce qui me tient à cœur : me pousser à l'extrême. Attendre tranquillement dans un canapé que la vie passe, vivre dans le passé, n'a jamais été mon truc. Mais je ne veux pas divulguer mes projets – en tout cas, pas dans l'immédiat. Je sais bien que, dès que je vais en informer le monde, les sceptiques vont une nouvelle fois se bousculer au portillon. Je vais donc adopter les méthodes apprises à l'armée : je vais échafauder mes plans dans l'ombre, car la surprise est l'une des meilleures armes du soldat.

Et abandonner, ce n'est pas dans mes gènes.

Annexe 1
Les enseignements de la zone de la mort

1. Diriger, ce n'est pas toujours faire ce dont tu as envie.
Lors de la Phase Un de *Project Possible*, je me suis rendu compte, en arrivant au camp de base du Dhaulagiri, que plusieurs de mes compagnons de cordée en bavaient. Physiquement, ils étaient H.S., et leur moral était au plus bas. Personnellement, je me sentais en pleine forme, même après avoir gravi l'Annapurna et mené une opération de recherche et de sauvetage éprouvante. Mais cela n'aurait pas été très futé de presser le pas sans tenir compte de l'état de mes compagnons. Par conséquent, je cherchai une solution pour toute l'équipe.

C'est facile de travailler à ton rythme – surtout si tu es le plus rapide et le plus fort du groupe. Malheureusement, une telle attitude peut très vite affecter le moral des participants et la confiance qu'ils ont en toi ; ils vont te trouver égoïste, trop ambitieux, et surtout un peu con. Tout le monde va finir par croire que tu n'en as rien à foutre du collectif, et la bonne volonté de l'équipe va fondre comme neige au soleil. Lorsque le moment viendra de donner un coup de collier, tu ne pourras pas compter sur tes compagnons.

Dans une telle situation, plutôt que de leur casser les couilles, mets-toi à leur place. Essaie de trouver un compromis : peut-on travailler efficacement, de telle manière que chacun y trouve son compte ? Je suggérai donc de faire une pause pour récupérer. Bien m'en a pris. Quelques jours plus tard, pour rattraper le retard accumulé, il nous fallut batailler dans des conditions exécrables, mais ma décision antérieure portait ses fruits : l'équipe savait que cette mission était autant la leur que la mienne.

Le résultat fut que, six mois durant, ils se saignèrent pour défendre notre cause.

2. En haute montagne, le moindre détail compte.
Au fil des ans, j'ai mis au point des techniques qui me permettent d'être plus à l'aise lorsque je gravis un 8000. La plus importante consiste à me concentrer sur ma respiration. En haute altitude, je porte toujours un *buff* pour protéger mon visage du soleil et du froid mordant, mais ce n'est pas idéal, car la condensation embue le masque de ski ou les lunettes.

Pour résoudre ce problème, j'ai changé ma technique de respiration. Les lèvres serrées, j'inspire par le nez, et expire vers le bas. Le *buff* réchauffe légèrement l'air entrant – et protège mes poumons des températures négatives. C'est un détail, mais cette technique évite à mon corps d'entrer en hypothermie, car l'air inhalé est moins froid. J'évite aussi les problèmes de gelures aux doigts, car je n'ai pas à enlever mes gants pour sortir un chiffon et essuyer les verres – ce qui, en passant, est sacrément fatigant à plus de 8 000 mètres.

C'est en se préoccupant des petits détails que l'on atteint de grands objectifs. Cela peut se traduire par savoir lire entre les lignes d'un contrat pour remporter une affaire, ou acheter la bonne paire de chaussures pour un dix kilomètres afin d'éviter d'avoir des ampoules. Lorsque je gravis un 8000, ma technique de respiration est fondamentale ; ranger mes gels énergétiques à un endroit précis et garder mon piolet à portée de main le sont tout autant, car toutes ces petites choses m'évitent de stresser inutilement.

3. Ne sous-estime jamais le défi que tu t'es lancé.

En 2015, je pris conscience des dangers auxquels on s'expose lorsqu'on sous-estime une ascension. C'est à la dure que j'appris cette leçon. Je voulais gravir l'Aconcagua dans les Andes argentines ; à l'époque, j'étais un grimpeur moyen qui devait encore faire ses preuves. Cette montagne, qui fait partie des *Seven Summits*, n'est pas un 8000, mais elle jouit d'une solide réputation. Avec ses 6 961 mètres, c'est un bon test pour la très haute altitude.

Les alpinistes qui veulent évoluer dans la zone de la mort font souvent le choix de l'Aconcagua pour tester leur courage ; comme la voie normale ne présente aucune difficulté – c'est un trek du début à la fin –, et qu'elle ne nécessite pas de connaître des techniques d'encordement, beaucoup pensent que cela va être relativement facile.

Je ne le voyais pas autrement. Ayant feuilleté des revues et quelques topos, puis regardé des tas de photos qui montraient des gamins et des couples d'un certain âge en pleine ascension, je regardais tout cela de haut. *Franchement, à quelle difficulté s'attendre ?* Des amis, croisés lors de mes expéditions au Dhaulagiri et au Lobuche Est, me disaient que, pour moi, ce serait un jeu d'enfant.

« Tu vas exploser les temps, me dit l'un d'eux. Un jour pour faire le trek jusqu'au camp de base. Puis, une journée ou deux pour le sommet et le trajet retour. Aucun souci. »

J'étais tellement sûr de moi et du caractère gentillet de l'Aconcagua que je n'ai même pas pris la peine d'emporter une combinaison spécifique pour le sommet. C'était l'été là-bas ; en début d'année, le temps est relativement doux dans l'hémisphère sud. En guise d'équipement, je me souviens avoir emporté une veste imperméable, un pantalon et une paire de chaussures de randonnée. À Penitentes, non loin de l'entrée du parc national, la neige commença à tomber.

L'Aconcagua est une montagne isolée : le camp de base est à onze heures de marche. Comme je voyageais seul, je dus sortir la carte et la boussole, car les sentiers, qui sont normalement bien marqués jusqu'au sommet, disparaissaient sous les bourrasques de neige. Lorsque je débarquai enfin au camp de base et discutai avec les grimpeurs présents sur la montagne, l'ambiance était morose. Plusieurs personnes avaient tenté le sommet, mais avaient été repoussées par les éléments.

« Ça craint un max là-haut, me confia un ami, membre de la Fédération internationale des guides de montagne. Le risque d'avalanche est élevé, et il fait un froid polaire. »

Je pensais être plus savant que les autres. Ayant emprunté une veste en duvet et récupéré des chaussures d'occasion auprès d'un autre grimpeur – une paire beaucoup plus robuste que celle que j'avais apportée –, je me mis en route pour le sommet. Les conditions météorologiques se dégradaient. Ce qui aurait dû être un trek relativement facile se transforma en une bavante comparable à mon tout premier 8000, et à trois cents mètres du sommet, je fus sur le point d'abandonner.

Ma vue se troubla. J'étais monté sans oxygène, et le mal des montagnes commençait à m'affecter, je me sentis défaillir. Mon rêve de devenir un grimpeur d'élite était remis en question. *Putain de merde, Nims, si tu n'es pas capable d'atteindre ce sommet, comment peux-tu prétendre gravir l'Everest ?* J'étais ébranlé.

Je bus une gorgée d'eau de ma Thermos et ouvris une barre chocolatée.

Tu es capable de grimper super vite. Fonce.

Je me bottai les fesses pour continuer jusqu'au sommet mais je ne rêvais que de faire demi-tour. Je venais de recevoir ma première leçon de haute altitude : *ne sous-estime jamais la montagne que tu vas gravir, même si les gens disent qu'elle est facile.*

Une autre leçon ? *Aie confiance en toi, mais sois respectueux.*

Depuis ce jour-là, je me suis toujours renseigné avant d'entreprendre la moindre expédition. Je me prépare aux défis qui m'attendent, et je n'oublie jamais que je peux perdre la vie par négligence sur n'importe quelle montagne. Lors de la Phase Deux, au Gasherbrum I, je faillis me faire avoir une fois de plus, simplement pour avoir baissé la garde un court instant.

Quel que soit ton défi, fais preuve de respect. Tu t'éviteras ainsi de bien mauvaises surprises.

4. L'espoir, c'est Dieu.

Tu sais quoi ? Ce n'est pas parce que tu rêves d'un projet qu'il va se concrétiser. Si c'est ton but ultime – ton Dieu –, et si tu te donnes entièrement à lui, tu as de bonnes chances de t'en approcher. Enfant, lors de championnats, je fus tellement dégoûté d'être battu par un élève d'une autre école de la région, qu'ensuite, je m'entraînai la nuit en secret. J'adoptai la même attitude chez les Gurkhas. Si l'exercice était de courir trente kilomètres, je m'obligeais à en faire vingt de plus, car je voulais entrer dans les forces spéciales. Ce rêve, c'était comme une religion, et je m'y investissais pleinement.

Par conséquent, plutôt que de réfléchir, de prier et d'attendre sans rien faire que ton projet ou ton prochain défi devienne réalité, mets-toi immédiatement au travail.

5. La vraie nature des gens transparaît lorsque leur vie ne tient qu'à un fil.

Sur une base militaire, les beaux discours et les vaillants héros ne manquent pas. Certains soldats prennent du plaisir à se faire mousser en racontant des batailles auxquelles ils ont participé – ou pas. Mais au cœur du baroud, lorsque les balles fusent et que les gens tombent au sol, on les voit raser les murs et disparaître, ou paniquer.

En montagne, on trouve les mêmes énergumènes. Au camp de base, lorsqu'il fait beau et chaud, les grimpeurs prennent des *selfies*, glandouillent et expliquent comment ils vont partir à l'assaut de la montagne. Lorsque la tempête se déchaîne et qu'il devient vital de rester concentré et super discipliné, on les voit flipper. Leur vraie personnalité émerge : ils ne pensent qu'à eux ; ils relâchent leurs efforts, et vont parfois jusqu'à se désintéresser de la sécurité de leurs pairs.

Dans les moments difficiles, on en apprend de belles sur les gens.

6. Transforme une situation cauchemardesque en un point positif. Lors de la Phase Un, alors que je tentais de gravir l'Everest, le Lhotse et le Makalu, on m'a fauché mes bouteilles d'oxygène. J'avais demandé qu'elles soient laissées dans plusieurs camps d'altitude, mais une fois sur place, je me rendis compte qu'elles avaient toutes disparu. Ma première réaction fut de m'énerver – ce qui était compréhensible au vu des circonstances. Pourtant je devais absolument rester calme, pour ne pas gaspiller d'énergie, ni succomber à un OCHA. Comme je l'ai souligné au point 2, sur ces géants, ce sont les choses infimes qui importent. Si je réagis mal et pique la moindre crise, cela pourra coûter cher à l'expédition.

Je me calmai et, mentalement, renversai la situation. Plutôt que de succomber à la rage, je me persuadai que les bouteilles avaient sans doute rendu service à quelqu'un qui en avait plus besoin que moi.

« Peut-être qu'un alpiniste souffrant du mal des montagnes avait eu besoin d'oxygène pour survivre, me dis-je, sachant que c'était probablement faux. Mais bon, soit. »

Car oui, il était évident que je me racontais des histoires – mais ces mensonges étaient bien différents de ceux que j'aborderai au point 8. Pour moi, c'était un mécanisme d'autodéfense. Si j'avais ruminé les circonstances de la disparition de mes bouteilles ou râlé, j'aurais gaspillé une énergie précieuse, alors que je devais me concentrer uniquement sur la mission.

À 8 000 mètres, le seul moyen pour survivre consiste à penser de manière positive. Ce n'est pas en s'apitoyant sur son sort que l'on peut se sortir des griffes de la mort.

7. Donne-toi à cent pour cent maintenant…

... parce que c'est tout ce que tu as.

Lors du stage de sélection des SBS, j'eus à affronter une série d'épreuves épuisantes : des semaines de marches, d'entraînements et d'exercices dans des conditions exécrables pendant lesquelles il fallait que je me pousse à bout. J'aurais pu me sentir dépassé par ces efforts surhumains, ou du moins inquiet à l'idée que les cinquante kilomètres de la course du jour me mettent hors jeu pour celle, encore plus longue, du lendemain. Au lieu de cela, j'optai pour tout donner d'entrée, et m'interdis de penser au jour suivant : chaque chose en son temps. C'était la seule solution pour affronter un défi aussi gigantesque.

J'adoptai la même attitude pour gravir les quatorze sommets de la zone de la mort. Lorsque j'étais au cœur de l'action, je faisais de mon mieux pour ne pas penser à l'expédition suivante ; je savais que je risquais d'échouer si je ne regardais pas l'adversaire dans les yeux. Si j'avais eu le malheur de penser au Broad Peak en pleine ascension du K2, je me serais déconcentré. Et cela n'aurait servi à rien d'essayer de m'économiser. Je devais me donner à cent pour cent quotidiennement. Je savais bien ce qu'il arriverait sinon.

Il pourrait ne pas y avoir de lendemain.

8. Ne mens jamais. Ne te cherche jamais d'excuses.

J'aurais pu parfois prendre des raccourcis en montagne. En 2017, après la G200E, j'ai refusé l'offre de Nishal qui me proposait de m'héliporter de Namche Bazaar jusqu'au camp 2 du Makalu. Grâce à lui, j'aurais pu devenir la première personne à avoir gravi en une saison l'Everest deux fois, le Lhotse et le Makalu, mais j'aurais triché. Bien sûr, personne sur Terre ne l'aurait su, mis à part Nishal. Mais j'aurais dû vivre avec pour le restant de mes jours.

C'est facile de se trouver des excuses. Quand tu essaies d'arrêter de boire ou de fumer, une bière par-ci, une taffe par-là, ça fait partie de ces petites choses sans conséquence sur lesquelles on peut facilement fermer les yeux – *sauf que ce ne sont pas des petites choses*. En te mentant à toi-même, tu te condamnes à ne pas atteindre tes objectifs. Les mensonges ou les excuses pour justifier tes manquements ne font que briser la promesse que tu t'étais faite. Si tu déraillles une fois, tu recommenceras. Éternellement.

Par exemple, il m'aurait été très facile de renoncer au K2 puisque de nombreuses expéditions s'y étaient frottées avant moi, en vain. Si j'avais capitulé pour des raisons financières, personne ne m'en aurait voulu, mais il n'était pas question que je me trouve des raisons fallacieuses.

Si je décide de courir une heure, je cours une heure. À l'entraînement, si je projette de faire trois cents pompes, je ne lâche rien tant que je n'en suis pas venu à bout. Réduire l'effort revient à se laisser aller, et je refuse de vivre ainsi.

Et tu devrais en faire autant.

Annexe 2
Calendrier des quatorze ascensions

PAYS	DATE DE L'ASCENSION	PHASE	NOM	ALTITUDE (MÈTRES)
Népal	23/04/2019	1	Annapurna I	8 091
Népal	12/05/2019	1	Dhaulagiri I	8 167
Népal	15/05/2019	1	Kangchenjunga	8 586
Népal	22/05/2019	1	Everest	8 848
Népal	22/05/2019	1	Lhotse	8 516
Népal	24/05/2019	1	Makalu	8 485
Pakistan	03/07/2019	2	Nanga Parbat	8 125
Pakistan	15/07/2019	2	Gasherbrum I	8 080
Pakistan	18/07/2019	2	Gasherbrum II	8 034
Pakistan	24/07/2019	2	K2	8 611
Pakistan	26/07/2019	2	Broad Peak	8 051
Tibet	23/09/2019	3	Cho Oyu	8 201
Népal	27/09/2019	3	Manaslu	8 163
Tibet	29/10/2019	3	Shishapangma	8 027

Annexe 3
Records mondiaux

Record de vitesse d'ascension des quatorze 8000.
Six mois et six jours.

Record de vitesse Everest-Lhotse-Makalu de sommet à sommet.
Quarante-huit heures et trente minutes.

Record de vitesse de l'ascension des cinq montagnes les plus hautes du monde : Kangchenjunga, Everest, Lhotse, Makalu et K2.
Soixante-dix jours.

Record de vitesse d'ascension des 8000 pakistanais : K2, Nanga Parbat, Broad Peak, GI et GII.
Vingt-trois jours.

Six 8000 en une seule saison (printemps) : Annapurna, Dhaulagiri, Kangchenjunga, Everest, Lhotse et Makalu.
Trente et un jours.

Remerciements

Lorsque l'on écrit un livre de cette nature, il est difficile de se souvenir de manière exhaustive de tous ceux qui ont permis à *Project Possible* de se concrétiser. J'essayerai donc ici de faire de mon mieux et espère n'oublier personne.

Sans l'aide des sponsors de ce projet, rien n'aurait été possible. En premier lieu, Bremont, qui a créé une série de montres *Project Possible*, disponibles à la vente sur son site Internet. Cette entreprise m'a permis de surmonter les obstacles qui auraient pu empêcher mon rêve de se concrétiser. Je dois saluer également SILXO, Osprey, Ant Middleton, DIGI2AL, Hama Steel, Summit Oxygen, OMNIRISC, The Royal Hotel, Intergage, AD Construction Group, Branding Science, AMTC Group, Everence, Thrudark, Kenya Air, KGH Group, Marriott Kathmandu et Premier Insurance.

Le soutien logistique de la mission fut assuré par Elite Himalayan Adventures, Seven Summit Treks et Climbalaya. Bien qu'avec mon équipe, nous ayons tourné la plupart des vidéos au-dessus du camp de base, Sagar Gurung, Alit Gurung et Sandro Gromen-Hayes (qui m'a accompagné au K2, au camp de base et a grimpé avec moi au Manaslu) nous ont apporté gracieusement leur aide pour le film. Je souhaite aussi remercier tous ceux, au sein de Noah Media Group, qui ont travaillé dur pour éditer les séquences filmées, et en particulier Torquil Jones et Barry. Merci également à Mark Webber de me les avoir présentés. Mais dans cette mission, l'aide est aussi venue du SBSA, de Monsieur l'ambassadeur Durga Subedi, et de personnalités du Népal : l'office de tourisme ; Madhav Kumar Nepal, ancien Premier ministre ; Ishwar Pokhrel, vice-ministre de la Défense ; Sailendra Khanal, inspecteur général de la police ; et Sonam Sherpa de Yeti Group. Un grand merci au brigadier Dan Reeves pour l'aide qu'il nous a apportée.

Au Royaume-Uni, une équipe administrative m'a aidé à gérer les relations publiques ainsi que les problèmes logistiques pendant l'ascension des 8000. Il s'agit essentiellement de ma femme Suchi, à mes côtés sans relâche, et des personnes suivantes : Wendy Faux, Steve et Tiffany Curran, Luke Hill et Kishore Rana. Merci également aux clients qui se sont joints à moi à l'Annapurna (Hakon Asvang et Rupert Jones-Warner), au Nanga Parbat (Stefi Troguet) et au Manaslu (Steve Davis, Amy McCulloch, Glenn McCrory, Deeya Pun et Stefi Troguet), ainsi que tous ceux, dans le monde entier, qui ont fait des dons par l'intermédiaire de GoFundMe ou qui ont soutenu le projet par l'achat de produits dérivés. De nombreuses organisations m'ont aussi aidé tout au long de cette aventure et je leur suis extrêmement reconnaissant. Je veux citer tout particulièrement la communauté alpine népalaise, mes frères sherpas, et les communautés Gurkha et népalaise : Myagdi Organisation UK, Madat Shamuha, Magar Association UK, Friendly Brothers Dana Serophero Community UK, Pun Magar Samaj UK, Pun Magar Society HK, Pelkachour and Chimeki Gaule Samaj UK, Tamu Pye Lhu Sangh UK et la communauté népalaise de Maidstone.

L'équipe de 2017, lors des ascensions records à l'Everest, au Lhotse et au Makalu mérite également d'être mentionnée : Lakpa Sherpa, Jangbu Sherpa, Halung Dorchi Sherpa et Mingma Dorchi Sherpa.

Sans ma famille, rien de tout cela n'aurait pu voir le jour. Dès l'enfance, Papa et Maman m'ont insufflé l'esprit d'aventure et autorisé à écouter mon cœur après m'avoir fait promettre de les rassembler un jour sous un même toit. Mes frères, Kamal, Jit et Ganga, ainsi que ma sœur Anita m'ont poussé à embrasser le noble destin du soldat Gurkha. Je remercie également les nombreux amis qui m'ont aidé, au sein de l'institution militaire et à l'extérieur, parmi lesquels : Staz, Louis, Paul Daubner, Gaz Banford, Lewis Phillips, CP Limbu, Chris Sylvan, Ramesh Silwal, Khadka Gurung, Subash Rai, Govinda Rana, Thaneswar Gurangai, Peter Cunningham, Shrinkhala Khatiwada, Dan, Bijay Limbu, Mira Acharya, Stuart Higgins, Phil Macey, Rupert Swallow, Al Mack, Greg Williams, Mingma Sherpa, Danny Rai, Dhan Chand, Shep, Tashi Sherpa, Sobhit Gauchan et Gulam.

Enfin, ce livre n'aurait jamais existé sans le travail acharné de toute l'équipe de Hodder & Stoughton, particulièrement Rupert Lancaster, Cameron Myers, Caitriona Horne et Rebecca Mundy. Merci à The Blair Partnership et à mes agents, Neil Blair et Rory Scarfe. Pour finir, je tiens à remercier mon ami et mon frère, Matt Allen, d'avoir mis tout son cœur et son esprit à consigner mon histoire. Sans son aide, profonde et sincère, la publication de ce livre n'aurait pas eu lieu.

Nirmal Purja, 2020

Dans la même collection

- *Voler l'Everest,* RUTH HANSON, 2012
- *Les Mystères de l'Everest,* MICHAEL WARD, 2013
- *Le Choix du vide,* STEPH DAVIS, 2013
- *Décroche-moi une étoile,* MIRIAM GARCIA PASCUAL, 2014
- *Trois Tasses de mensonges*, JON KRAKAUER, 2014
- *Everest, la première ascension,* HARRIET TUCKEY, 2014
- *High Crimes,* MICHAEL KODAS, 2015
- *Les Tribulations de Mick et Vic en Himalaya,* MICK FOWLER & VICTOR SAUNDERS, 2015
- *Piégés sur le K2*, GRAHAM BOWLEY, 2017
- *Cerro Torre,* KELLY CORDES, 2017
- *Pourquoi nous aimons gravir les montagnes,* MARCO TROUSSIER, 2017
- *Chamonix-Langtang*, PIERRE PILI, 2018
- *Je ne te ferai pas attendre*, NIVES MEROI, 2018
- *Les Transitions silencieuses*, JUANJO SAN SEBASTIAN, 2018
- *Jacques Balmat. Les ultimes traces d'un chercheur d'or,* DANIEL GRÉVOZ, 2018
- *Le Ciel pour linceul*, PETER ZUCKERMAN & AMANDA PADOAN, 2018
- *La Première Ascension de l'Ogre*, DOUG SCOTT, 2018
- *La Garet, nous voilà,* JACQUES RAMOUILLET, 2018
- *Puncak Jaya,* JEAN FABRE, 2018
- *Eiger extrême*, PETER & LENI GILMAN, 2019
- *L'Homme des tempêtes*, VINCENT LAPOUGE, 2019
- *Le Père des glaciers,* FRANÇOISE CADOUX, 2019
- *Ici Elvira, vous m'entendez ?* LINDA COTTINO, 2020

- *Nous étions immortels,* MAURIZIO ZANOLLA, 2020
- *Paul Preuss, le seigneur des abîmes,* DAVID SMART, 2020
- *Le Guide et le Procureur,* JACQUES DALLEST, ERIK DECAMP ET ALEXIS MALLON, 2020
- *L'Apprentissage du risque,* DANIEL GRÉVOZ, 2020
- *Toujours y croire,* DIERDRE WOLOWNICK, 2020
- *Everest, l'arête ouest,* THOMAS F. HORNBEIN, 2021
- *Cheminements,* MICHEL ZALIO, 2021
- *Le Pari fou de Jules Janssen,* DANIEL GRÉVOZ, 2021
- *La Bataille du Cervin,* PIETRO CRIVELLARO, 2021
- *Les Messagers de la Couronne,* JAN MORRIS, 2021
- *Les Quatorze 8000 en hiver,* BERNADETTE MCDONNALD, 2021
- *Voyage sans retour,* MICHELINE RAMBAUD, 2021
- *Sous l'œil de la déesse,* ORIANNE AYMARD, 2022

Achevé d'imprimer en mars 2022
par SEPEC, 01960 PERONNAS - 24132220202
FRANCE

IMPRIM'VERT®

PEFC 10-31-1470 / Certifié PEFC / Ce produit est issu de forêts gérées durablement et de sources contrôlées. / pefc-france.org